KB148190

우리 역사 이야기

**어원**으로 본 한국 **고대사**

우리 역사 이야기
**어원으로 본 한국 고대사**

1판 1쇄 인쇄 ｜ 2023년 12월 1일
1판 1쇄 발행 ｜ 2023년 12월 7일

지 은 이 ｜ 정진명
펴 낸 이 ｜ 양기원
펴 낸 곳 ｜ 학민사

출판등록 ｜ 제10-142호, 1978년 3월 22일
주　　소 ｜ 서울시 마포구 토정로 222 한국출판콘텐츠센터 314호(⊤ 04091)
전　　화 ｜ 02-3143-3326~7
팩　　스 ｜ 02-3143-3328
홈페이지 ｜ www.hakminsa.co.kr
이 메 일 ｜ hakminsa@hakminsa.co.kr

ISBN　978-89-7193-268-1 (03910), Printed in Korea
ⓒ 정진명, 2023

우리 역사 이야기

# 어원語源으로 본 고대사古代史

글 **정진명**

학민사
Hakmin Publishers

# 차례

들어가는 말

## 들어가는 말

우리 역사 이야기를 시작합니다. '우리 역사'라고 한 것은, 우리 역사인 듯하지만, 우리 역사가 아닌 것과 구분하려는 까닭입니다. 한국 고대사에 관한 자료는 중국의 기록에 많이 남았고, 또 그들의 언어인 한문으로 적혔습니다. 이 말은, 우리 조상들의 모습이 중국의 거울에 비친 결과로 우리에게 남았다는 뜻이고, 중국인의 눈에 비친 우리 모습에서 그들의 시각을 걷어내고 우리 본래의 시각으로 보아야 함을 뜻합니다. 게다가 중국인들이 우리를 호의로 본 게 아니라 오랑캐의 시각으로 봤다면 더더욱 신중하게 그들의 기록에서 그들의 편견을 걷어내고 우리의 진면목眞面目을 살펴보려고 해야 합니다.

하지만 오늘날 우리가 배우는 우리 국사는 중국인들의 오랑캐라는 시각으로 묘사된 내용에다가 일본 제국주의가 씌운 색안경으로 덧칠되었습니다. 역사가 시작된 이래 두 겹의 삐딱한 시각이 우리의 옛 모습을 일그러진 거울처럼 왜곡시켰습니다. 특히 한국의 상고사는 자료가 적어서 보는 사람의 눈이 다른 그 어느 시대의 자료보다 훨씬 더 중요한 결과를 낳고, 시각에 따라서 전혀 상반된 결론에 다다르기도 합니다. 그래서 어찌 보면 남은 자료보다 그것을 보는 사람의 눈이 더 중요한 시대입니다.

이 책에서는 지금까지 우리가 교과서에서 배운 상고사가 제대로 파악된 것인가 하는 의문을 중심으로 풀어갈 것입니다. 특히 지금까지 제한된 자료를 해석하는 방법론이 다 나온 마당에 더는 새로울 것 없을 것 같은 상고사를 '언어학(국어학)'이라는 시각으로 비추어보려고 합니다. 그러면 언어에 남은 우리 겨레의 의식이 우리를 또 다른 세계로 안내해줄지도 모릅니다. 좋은 결과가 있기를 기대하면서 언어를 통해 우리의 상고사를 파헤쳐보려는 이 시도를, 떫은 마음이 아니라 다독이는 마음으로 읽어주시기를 기대합니다.

## 01 첫 단추 생각

그러자면 우리 역사가 연구되기 시작한, 즉 근대 역사학의 첫 자리로 가야 합니다. 불행하게도 우리는 일본 제국주의의 입김 아래 근대 역사학을 시작했고, 일본 제국주의는 조선을 자신의 식민지로 못박기 위해서 역사를 왜곡했습니다. 가장 심한 분야가 바로 상고사인 고조선입니다.

## 활쏘기와 '나'

먼저 활쏘기 이야기를 잠시 하겠습니다. 한국의 전통 활쏘기는 우리 민족과 함께 해왔습니다. 고분벽화의 그림으로 보면 무용총을 비롯한 고구려 시절의 것과 궁체가 똑같아 2천 년 가까운 역사를 되짚을 수 있고, 반구대 암각화에 새겨진 활 그림으로 보면 7천 년 전은 물론, 과감하게 1만 5천 년 전까지도 거슬러 올라갈 수 있습니다.[*] 그토록 오랜 세월 함께해 온 것이니 당연히 전통이 있습니다. 이 전통이 1929년에 처음으로 문자화하였습니다. 『조선의 궁술』이 그것입니다. 『조선왕조실록』을 비롯하여 『승정원일기』, 『각사등록』, 『경국대전』 같은 여러 기록에 활쏘기 이야기는 다 모을 수도 없을 만큼 많습니다. 그러나 활을 쏘는 당사자들이 활을 이렇게 쏴야 한다고 사법과 원리를 정리한 책은 『조선의 궁술』(1929)이 처음입니다. 활쏘기의 전통문화는 물론 동작까지 정확히 묘사되었습니다. 우리 활의 경전으로 모자람이 없습니다.

1960년대 양궁이 들어왔습니다. 그리고 우리나라는 양궁이 세계를 제패하는 시대를 맞이했습니다. 이 양궁을 1983년 양궁협회가 독립할 때까지 대한궁도협회에서 관리했습니다. 어떻게 되었을까요? 사법이 달라졌습니다. 원래 우리의 전통 사법은 발여호미發如虎尾라고 해서 발시 후에 깍짓손이 뒤로 시원스럽게 펼쳐집니다. 이것을 활량

---

[*] 반구대 암각화의 그림을 역사학계에서는 4천~7천 년으로 추정한다. 고래 그림과 다른 암각화를 비교하여 낸 결론들이 이렇게 다양하다. 하지만 활 전문가로서 활쏘기 그림을 중심으로 반구대 암각화 연대를 추정해본다면, 1만 5천~2만 년까지도 소급할 수 있다고 본다.(〈활로 보는 반구대 암각화 새김 시기〉, 『국궁논문집 13』, 온깍지학회, 2023)

들은 '온깍지'라고 합니다. 그런데 1970년대부터 양궁을 본보기로 한 동작이 국궁에 스며들어 이런 온깍지 동작은 다 사라지고, 불과 30년 만에 양궁처럼 뒷손을 그 자리에서 똑 떼고 마는 '반깍지' 동작이 전국의 활터를 점령해버렸습니다.

이렇게 된 이유는 두 가지입니다. 1970년대에 개량궁이 나왔습니다. 원래 활터에서 쓰는 활은 각궁이었고, 각궁은 모두 7가지 재료(무소뿔, 소심줄, 대나무, 가시뽕나무, 졸참나무, 부레풀, 화피)를 써서 만듭니다. 여러 가지 자료를 조합한 '덧댄활[複合弓]'이죠. 이게 관리하기가 좀 까다롭습니다.(『한국의 활쏘기』) 습기를 먹으면 활이 제멋대로 비틀려 돌기 때문에 점화를 넣어서 관리해야 합니다. 이성계의 위화도 회군 이유 중에 장마철에는 각궁이 탄력이 떨어진다는 얘기도 있다는 것을 보면 잘 아실 것입니다.

이런 고민을 하던 차에, 양궁을 보니 캐나다산 단풍나무에 글래스 파이바를 입혀서 활을 만들어 쓰는데, 아주 간편합니다. 그래서 똑같이 단풍나무로 연소를 하고 겉에 글래스 파이바를 대서 만들어봅니다. 처음 나온 활은 모양도 우스꽝스럽고 성능도 떨어졌는데, 1980년대로 접어들면 각궁과 별반 다름이 없는 모양에 성능까지 거의 따라잡습니다. 사용하기 편해진 것입니다. 그래서 순식간에 이 개량궁이 활터를 점령합니다. 이제 각궁은 일반 활량이 거의 안 쓰는 장비가 되었습니다. 5단에 도전하는 조건이 각궁 죽시입니다. 그래서 5단에 도전하는 사람들만 쓰는 어려운 장비가 되었습니다. 이젠 각궁을 만져보지도 않은 사람들이 궁력弓歷 40년을 맞는 시대에 이르렀습니다. 활터에서는 늙은이들조차도 각궁을 한 번 쏴보지도 못한 사람이 어른 노릇을 한다는 뜻입니다. 이들에게 활쏘기의 전통이란 무엇일까요?

방금 5단이라고 했습니다. 국궁에도 단이 있습니다. 당연히 일본의 근대 유도에서 시작된 제도를 해방 직후 협회에서 도입한 것입니다. 이게 활성화되기 시작한 것은 우연히도 개량궁이 등장한 1970년대이고, 20년이 지난 1990년대로 접어들면 심각해져서, 2000년대를 지나면 승단 광풍이 입니다. 이유는 간단합니다. 활쏘기 능력을 자랑할 일이 이것밖에 없기 때문입니다. 지나간 천년 세월 활 속에 면면히 흘러오던, 양생을 비롯하여 무기, 아니면 마음 수련의 방편으로 크게 각광을 받던 전통 활쏘기의 영역이 '과녁 맞히기' 하나로 좁아진 것입니다.

여기에 본을 보인 것이 전 세계를 제압한 양궁입니다. 그래서 몸의 움직임도 짧고 간명하게 줄인 것입니다. 깍짓손을 크게 뿌리면 몸통 전체가 흔들릴 것이라는 '막연한' 불안을 확실하게 해결해줄 방법을 양궁에서 본 것이죠. 2000년 무렵에는 이 전통 사법 발여호미 온깍지 동작이 거의 멸종 직전에 이릅니다. 그래서 전통 사법을 보존하자는 운동이 일어 '온깍지궁사회'가 출범하고 7년간 활동했는데, 과녁 맞히기에 온통 관심이 쏠린 사람들에게 그런 외침은 쇠귀에 경 읽기였습니다. 20여 년이 지난 지금에도 상황은 별로 나아지지 않았습니다. 전통만 있어야 할 활터에서 온전한 전통의 모습으로 활쏘기를 하는 사람은 100명이 채 되지 않습니다. 전체 국궁 인구 중 0.5%에 불과합니다. 국궁 동호인 99.5%는 전통과 상관이 없는 몸짓으로 쏩니다.

반깍지로 쏘는 활량에게 『조선의 궁술』을 보여줍니다. 그것을 본 반깍지 활량은, 자신이 그렇게 쏜다고 믿습니다. 깍짓손이 뒤로 뻗지 않는다는 지적을 하면, "안 해서 그렇지 얼마든지 그렇게 할 수 있다"고 말합니다. 그러면서 자신이 전통이 면면히 살아있는 활터에서 배웠으니, 전통 사법의 계승자라고 말합니다. 처음에는 이들을 설득할 수 있을 것이라고 믿었습니다. 그들이 전통 활의 실상을 몰라서 고집을 부리는 것이라고 여겼습니다. 그러나 몇 년 안 되어 이들을 설득하는 것은 불가능하다는 생각에 이르렀습니다. 전혀 다른 동작을 하는 두 사람이 『조선의 궁술』을 읽으며 각기 그 책 속의 동작을 한다고 스스로 여깁니다.

살대 높이가 광대뼈 밑에 걸린 1930년대 성문영(조선궁술연구회 창립 회장) 공의 사진을 보여주며, 살대가 턱밑에 걸린 당신 동작과 이게 어떻게 같으냐고 물으면, 그는 답합니다. 살대가 턱밑에 걸린 사진은 옛날 다른 사진에도 있고, 그건 개인이 연습을 통해서 궁체를 만드는 것이기에 얼마든지 그렇게 걸릴 수 있다고 말합니다. 자신이 하는 동작을 기준으로 『조선의 궁술』의 문구를 해석합니다. 깍짓손을 뒤로 시원하게 뻗는 것을 왜 게발깍지로 떼고 마느냐고 물으면, 나이가 들어 늙어서 힘이 없으면 자연스럽게 그렇게 되는 것이라 대답합니다. 이렇게 물으면 저렇게 답합니다. 척척박사입니다. 게다가 인터넷이 활성화되면서 이런 식으로 자신의 동작을 설명하고 주장하는 궤변이 사이트마다 도배되었습니다. 이런 이들을 설득하는 것은 불가능한 일입니다. 어떤 질문을 해도 그에 대한 모든 답이 준비되었습니다. 답이 없는 시대가 왔고, 주장만 홍수처럼 범람합니다.

그러면 어떤 것이 답일까요? 투표하여 머리수로 답을 정해볼까요? 그건 아니겠죠! '전통'을 어찌 머리수로 결정하겠어요? 어떻게든 답을 찾아야겠죠. 이런 혼란 속에서 답을 찾으려면, 『조선의 궁술』을 쓴 당사자에게 설명을 들으면 됩니다. 지은이에게 묻는 것이 가장 확실한 답이죠. 그런데 이 책이 1929년에 나왔으니, 그때 글쓴이를 50대라고 친다면

90년이 지난 지금은 이미 다 돌아가셨습니다. 어떻게 해야 할까요?

이제 그 글을 쓴 사람의 주변에 있던 분이나 그분들에게 배운 사람을 찾아서 물어야죠. 다행히도 『조선의 궁술』 사법 부분을 쓴 성문영 공의 외동아들이 1997년 당시 살아계셨습니다. 성낙인 옹이죠. 이분에게 여쭈었습니다. 그랬더니 『조선의 궁술』만 읽을 때 이렇게 해야 할지 저렇게 해야 할지 판단이 안 서던 부분이 속 시원히 풀렸습니다. 무술 동작은 아무리 묘사를 잘해도 핵심은 전달이 안 된다는 것을 그때 알았습니다. 글이 동작을 대신할 수는 없다는 결론입니다. 그래서 그 뒤로 기록을 통해 전통을 복원했다는 말을, 저는 믿지 않게 되었습니다. '전통'은 복원할 수 있는 게 아닙니다. 전통 분야에서 '복원'이란 '창작'의 다른 말입니다. 오히려 전통을 일그러뜨리죠. 그런 창작으로 무형문화재가 된 일도 적지 않음을 저는 압니다.

여기서 제가 말하고자 하는 것은, 어떤 사실에 접근하는 태도와 방법론입니다. 대상이 사라지고 언어만 남았을 때 나타나는 문제점을 말하려는 것입니다. 그런 혼란이 국궁계에 밀려들어 5천 년 전통이 일대 위기에 처했음과 그것을 되살리는 과정에서 겪은 인식의 문제와 그것이 낳은 부작용을 말하려는 것입니다.

## 역사 해석의 논리성

그런데 적지 않은 세월을 살면서 보니, 이게 활터만의 문제가 아님을 여러 군데에서 깨닫게 되었습니다. 『조선의 궁술』을 놓고 활량들이 각기 다르게 말하고 받아들이는 것을 보면서 이 세상의 어느 분야인들 그렇지 않을까 하는 생각.

역사책을 몇 권 읽어보니, 활쏘기에서 맞닥뜨렸던 이 문제가 역사학에서도 고스란히 드러난다는 사실을 알게 되었습니다. 자료가 적은 상고사는 특히 이런 갈등이 심함을, 우리가 배운 국사를 통해서도 저절로 드러났습니다. 중국 역사서에 남은 몇 문장으로 2천 년 전의 사실을 이러저러하다고 판단해야 하니 어쩌면 당연한 일이기도 합니다. 그렇다면 활쏘기와 마찬가지로 어떤 기록을 대할 때 그것을 바라보는 사람의 마음가짐이나 앎이, 오히려 그 기록보다 더 중요할 것임은 당연한 결론입니다.

게다가 역사는 상상물이 아니라 어떤 사실을 전제로 합니다. 앞서 본 활쏘기와 똑같습니다. 역사 기록은 현실에 있던 어떤 사실과 연결지어야 합니다. 그러다 보니 언어만 남은 현실에서 그 언어를 어떤 현실에 갖다 붙여도 되는 이상한 일, 이율배반에 놓이게 됩니다. 이런 오류를 범하지 않으려면 자료에 접근하는 순서를 먼저 정하는 게 중요합니다.

그렇다면 어떻게 접근해야 할까요? 가장 먼저 해야 할 일은 우리에게 남은 언어 자료를 추려서 그 말들이 서로 어긋나지 않게 정리하는 일입니다. 주제별로, 시대별로 내용을 정리해서, 다루고자 하는 내용들이 서로 모순 없이 질서를 갖추도록 해야 합니다. 이렇게 해서 언어 자료가 가지런히 정리된 뒤에, 유물과 유적을 그 언어와 대조하여 일치시키는 것이 그다음입니다.

당연히 예상할 수 있는 일이지만, 사정이 이렇다 보니 언어 자료를 바라보는 사람의 주관과 기준에 따라서 언어는 전혀 다른 이야기를 들려줄 것입니다. 게다가 유물과 유적을 언어에 앞세우면 이런 혼란은 더욱 부채질합니다. 유물과 유적으로 일군 사람의 상상력에 언어는 장식 노릇을 할 테니 말이죠. 본말이 뒤집힙니다.

어떤 경우라고 해도 이 순서를 바꿀 수는 없습니다. 언어 자료가 가지런히 정리되지 않는 부분은 유적과 유물을 통해서 보완해야 합니다. 이 부분에서 역사학 이론과 개인의 주관이 뒤범벅되어 논쟁이 일어나는 것은 당연합니다. 그래서 유적이나 기록보다 더 중요한 것이 역사학자의 '눈'일 수 있고, 이것을 다루는 것이 역사학 이론일 것입니다. 역사를 어떤 눈으로 보느냐 하는 점을 고민하지 않을 수 없습니다.

### 국사 교육의 참혹한 결과 '국민'

저는 베이비붐 세대입니다. 1960년에 태어나 1970년대에 중고등학교를 다니며 국사를 배웠죠. 결과는 어땠을까요? 이 시대에 가르친 국사가 우리를 어떤 '국민'으로 만들었을까요? 말 그대로 '황국신민(국민)'을 만들었습니다. 일본제국의 한 신민도 아니고, 유신 독재의 한 '군바리'도 아닌, 열등감으로 가득한 백성. 한 나라에서 국사國史를 가르칠 때는, 제 나라에 대한 자부심을 북돋고, 그 나라 국민으로 자랑스럽게 살아가며 개인과 나라의 발전에 이바지하는 것이 목적일 것입니다.

그러나 국사를 배우는 내내 저의 젊은 날은 열패감으로 물들었습니다. 열등감보다 더 아픈 것이 열패감입니다. 열등감은 스스로 못났다고 여기는 것이지만, 열패감은 일을 해보기도 전에 실패를 자인하는 감정이기에 그렇습니다. 고등학교를 졸업할 때 제 머릿속에 남은 우리나라의 역사는 '패배'의 쓴 감정, '열패감'이었습니다. 뭐 하나 자랑할 게 없었습니다. 오히려 이런 열패감을 씻어준 것은 1990년대 유홍준의 『나의 문화유산 답사기』였습니다. 이 긴 시리즈를 읽으면서 우리 문화와 전통에 대한 이해가 조금 더 깊어지고, 그러면서 역사 시간에 배운 뿌리 깊은 상처를 조금이나마 위로받았습니다. 뼈가 드러나도록 파인 팔뚝에 '아까징기'를 조금 바른 느낌!

어째서 이렇게 되었을까요? 우리나라 국사가 그렇게 기록되었기 때문입니다. 무엇하나 제대로 설명한 게 없습니다. 역대 왕조의 조세 제도나 왕의 계보만을 시험용으로 외우다 12년 국사 시간이 흘러가 버리고 만 것입니다. 교과서가 전달해주어야 할 핵심을 놓친 거죠. 그러다 보니 왕들이 나라를 망하게 한 저지레나 기억하게 되고, 조세 제도의 모순이 사회 혼란을 일으킨 왕조의 멸망 장면이나 안타깝게 기억하게 되는 것입니다.

백제의 멸망에서 떠오르는 게 무언지 생각해보십시오. 낙화암에서 3천 궁녀가 치마 뒤집어쓰고 뛰어내려 자살했다는 것 아닙니까? 왜 그랬는지 그에 대한 설명은 없습니다. 신라가 멸망한 장면을 떠올려보십시오. 선덕과 진성여왕의 방탕함이 망조의 원인 아닙니까? 동학군은 이유도 없이 죽창 들고 우금티를 넘으려다 왜놈의 기관총 앞에 몰살당했고, 만주 독립군은 사분오열되어 자기들끼리 다투다 일본군에 토벌당했죠. 이런 것이 우리가 국사에서 배운 것들입니다. 제 머릿속은 배우나 마나 한 것들로 가득 차서 그 열등감과 열패감을 겨우 벗어날 때쯤에 이르러보니, 이제 환갑 진갑 다 지난 늙은이가 되었습니다.

이런 결과는 우리나라의 근대 역사학이 지닌 숙명에서 비롯한 것입니다. 일제강점기의 일본 역사 교육이 우리나라의 역사학으로 터를 잡았고, 그것이 되풀이되면서 지금에 이른 것입니다. 일본 역사학은 한국의 역사학에 대해 말할 자격이 없습니다. 그들은 일본 제국주의의 앞잡이 노릇을 해야 하는 처지였고, 그에 충실했으며, 그러자면 한국을 열등한 존재로 만들어야 했고, 그것이 역사학에 적용된 것이 식민사학입니다. 그래서 한국 역사를 어떻게든 줄이려 작정하고 얼마 남지도 않은 역사자료를 온갖 트집 잡아서 설화라고 몰아붙인 것입니다. 그렇게 해서 자리 잡은 것이 '고조선 대동강 유역설'이고, 개도 안 물어갈 '임나일본부설'입니다. 고조선 문제는 지금까지 한국 역사학의 숙명이 되었습니다.

저는 역사에 문외한입니다. 그렇지만 역사를 논할 때 아무런 두려움도 없습니다. 왜냐하면, 저의 머릿속에 든 역사 정보가 한국 주류 역사학의 유산이니 말이죠. 역사를 더 공부하지 않아도 저는 한국 고대사를 이미 환히 꿰었습니다. 12년 동안 국사 수업시간에 배운 것으로도 충분합니다. 그러니 기존의 학설을 보충하고 설득하는 그 이후의 논리는 보지 않아도 됩니다. 사실, 볼 가치도 없습니다. 증거 채택과 입증 방법론은 달라졌겠지만, 하고자 하는 얘기는 100년 전이나 지금이나 똑같습니다.

그러니 제가 역사 얘기를 하는데 굳이 기존의 학설을 시시콜콜 들여다볼 필요가 없다는 얘기입니다. 역사의 무지에 대하여 저는 당당합니다. 다만, 한국 상고사를 이해하기 위하여 우리가 학교에서 배운 학설과는 다른 견해를 들어 볼 필요는 있겠지요. 그 중에서 상고사에 관한 볼만한 책은 세 가지입니다. 우연찮게도 제목이 똑같습니다. 『고조선 연구』. 저자는 각각 북조선의 리지린, 러시아의 유리 미하일로비치 부틴, 대한민국의 윤내현입니다.

이들 셋의 책을 읽어보면 한국 교과서와 역사학계의 생각과는 여러 가지로 다릅니다. 세 사람의 견해가 조금씩은 다르지만, 대체로 일치하는 부분이 있습니다. 즉 고조선의 수도가 평양이 아니었다는 것과 고조선의 주요 활동 강역이 중국의 만리장성 밖 요동 지역이었다는 것입니다. 그 범위나 위치는 조금씩 차이가 있지만, 주장하는 내용은 대체로 비슷합니다.

## (02 창해군과 역사학

주류(교과서) 역사학과 이들의 역사학이 왜 이렇게 다를까요? 역사 사실 자체가 다른 것이 아니라, 그 사실들을 바라보는 눈이 달라서 결과가 그렇게 나왔다는 것은 쉽게 알 수 있습니다. 왜 이렇게 다른 걸까요? 어떤 것을 전제로 해서 대상을 보기 때문입니다. 이 순서는 앞서 벌써 말씀드렸습니다.

역사는 먼저 역사 기록부터 살펴보고, 그것들을 서로 충돌하지 않게 배치해야 합니다. 그런 다음에 그 역사가 다루고자 하는 지역에서 출토된 유물과 유적을 대조해야 하죠. 그런데 이것을 거꾸로 하면 어떨까요? 예컨대 어느 지역에서 어떤 유물이 나왔습니다. 그 유물이 보여주는 내용을 중심에 놓고, 지난 세월의 역사 기록을 뒤져보는 겁니다. 그러면 본말이 뒤집힙니다.

예컨대 2천 년 뒤에 어떤 한국 역사학자가 서울의 쓰레기장을 뒤져보니 미국산 커피 상표 '스타벅스'가 나왔습니다. 그러면 그것을 발굴한 학자는 한국이 미국의 식민지라는 결론을 낼 수도 있습니다. 또 용산에서 미군들이 쓰던 시레이션 깡통과 소총이나 대포용 탄피가 몇 개 나왔습니다. 그러면 이 식민지론은 더 이상의 증거가 필요

없는 확실한 신념으로 변합니다. 아무도 시비 걸 수 없는 학자의 신념입니다. 그 뒤로는 그렇지 않다는 관련 증거가 나와도 믿지 않습니다. 심지어 소파SOFA 전문이 발굴되어도 믿음은 바뀌지 않습니다. 어떻게든 자신이 찾아낸 서울의 미국 식민지론을 합리화하는 방향으로 논리를 전개하죠.

앞서 활쏘기에서 전통 사법의 변화양상이 만들어낸 자기 합리화 상황을 설명해 드렸습니다. 『조선의 궁술』을 갖다 들이대도, 반깍지 궁사는 자신이 전통 사법의 후계자임을 어떻게든 합리화합니다. 그걸 막을 수 없습니다. 한국 역사학이 맞닥뜨린 운명입니다. 그 운명의 얼굴을 한 번 보겠습니다.

> 원삭 원년(기원전 128) 가을에 예군濊君 남려南閭 등 인구 28만 명이 투항하므로 창해군을 설치하였다.
> — 『한서』 무제본기

> 원삭 원년에 예군 남려 등이 우거에 반기를 들고 28만 명을 이끌고 요동에 와서 내속하였으므로, 무제는 그곳에 창해군을 만들었다가 몇 년 후 바로 폐지했다.
> — 『후한서』 동이 열전 예(濊)

> 팽오彭吳는 예조선에서 장사를 했는데, 창해군이 설치된즉, 연燕과 제齊 사이에서 큰 소란이 일었다.
> — 『사기』 평준서(平準書)

> 팽오는 예맥 조선에 장삿길을 뚫었는데[穿], 창해군이 설치된즉 제와 연 사이에서 큰 소란이 일었다.
> — 『한서』 식화지(食貨志)

원삭 3년(기원전 126), 장구張歐가 면직되니 공손홍公孫弘을 어사대부御史大夫로 삼았다. 이때는 서남이西南夷와 통교하고 동쪽으로는 창해군을 설치했으며, 북쪽으로는 삭방군朔方郡을 축성했었다. 공손홍이 수차례 간언하여 쓸모가 없는 땅을 받드는 일로 중국中國을 피폐하게 하니 폐지를 청하였다. 임금이 이내 이를 허락했다. ㅡ 『사기』 평준후주부열전

그 후 한은 위장=滅를 이끌고 수만 명의 기병으로 호를 공격하였고, 거기장군 위청이 흉노의 하남 땅을 빼앗음에 이르러 삭방에 성을 쌓았다. 그때는 한이 서남이西南夷의 길을 뚫던 시기로 인부가 수만 명이었고 천 리의 지역에서 식량을 부담하였다. (중략) 여러 번 예의 도로가 불통하고 만이蠻夷가 자주 공격하였으므로 군사를 일으켜 그들을 무찔렀다. ㅡ『사기』 평준서

이를 사건별로 정리하면 이렇게 요약됩니다.

(1) 예군 남려가 28만 명과 한에 투항했다.
(2) 창해군이 설치되자 연과 제 사이에서 큰 소란이 일었다.
(3) 창해군 설치 2년 만에 쓸모없는 땅이 되어 폐지했다.

역사를 전혀 모르는 사람이 되어 이 사건을 살펴보겠습니다. 예족의 임금 남려가 28만 명을 이끌고 와서 투항했다면, 이들이 살던 곳과 투항한 곳은 서로 가깝습니다. 이런 추론은 지극히 당연한 상식입니다. 살던 곳은 당시 국경 밖일 테고, 투항하여 옮겨온 곳은 국경 안쪽일 것입니다. 28만 명이나 되는 사람들이 한나라의 국경으로부터

한없이 먼 곳에서 오지는 않았을 것입니다. 마차를 끌고 지게에 짐을 지고 칭얼거리는 어린아이 손을 잡아끌고, 며칠이면 옮겨갈 수 있는 그런 거리였을 것입니다. 그러면 이 사건이 일어났던 한나라 무제 때의 국경을 먼저 살펴봐야겠죠. 당시 한나라의 국경은 만리장성이었습니다.

만리장성은 진나라가 쌓은 것입니다. 원래는 연나라의 성이 점점이 늘어섰는데, 이런 성들을 연결하여 쌓아 그 바깥의 오랑캐들이 침입하는 것을 막은 장성이 만리장성입니다. 연나라 때도 그렇고 한나라 때의 국경도 이 만리장성이었습니다. 그 장성 밖 북쪽에는 흉노, 동쪽에는 고조선이었고, 이때 중국과 국경을 맞댄 조선의 핵심 세력은 예맥족이었습니다. 그래서 예맥 조선이라고 묘사된 것입니다. 누구의 조선이든 여기서는 상관이 없습니다. 만리장성은 난하 서쪽의 해안가 하북성 창려현 갈석산에서 시작되어 서쪽으로 뻗어갑니다. 따라서 예족의 군장인 남려는 이 만리장성 바깥 고조선 땅에 살았습니다.

당시 조선의 임금은 위만이었습니다. 기자의 왕위를 빼앗고 나라를 차지한 인물이죠. 남려가 한나라에 투항하자 한나라에서는 이들을 받아들여서 창해군을 설치합니다. 어디에 했을까요? 만리장성 안쪽일까요? 바깥쪽일까요? 이건 정말 어리석은 질문입니다. 당연히 장성 안쪽으로 옮겼겠지요. 한나라에 붙겠다고 몰려든 사람을 장성 밖 위만조선의 땅에 두었을까요?

(2)에서 창해군의 위치가 결정됩니다. 창해군을 설치했더니, 제와 연이 시끄러워졌습니다. 왜 시끄러워졌을까요? 28만 명이 몰려와서 살겠다고 하니, 그곳에 원래 살던 사람들이 가만히 있지는 않았겠죠? 설령 임금님의 명령이니 본토박이들이 다른 곳으로 다들 조용히 이주했다고 하면, 그 소란은 예군을 따라온 백성들, 즉 예족이 일으

킨 폭동이었을 것입니다. 바로 뒤에 보인 내용처럼 이들 예족은 한나라가 오랑캐[胡]를 공격하는 기병으로 차출되었습니다. 중국으로 붙으면 편해지겠거니 하고 생각했는데, 오히려 군대로 차출당한 거죠. 바보가 아닌 한 가만히 안 있었을 겁니다. 어쨌거나 창해군 때문에 연나라와 제나라가 시끄러웠다면, 창해군은 두 나라에 끼었을 것입니다. 한나라가 설치했다는 창해군의 위치를 한번 가늠해보자는 겁니다. 어디일까요?

제나라는 지금의 산동반도가 있는 지역을 대대로 차지했던 나라입니다. 수도는 황하 남동쪽의 임치臨淄였죠. 제나라는 북쪽의 황하 하구쯤에서 연나라와 국경이 맞닿았죠. 창해군은 연나라와 제나라가 맞닿고, 또 바다를 끼고 있는 지역에 설치된 것입니다. '창해'라는 이름 때문에 그런 줄 알 수 있습니다. 그런 곳이 어디죠? 지금의 북경과 천진시 옆 동쪽의 바닷가입니다.

'창해滄海, 蒼海'는 '발해'의 다른 이름입니다. '파란 바다'라는 뜻인데, 이것의 음을 따라 적은 게 '발해'입니다. 중국을 기준으로 볼 때 발해는 동쪽이고, 동쪽은 음양오행으로 청색에 해당합니다. 그래서 푸른 바다라는 뜻의 '창해蒼海'가 된 것입니다. 참고로 '황해'는 '황하가 흘러드는 바다'라는 뜻입니다. '발해'가 어떤 연유로 이런 이름을 얻게 되었는지 알 수 있는 일입니다. '발해'는 '발수가 흘러드는 바다라는 뜻'인데, '발수'는 '패수浿水'라고도 적습니다. 중국어 발음으로 읽으면 거의 비슷합니다. 이 바다를 창해라고 한 것입니다.

상고사에서 논란이 많은 창해군의 위치는 '제齊' 때문에 문제입니다. 왜냐? 위의 옛 기록에서 보여주는 말들, 예컨대 '요동, 연'은 모두 얼마든지 동쪽으로 갖다 붙일 수 있습니다. 요동을 지금의 요동이라고 봐도 되고, '연'나라도 후대에 요동 지역을 차지한 것이라고 주장해도 됩니다. 하지만 '제齊'는 다릅니다. 역사학자가 제아무리 용을 써도 제나라는 지금의 요동에 있을 수가 없습니다. 산동반도를 차지한 나라가 제나라입니다. 그러니 요동과 연나라를 지금의 요동으로 옮길 수는 있어도, 제나라를 옮길 수가 없습니다. 절대로! 그러니 제나라 때문에 여기에서 언급된 요동과 연燕은, 지금의 요동에 있을 수 없다는 결론에 이릅니다. 요동으로 중국의 세력이 확장되기 이전의 '연'이고 '요동'입니다. 이때 연과 요동은 북경 근처에 있었다는 얘기입니다.

만약에 연나라가 지금의 요동 즉 요하 주변에 있었다고 하면, 예군 남려는 28만 명을 이끌고 압록강에서 출발하여 바닷가를 따라 수많은 물줄기(요하, 대릉하, 난하, 백하, 영정하, 황하)를 건너고 만리장성 안쪽 북경과 천진을 지나 제나라 접경까지 가야 합니다. 이게 가능한가요? 이건 말도 안 됩니다. 흉노처럼 기병을 끌고 우르르 몰려갔다면 말이 되겠지요. 그런데 이들 28만 명은 병사가 아니라 백성입니다. 백성들이 제 짐을 이고 지고, 마차 끌고 코흘리개들 손잡고, 이 거리를 옮긴다는 것은 요즘도 힘든 일입니다. 조선의 수도 한양에서 북경에 사신으로 가는 데도 3~6개월이 걸리던 게 겨우 200년 전의 이야기입니다. 200년도 아니고, 2,000년 전에 이런 이동이란, 애초부터 있을 수 없는 일입니다. 이런 주장을 하느니 차라리 로마 사람들이 게르만족을 피해 중국의 북경에 왔다고 하는 게 더 나을 겁니다.

그런데 고조선의 수도가 지금의 평양이라고 못을 박아서 생각하는 사람이 이 사건을 접했다면 어떻게 될까요? 평양을 중심으로 생각할 겁니다. 요동은 당연히 지금의 요동이고, 이때 요동은 연나라의 강역이었겠죠. 게다가 평양에서는 중국의 여러 가지 유적과 유물이 적잖이 쏟아져 나옵니다. 의심할 수가 없습니다. 따라서 고조선의 수도는 평양이고, 남려는 청천강 언저리쯤에 살다가 위만에 불만을 품고 28만 명을 이끌고 압록강을 건너고 요하를 건너 대릉하까지 갑니다. 그러다가 제나라라는 말에 턱 걸리죠.

그래도 평양을 바꿀 수는 없습니다. 그렇다고 제나라를 요동까지 끌고 올 수는 없습니다. 몇 년이 걸리더라도 28만 명을 질질 끌고 제나라 국경까지 가는 수밖에 없습니다. 그게 아니라면 요동에 제나라 사람들이 이주해 와서 살았다고 주장하면 됩니다. 제나라 사람 10명 정도 갖다 놓고, 그 옆이라고 주장하면 됩니다. 그 넓은 요동과 만주 땅을 뒤지면 제나라 흔적을 찾지 못하겠어요? 유능한 역사학자들이라면 그러고도 남을 것입니다. 그것도 아니면 '제'를 기록자의 오류라고 봅니다. 이렇게 자기주장을 합리화하기 위한 갖가지 상상을 하죠.

(3)으로 가보면 더 심각합니다. 창해군을 2년 만에 폐지했습니다. 이들 28만 명은 어떻게 된 걸까요? 창해군을 유지하기 힘들었다는 것은 이들이 가만히 있지 않았다는 뜻입니다. 반란을 일으켰거나 장소를 옮겨서 거기를 유지했다가는 비용만 더 들었다는 것이죠. 흔히 생각할 수 있는 것은 이들이 뿔뿔이 흩어졌다는 것입니다. 이 사람들이 뿔뿔이 흩어졌다면 어찌 되었을까요? 대부분 제가 살던 곳으로 돌아갔을 것입니다.

물론 그 자리에 머물러 살게 된 사람도 있겠지요. 하지만 속성상 사람들은 생계가 보장되지 않으면 제 고향의 피붙이에게 돌아가려고 합니다. 그러면 이들은 천진을 거쳐 난하, 대릉하, 요하와 압록강을 지나 청천강 언저리로 되돌아와야 합니다. 중국 쪽에 붙을 때는 중국의 보호를 받으며 이동하므로 가능합니다. 그러나 원래 있던 곳으로 돌아갈 때는, 중국에게 미움 받혀 눈치를 봐가며 몰래 이동해야 합니다. 그렇게 1년 내내 이동해야 겨우 압록강에 도착합니다. 이게 가능할까요?

이렇게 질문을 하면 고구려가 망했을 때 몇 만 호ᄃ가 중국으로 끌려갔다는 얘기를 하여 반박하려고 합니다. 궤변을 준비하는 망상은 끝이 없습니다. 예군을 따라간 28만 명이 노예였습니까? 스스로 따라간 겁니다. 고구려 유민처럼 울며불며 끌려간 것이 아닙니다. 이런 상태로 28만 명이 압록강에서 제나라 변경까지 간다는 것은 불가능합니다. 우리 옆집 만두가게 아저씨가 달나라 가는 것보다 더 힘든 경우의 수입니다. 굳이 그 어려운 경우의 수를 고집할 이유라고는, 지금까지 그런 주장을 해왔기 때문에 그 주장을 바꾸기 싫어서 그런 것일 뿐입니다. 쉬운 말로 '똥고집'이죠.

그냥, 제나라와 연나라 사이에 창해군이 설치되었다고 생각하면 간편합니다. 그러면 28만 명의 이동이 누구나 이해할 수 있는 상황으로 바뀝니다. 굳이 이렇게 쉬운 해결책을 코앞에 두고서 압록강에서 산동반도 옆의 천진까지 28만 명을 이동시킬 이유가 무엇이란 말입니까? 그래야만 역사학자들의 연구 정신이 빛나는 겁니까?

그러면 요동과 연나라는 어떻게 하느냐고요? 요동은 원래 중국에서 붙인 이름이고, 그 말의 기준이 되는 요하는 '먼 물길'이라는 뜻이니, 장성 바깥에서부터 시대에 따라 점차 동쪽으로 옮겨갔다고 보면 됩니다. 이런 생각이 그렇게 어렵고 어색합니까? 이 어려움과 어색함은, 생각 본래의 것이 아닙니다. 그 전부터 길든 버릇 때문에 일그러져 나타난 저항 논리이고 어색한 결과입니다. 마치 찌그러진 거울에 비친 모습처럼, 그 전의 잘못되고 틀려먹은 지식 때문에 생긴 생각이란 말입니다. 여전히 못 믿겠지요? 반박은 어렵지만, 그런 겁니다. 먹물의 앎이라는 게…….

앞서 살펴보았지만, '고조선 평양 수도설'을 지키는 데 가장 껄끄러운 존재가 갈석산碣石山입니다. 중국 측의 기록에 만리장성의 시작이 창려현 갈석산이라고 했기 때문입니다. 그러면 대동강의 평양설이 위태로워집니다. 그러면 이 위기를 어떻게 할까요? 요동에도 장성이 있다는 중국학자들의 말을 냅다 믿고 그 장성이 압록강까지 이르렀다는 가정하에, 압록강 하구 언저리에서 갈석산을 찾아봅니다. 혼신을 다해 갈석산이 나타나기를 기대합니다. 기대를 넘어서 기도합니다.

조조가 올라 시를 읊조린 갈석산이 난하 서쪽에 버젓이 있는데도, 바닷물에 처박힌 성 끝이 '노룡두老龍頭'라고 중국을 여행한 사람들이 인터넷에, SNS에 사진까지 잔뜩 소개하는 마당에, 그걸 무시하고 압록강 근처에서 그런 비석이 나타나기를 애타게 찾아 헤맵니다. 한국 역사학계의 갈석산은 아직 나타나지 않았습니다. 조만간 그런 비석을 세워서 그게 2천 년 전에 세운 것이라고 주장할 것 같습니다. 안타깝습니다.

참고로, 노룡두가 있는 지역은 하북성 창려현과 노룡현盧龍縣인데, 이것은 '모찌떡'이나 '역전앞'처럼 같은 말의 되풀이입니다. 몽골어로 용은 'luo'여서 이것을 '로[lú]盧'로 적은 것인데, 중국인들이 이것만으로는 무슨 뜻인지 모르니까 굳이 용龍이라는 글자를 덧붙여 이해를 도운 것입니다. 창려昌黎의 '黎'는 현대 중국어 발음이 'li'인데, 'luo'와 비슷합니다. 만리장성이 구불구불 용처럼 기어가니 그것이 지나는 지역에 이런 이름이 붙은 것입니다. 이런 지명들은 이 지역이 원래 북방 민족의 근거지였음을 은근히 드러내는 말들입니다.

## (03 한국 역사학의 첫 단추

고조선 문제는 우리 역사학의 첫 단추입니다. 그 첫 단추를 어떻게 꿰었느냐에 따라서 그 뒤의 모든 역사가 달라집니다. 그런데 우리는 그 첫 단추를 대동강의 평양에다가 꿰었습니다. 그것은 우리 스스로 꿴 것이 아니라 일본 제국주의자들이 꿰어준 것입니다.

그렇다면 해방된 뒤에 이것을 검토했어야 합니다. 하지만 그 뒤로 이 첫 단추는 단 한 번도 의심받은 적이 없습니다. 그것이 제가 중고등학교 때 배운 국사입니다. 과연 이 첫 단추는 무슨 자격으로 한국 역사학 100년이 지난 지금까지 한 번도 의심받지 않을 공고한 지위를 얻었단 말입니까? 이것이 역사학계에 반드시 물어야 할 첫 번째 질문입니다.

중국은 영토주의에 입각하여 1990년대 들어 동북공정을 추진했고, 고조선과 고구려를 자국의 역사로 편입시켰습니다. 반면에 일본 제국주의의 후예들은 고조선을 믿기 힘든 설화 속의 나라로 만들어 부인했습니다. 그것이 실증주의 역사학입니다. 당사자인 우리는 어떻게 했을까요? 남북한 모두 평양에다 말뚝을 박아놓고, 거기 목줄 매인 염소처럼 에헴 거리며 맴돌이합니다. 고조선은 어디로 간 걸까요? 우리 조상의 첫 할아버지 '단군'께서는 오늘 어느 곳을 떠돌며 눈물 흘릴까요?

# 사마천의 『사기』 다시 읽기

# 사마천의 『사기』 다시 읽기

## 01  언어학과 역사학

저는 국어를 전공한 시인입니다. 젊은 날 어쩌다 신채호의 『조선 상고사』를 읽고 크게 감동하여 역사과를 가려고 했는데, 입학원서를 들고 찾아간 모교 서무과 직원 아가씨가 수학능력 시험 점수가 남아 돌아서 아깝다는 말을 듣고는, 그 점수에 딱 알맞다는 국어과를 추천해주어서 역사 대신 국어를 전공하게 되었습니다. 그 뒤 저의 삶이 역사와는 거리가 멀어져, 1980년대의 국수주의 사학이 떼쓰다시피 강단 사학에게 덤벼드는 것을 보고는, 가끔 강물 저쪽에서 건너오는 불빛 정도로만 관심 두다가, 이상한 생각이 하나 들었습니다.

"왜, 역사학에서는 고대 언어에 관심을 두지 않나?"

예를 들자면 이런 것입니다. 단군조선의 단군은 박달 임금인데,

임금이 나라를 다스렸으면 제 신하와 백성에게 말을 했을 것이고, 그렇다면 제사장 단군은 하늘에 빌 때 어떤 말로 했을까 하는 점입니다. 단군의 자리를 빼앗은 '기자'는, 그러면 어떤 말을 썼을까요? 단군이 쓰던 말을 썼을까요? 아니면 단군과는 다른 말을 썼을까요? 말이 달랐다면 신은 어떻게 그들의 말을 알아들었을까요? 기자조선의 자리를 빼앗은 위만은 어느 말을 썼을까요? 중국어를 썼을까요, 조선어를 썼을까요? 조선어 중에서는 어떤 언어를 썼을까요? 고구려 사람들은 어떤 말을 썼을까요? 백제 사람들은 어떤 언어를 썼을까요? 신라와 같은 말을 썼을까요?

역사학, 특히 고고학에서는 고조선을 비롯한 삼국시대를 알려고 정체 모를 무덤이나 파헤치고, 먹다 버린 조개 쓰레기장이나 뒤적거리고, 거기서 나온 몇 가지 유물로 중국 측에 기록된 글자 쪼가리와 어떤 관계가 있는지를 알아보려고 애씁니다. 정말 애들 쓰십니다! 그 결과 고인돌과 비파형 청동검과 돌무지무덤이 서로 깊은 연관을 맺는다고 보고, 그것들이 동시에 나타나는 구역을 그려서 거기가 고조선의 강역이라고 정리합니다.

그러자니 구구 각각에 아전인수가 난무하고, 학자마다 학파마다 주장이 달라서, 가리산 지리산입니다. 어느 하나 딱 부러지는 결론을 낼 수 없습니다. 그런데도 국사책은 나옵니다. 전국의 학교로 풀려서 눈망울 초롱초롱한 아이들의 기억 속에, 제가 젊은 날 겪은 그 역사 열패감을 그대로 심어줍니다.

그들이 쓴 방법론을 탓하는 것이 아닙니다. 역사학에서 해온 방법이 그것이니 어쩔 수 없지요. 하지만 그들이 한 가지를 놓쳤다는 것을 말하려고 이 수다를 떠는 중입니다. 그 한 가지란 '말'입니다.

그들의 연구 대상은 사람입니다. 사람의 자취입니다. 옛사람들이 이 땅에 남긴 발자국을 찾아서 그들의 존재를 현실로 그려내는 것입니다. 그런데 왜 그들이 쓴 언어에 대해서는 도무지 신경을 쓰지 않는가 하는 것입니다. 역사학에서, 특히 고고학에서 우리 옛말에 신경을 쓰지 않는 것이 저로서는 정말 이상할 따름입니다.

예컨대, 만약에 단군이 TV 드라마 〈아스달 연대기〉에서처럼 우리와 똑같이 현대 서울말을 썼다면 문제는 쉽게 풀릴 것입니다. 만약에 단군이 흉노와 같은 언어를 썼다면 어떻게 될까요? 만약에 단군이 거란과 같은 언어를 썼다면 어떻게 될까요? 만약에 그렇다면 역사를 정리하는 데 한결 더 쉬워지지 않을까요? 무덤의 양식과 거기 묻힌 비파형 동검과 고인돌이 일치를 보인다면 좋겠지만, 거기다가 그들이 쓴 언어가 일치한다면 이것이야말로 불확실한 사건과 유물을 확실하게 해결해주는 열쇠가 되지 않을까요?

그런데 제가 신채호의 『조선상고사』를 읽고 감동한 뒤 40년이 지났는데, 고고학 역사학에서 우리말을 찾아서 연구했다는 소식은 없습니다.* 신채호는 처음으로 한자로 기록된 역사의 내용에서 우리말의 자취를 찾은 사람입니다. 평양을 '펴라'라고 했고, 압록강과 압자하를 '아리라'의 우리말 표기라고 했습니다. 서툴지만 역사의 주인공들이 쓴 말에 처음으로 관심을 보인 것입니다. 하지만 그 뒤로 역사를 연구한다는 분들이 역사상의 등장인물들이 쓴 말에 관심을

---

\* 2018년에 처음으로 『고조선의 언어계통 연구』(동북아역사재단)라는 책이 나왔다. 한나라 양웅의 『방언』에 기록된 조선어 32개를 우리말과 몽골어, 만주어와 비교 연구한 것이었다. 거기서도 딱히 주목할 만한 알맹이는 없다.

보인 일은 없습니다. 왜 이런 거죠? 역사학에 문외한인 한 국어 연구자가 질문을 드리는 겁니다. 정말로 몰라서 여쭙는 것입니다. 답 좀 해주십시오. 왜 단군이 쓴 말에 관심이 없으십니까? 주몽이 어떤 말을 썼는지 왜 관심을 안 보이는 겁니까?

저의 이 궁금증에 대해 벌써 시원한 대답을 해주신 분이 계십니다. 당연히 국어학자죠. 누구냐고요? 안 가르쳐드립니다. 제 얘기가 다 끝난 다음에, 까먹지 않으면 그때 가서 슬그머니 귓속말로 얘기해드리겠습니다. 자, 아예 정답을 가르쳐드린 뒤에 이야기를 풀어가 보겠습니다. 옛날 우리 조상들이 쓰던 언어는 다음과 같습니다.

단군조선의 지배층은 퉁구스어를 썼습니다.
기자조선의 지배층은 몽골어를 썼습니다.
위만조선의 지배층은 흉노와 같은 족속으로 터키어*를 썼습니다.
고구려와 백제의 지배층은 몽골어를 썼습니다.
신라의 지배층은 초기에는 퉁구스어를 썼지만, 후기로 가면서 터키어를 썼습니다.
가야의 지배층은 인도 드라비다어를 썼습니다.
당시 피지배층은 두 가지 언어를 썼는데, 북부에서는 주로 길약어를 썼고, 남부 해안가에서는 아이누어를 썼습니다.

---

＊  터키는 2022년 유엔의 승인을 받아 국명을 '튀르키예(Türkiye)'로 바꿨다. 그러나 우리 국어학계에서는 현재 시점에서 아직도 터키어로 쓰이므로 이 책에서는 학문의 관행을 따랐다.

이상이 우리나라 2천 년 전의 언어 상황입니다. 드라비다어를 빼고 나머지는 모두 알타이어족에 속합니다. 지금은 터키 사람과 우리나라 사람이 서로 소통할 수 없지만, 2천 년 전에는 어땠을까요? 통역자가 없어도 대충은 뜻이 전달되었을 것으로 봅니다. 지난 2천 년 동안 세월이 흐르면서 전혀 통하지 않은 말로 발전해왔지만, 2천 년 전이라면 말을 타고 가다가 길에서 만난 다른 부족 사람과 손짓과 발짓까지 해가면서 묻고 답하면 대충 뜻을 알아들을 수는 있었을 것으로 봅니다. 퉁구스어와 몽골어도 마찬가지입니다. 오늘날 유럽의 여러 언어 상황과 비슷하다고 보면 됩니다. 그래서 같은 말붙이[語族]로 분류되는 것입니다. '말붙이'가 뭐냐고요? 가족을 '피붙이'라고 하잖아요? 말의 가족이니 '말붙이'죠. 제가 방금 만든 말이지만 참 신통 절묘합니다.

미리 말씀드릴 게 또 하나 있습니다. 옛날 왕족이 위의 언어를 썼다는 결론은, 어쩌면 틀릴 수도 있습니다. 제한된 낱말로만 재구성한 연구이기 때문입니다. 그러니 앞으로 수많은 역사학자가 고대 언어를 연구하여 위의 연구와 저의 이 장광설을 뒤집어엎고, 새로운 가설을 내세워서 좀 더 그럴듯한 역사론을 만들어 주시기 바랍니다. 하지만, 지금까지 나온 가설 중에는 가장 확실한 것이기에 일단 이 가설로 우리 상고사를 정리해보기로 합니다. 저는 앞으로 얻어맞기 위하여 이 글을 씁니다. 앞날에 얻어맞기 위하여 이 글을 쓰지만, 이 글은 역사학자 여러분에게 날 선 채찍이 될 것입니다.

# 02  상고사의 첫걸음『사기』

우리 상고사를 말할 때 어디서부터 시작해야 하는가 하는 고민이 있습니다. 아무래도 사마천의 『사기』에서 시작하는 게 좋을 듯합니다. 고조선에 관해서는 많은 기록이 있습니다. 『삼국사기』, 『삼국유사』, 『제왕운기』가 있고, 중국의 사서에도 여기저기 흩어져서 나타나죠. 하지만 그 어떤 기록도 사마천의 『사기』와 짝할 글은 없습니다.

왜냐하면, 사마천은 유일하게 그 시대를 겪은 사람입니다. 고조선이 망할 때 살아서 그 이야기를 직접 들은 사람입니다. 그 뒤의 어떤 책도 살아서 직접 듣고 적은 사람의 것은 없습니다. 다 몇 백 년 전의 이야기를 주워듣고, 남의 글을 보고 베낀 것이죠. 그러니 사마천의 『사기』만큼 정확한 사실을 전하는 기록은 있을 수 없다고 보는 것이 상식을 갖춘 사람의 정직한 생각입니다. 그러므로 고조선을 이야기하자면 가장 먼저 사마천의 『사기』를 읽어야 합니다.

사마천의 『사기』 중에서 조선 열전을 보겠습니다. 제가 한문 해독 실력이 부족하고, 또 그런 실력으로 번역을 하면 실수할까 봐서 역사학자들이 번역해놓은 것을 보겠습니다. 1995년에 정범진을 비롯한 여러 학자가 힘을 합쳐서 번역한 책(도서출판 까치)에서 그대로 옮겨옵니다. 길지만 앞부분을 그대로 인용합니다.

조선의 왕 만滿은 원래 연나라 사람이다. 연나라는 그 전성기 때 일찍이 진번眞番과 조선을 공격하여 연나라에 귀속시켜 관리를 설치하고 요새에 성을 쌓았다. 진秦나라가 연나라를 멸망시켰을 때에는 요동遼東의 바깥 경계에 속하였다. 한漢나라가 일어나자 그곳이 멀어 지키기가 어렵다고 하여 다시 요동의 옛 요새를 수축하고 패수浿水에 이르러 경계를 정하고 연나라에 속하게 하였다. 연왕 노관盧綰이 배반하여 흉노에 들어가니, 만이 망명하여 천여 명의 무리를 모아 추결抽結을 하고 만이蠻夷의 복장을 하고서 동쪽으로 가서 요새를 나와 패수를 건너서 진나라의 옛땅에 살면서 장障을 오르내리며 점차로 진번과 조선의 만이와 옛 연과 제齊나라의 망명자들을 복속시켜 그들의 왕이 되었고, 왕검王儉에 도읍을 정하였다.

그때가 마침 효혜孝惠, 고후高后의 시기로서, 천하가 처음 평정되었다. 요동 태수는 곧 만과 약속하기를 "외신外臣이 되어 만이를 보호하고 변경을 침범하는 일이 없도록 하라. 여러 만이의 군장이 들어와 황제를 뵙고자 하거든 금하지 말라"고 하였다. 요동 태수가 이를 보고하니 황제가 허락하였다. 이런 까닭에 만은 병위兵威와 재물을 얻어 그 주위의 작은 나라를 침략하여 항복시키니 진번과 임둔臨屯이 다 복속하였고, 그 땅이 사방 수천 리가 되었다.

(만이 죽자) 왕위가 아들에게 전해지고 다시 손자 우거右渠에 이르니 꾀어 들인 한나라의 도망친 백성들이 점차 많아졌고, 또 입조하여 황제를 뵙지도 않았다. 또한, 진번의 주위 여러 나라들이 글을 올려 황제를 뵙고자 하면 가로막고 통하지 못하게 하였다. 원봉元封 2년에 한나라는 섭하涉河를 시켜 우거를 꾸짖고 타이르게 하였으나, 끝내 그는 황제의 명령을 받아들이지 않았다. 섭하가 떠나 국경에 이르러 패수에 임하였을 때 수레를 끄는 사람을 시켜 섭하를 전송하던 조선의 비왕裨王 장長을 죽이고 패수를 건너 말을 달려서 요새로 돌아갔다. 마침내 돌아가 황제에게 "조선의 장수를 죽였습니다"라고

보고하였다. 황제는 (조선의 장수를 죽였다는) 미명美名으로 인해서 꾸짖지 않고 섭하를 요동의 동부도위東部都尉로 임명하였다. 조선이 섭하를 원망하며 군사를 일으켜 습격하여 섭하를 죽여버렸다.

이에 황제는 죄인들을 모아 조선을 공격하게 하였다. 그해 가을 누선장군樓船將軍 양복楊僕을 파견하여 제나라 땅을 출발하여 발해渤海를 건너니 군사가 5만여 명이었는데, 좌장군 순체荀彘로 하여금 요동을 나와 우거를 치게 하였다.


토씨 하나 안 틀리게 그대로 옮겨 적었습니다. 꼼꼼히 읽어보시기 바랍니다. 사마천이 이 글을 쓸 때는 연나라가 이 지역의 핵심 세력이었습니다. '진번'과 '임둔'이라는 이름이 나오는데, 한사군의 이름과 똑같습니다. 조선이 망한 뒤에 한나라가 설치한 그 진번과는 이름이 똑같지만, 다른 존재라는 뜻이죠. 원래 중국이 아니었는데 연나라가 강성할 때 중국령으로 만들었고, 그때 이름이 진번이고 임둔이었다는 뜻입니다. 나중에 고조선을 거꾸러뜨린 뒤, 한나라는 이 진번을 한사군의 이름으로 재활용한 것이죠.

이때의 중국은 전국시대였습니다. 이 시기는 주나라가 망하다시피 하여 맥을 못 출 때이고, 일곱 제후국이 통일 왕국을 세우려고 서로 우위를 다투어서 이를 전국칠웅戰國七雄이라고 불렀으며, 우리는 시험용으로 이렇게 외웠습니다. 진 초 연 제 한 위 조秦楚燕齊韓魏趙. 결국은 맨 서쪽에 있던 가장 작은 진나라가 통일하여 진시황이 등장하면서, 연나라도 이때 망합니다. 다음 문장을 눈여겨보시기를 바랍니다.


한漢나라가 일어나자 그곳(요동의 바깥 경계에 속한 진번과 조선)이 멀어

지키기가 어렵다고 하여 다시 요동의 옛 요새를 수축하고 패수浿水에 이르러 경계를 정하고 연나라에 속하게 하였다.

제가 눈여겨보아야 한다고 신신당부했습니다. 정리하자면, 연나라 때는 진번과 조선이 연나라에 귀속되었습니다. 그런데 진나라가 통일하면서 연나라가 망하고, 진나라로서는 지키기 어려운 (진번 조선에서) 철수하여 요동에 있던 옛날 요새를 고쳤는데, 그 경계가 '패수'라는 것입니다. 그러니까 패수의 서쪽은 한나라이고, 패수의 동쪽은 조선이라는 말입니다. 그러면 여기서 '패수'가 과연 어디인가? 하는 것이 중요해집니다.

## 03 패수

### 한국 사학계의 패수 논란

그러면 패수가 어디를 가리키는지, 이 『사기』를 번역하신 분들의 설명을 들어보겠습니다. 정범진의 번역 글은 원문을 번역하면서 필요한 곳에다가 각주를 달았습니다. 그 각주에 이 패수에 대한 설명이 자세히 나옵니다. 다음과 같습니다.

5) 浿水 : 강 이름. 『史記』에서는 지금의 平壤市 북쪽의 清川江을 가리키며, 혹은 大同江 혹은 鴨綠江을 가리키기도 한다. 김부식의 『三國史記』에서는 지금의 禮成江을 가리키며, 혹은 臨津江을 가리키기도

한다. 『隋書』「高麗傳」에서는 지금의 대동강을 가리킨다.

패수는 한 군데입니다. 그런데 거기를 가리키는 강들이 이렇게 많습니다. 하지만 이 책을 번역한 분들을 비롯하여 한국의 수많은 고대사 전공자들은 대체로 패수를 청천강으로 보고 있습니다. 다만 수많은 강이 등장하는 것으로 보아 패수에 대한 의견은 다양한 것으로 보입니다. 이들이 가리킨 패수의 특징은 모두 한반도 안에 있다는 것입니다. 곧 한국의 역사학자들이 패수를 한반도 밖에서 찾지 않는다는 사실을 알 수 있습니다.

## 『사기』의 패수

하지만 우리가 우리 마음대로 패수의 위치를 정할 수 있는 것은 아닙니다. 확실한 역사 기록을 확인한 뒤에 그 기록의 뜻을 정확히 파악하는 것이 중요합니다. 선입견을 내려놓고 정확히만 읽으면 의외로 확실한 결과가 나올 수 있습니다. 패수의 위치 문제는 우리 상고사의 문제를 푸는 열쇠 같은 것입니다. 『사기』 원문을 다시 읽어보겠습니다.

연왕 노관盧綰이 배반하여 흉노에 들어가니, 만이 망명하여 천여 명의 무리를 모아 추결椎結을 하고 만이蠻夷의 복장을 하고서 동쪽으로 가서 요새를 나와 패수를 건너서 진나라의 옛땅에 살면서 장障을 오르내리며 점차로 진번과 조선의 만이와 옛 연과 제齊나라의 망명자들을 복속시켜 그들의 왕이 되었고, 왕검王儉에 도읍을 정하였다.

밑줄 친 문장이 핵심입니다. 위만이 한나라의 동쪽 요새를 나옵니다. 이 요새는 조선과 연나라 사이에 지은 요동의 옛 요새입니다. 이 패수의 서쪽은 한나라이고, 동쪽은 조선이라고 앞서 말했습니다. 옛 요새를 나와서 패수를 건너는데, 거기가 '진나라의 옛땅'입니다. 앞서 『사기』 번역본 각주에서는 패수가 청천강을 말한다고 했습니다. 청천강을 기준으로 이 문장을 살펴보면, 위만이 요새를 나와서 패수(청천강)를 건넜는데, 거기가 '진나라의 옛땅(연나라 요동의 바깥 경계, 즉 연과 진번 조선이 만나는 경계선)'입니다. 이렇다면 진번 조선은 청천강을 건너서 있었다는 뜻입니다. 우리는 실제로 이렇게 배웠습니다.

문제는 패수 건너가 진나라의 옛땅이라는 것입니다. 그런데 이건 말이 안 됩니다. 잘 생각해보십시오. 한반도는 유사 이래 진나라의 땅이 된 적이 없습니다. 연나라의 땅이 된 적도 없습니다. 연나라, 수나라, 당나라의 최전성기 때도 고구려가 공격당했지만, 수도를 그들의 땅으로 내준 적은 없습니다. 하물며 고구려보다 한참 더 거슬러 올라가는 고조선 시기는 말해 무엇할까요? 청천강 이남은 진나라 땅이 된 적이 없습니다. 만약에 청천강 이남이 진나라 땅이었다면, 그곳에 있던 평양의 고조선이 왜 한나라 때 망했을까요? 한나라보다 더 앞선 진나라 때 망했어야 마땅한 일입니다.

『사기』 원문을 잘 읽어보시기를 바랍니다. 패수가 청천강이라면, 청천강이 한나라와 조선의 경계이므로, 위만은 청천강과 대동강 사이에 있어야 합니다. 대동강에는 평양이 있으니, 너무 좁습니다. 평양성 바로 옆에다가 외부 세력에게 살라고 땅을 내주고, 그들이 제나라의 유민까지 끌어모으도록 허락한다는 것은, 바보가 아닌 한 정말로 이상한 짓입니다. 기자조선의 마지막 왕 기준이 그렇게 멍청하다는 말인가요? 게다가 이 학설을 믿으면 진번 조선은 청천강 이남에 있었다는 결론에 이릅니다. 진번 조선이 지금의 한강에 있었다는 말인가요? 이건 제 주장이 아닙니다. 『사기』를 번역한 한국의 역사학자들이 안내한 대로 읽은 것입니다.

게다가 『위략』이라는 책에는 연나라 장수 진개가 조선을 쳐서 땅 2천 리를 빼앗았다는 기록도 있습니다. 청천강이 연나라였다면 거기서부터 2천 리는 또 어디란 말입니까? 청천강에서 남쪽으로 조선을 쳐서 부산도 지나 대마도에 이르렀다는 말인가요? 아무리 생각해도 이 점은 이상하다고 고개를 갸우뚱거리며 조금 더 읽다 보니, 이에 대한 해답이 딱 나옵니다. 같은 번역본 책에 다음과 같이 친절한 주석이 달렸습니다.

遼東 : 郡 이름, 나라 이름. 전국시대 燕나라가 처음으로 郡을 설치하였는데, 관할 지역은 지금의 遼寧省 大陵河 이동 지역이다. 西晉 때 郡에서 國으로 바뀌었다.

『사기』 원문에 따르면 진번 조선은 요동의 바깥 경계에 닿았는데, 번역본의 주석에 따르면 그 요동은 요녕성 대릉하 지역이라는 말입니다. 따라서 이 주석의 설명에 따르면 위만이 건넌 '패수'란 지금의 요하를 말합니다. 그 요하를 건너면 진나라 때의 옛땅이 있는데, 연나라가 전성기에 개척했다가 망하면서 진나라가 버려둔 땅이죠. 연나라는 어디까지 개척했을까요?

그것은 장성을 보면 됩니다. 만리장성은 진나라의 시황제가 쌓았는데, 그때 아무것도 없는 생땅에 성을 새로 쌓은 것이 아니고,

연나라에서 세운 여러 성 사이를 이어서 쌓은 것입니다. 그리고 그 성은 동쪽 끝 갈석산에서부터 시작하여 서쪽 사막에 이른다고 했습니다. 이 갈석산은 지금의 난하 서쪽 중국 하북성 창려현에 있습니다. 그러니까 연나라의 동쪽 경계는 난하의 서쪽입니다.

이건 또 뭐죠? 앞서 한국의 역사학자들이 번역본에서 알려준 대로 따라가 보니까 패수는 지금의 요하라는 결론이 나오는데, 그 말을 실제 유적과 연결시켜 보니까 시금의 난하라는 사실이 드러납니다. 헷갈려 죽겠습니다. 이게 뭔가요?

### 진개와 고조선

『위략』에 보면 연나라 장수 진개秦開가 조선을 쳐서 2천 리를 빼앗았다고 하는데, 이 설명을 기준으로 보면 난하 서쪽에서 난하를 건너 2천 리를 빼앗은 게 됩니다. 난하에서 액면 그대로 2천 리면 지금의 요하 언저리가 됩니다.

하지만 한국의 역사학계에서는 당시의 연나라 국경을 대릉하 쯤으로 보니, 여기에 맞춰서 일단 논의를 진행하겠습니다. 이 말을 곧이곧대로 믿으면 대릉하가 연나라 땅이라고 할 때 이곳을 기점으로 잡으면 진개는 하얼빈까지 쳐들어간 셈입니다. 어쩌면 이때 예맥족이 하얼빈까지 밀려갔을 수도 있을 것 같습니다. 이런 식이면 진개는 북으로 하얼빈까지 쳐들어갔고, 남쪽으로는 대동강은 물론 한강까지 쳐들어갔을 것입니다. 하지만 아무리 생각해도 이건 좀 너무하다는 생각이 절로 듭니다. 군대를 둘로 나누어 만주와 한반도로 진입했다는 것도 이상하고, 어느 한쪽만 쳐들어갔다고 해도 이상합니다. 이상한 것 투성이입니다.

이렇게 쳐들어갔다는 것과, 또 거기서 그대로 머물러 연나라 땅으로 삼았다는 것은 얘기가 다릅니다. 그렇다면 연나라 땅이 하얼빈까지 닿았고, 한반도 안의 한강까지 닿았다는 얘긴데, 이건 아무리 생각해도 고개가 절로 갸우뚱거려지는 설정입니다. 그럴 것 같으면 고조선은 진나라 이후의 한나라 때 망한 것이 아니라, 전국시대 연나라 때 망했어야 합니다. 그런데 진개의 공격 이후에도 조선은 멀쩡히 살아서 연나라의 동북쪽 전체를 호령합니다. 심지어 요동을 두고 중국과 다툽니다. 진개의 사건이 액면 그대로 사실이라고 해도 거기다가 성을 세워서 마치 중국의 한 군현처럼 다스릴 수는 없었다는 얘기입니다. 동쪽 오랑캐에게 한 번 혼꾸멍을 내주고 보란 듯이 돌아갔겠지요.

진개가 아무리 능력이 있는 장수였다고 해도, 연나라의 군현을 세울 수 있는 영역은 요동 반도 이동으로 가기는 힘듭니다. 만주 지역은, 그곳에 살던 사람들의 왕국이 아니고는 다스릴 수 없습니다. 조선이 멸망한 뒤에도 한사군이 제대로 작동하지 못한 것을 보면 이런 실정을 알 수 있습니다. 한나라 때도 이러한데, 심지어 전국시대의 연나라 때야 말해 무엇을 할까요? 진개가 공격하여 점령한 곳은 아무리 멀어야 서만주 일대이거나 그보다 더 서쪽의 랴오뚱 산줄기 안쪽일 것입니다. 조선 멸망 이후에 잠시 주인이 비었던, 백암성을 비롯하여 요동성, 개모성, 안시성이 염주 알처럼 늘어선 그곳이 곧 고구려에게 돌아간 사실을 보아서도 그렇습니다.

군사작전 중에서 가장 멍청하고 바보 같은 짓은, 퇴로를 생각하지 않고 진격하는 일입니다. 만약에 진개의 공격이 사실이라고 할 때 대릉하 유역에서 군대를 몰아 대동강을 지나 한강까지 왔다면, 그사이 너른 초원에는 아무도 없을까요? 퇴로 확보를 위해 곳곳마다 군대를 뿌려놓으며 가지는 않았을 것입니다. 그렇다면 그 너른 초원에는 예맥족이 그대로 있고, 북쪽으로 동호가 그대로 있습니다.

이들이 진개의 공격을 받고 잠시 자라목처럼 움츠러들었지만, 조선이 망한 것도 아니고 지휘부가 달아난 것에 불과한데, 진개의 주력부대가 압록강, 청천강, 대동강에 겹겹이 갇혔을 때 요동을 몇 안 되는 군사로만 막아도, 진개는 독 안에 든 쥐가 됩니다. 수나라 때 우중문의 2천 선발대가 청천강의 물살에 휩쓸려 간 것도 바로 이런 이치를 간과한 까닭입니다. 중원을 통일한 막강한 국가였던 수나라 때도 이 지경인데, 변방의 연나라 때 한 장수가 아무리 뛰어나도 대동강의 평양에 주저앉아 거기다가 식민지를 통치할 요새를 짓는다는 것은 말도 안 되는 일입니다.

진개의 조선 공격 실상이 『위략』에 묘사된 그대로라고 해도 그것은 잠시뿐인 점령에 지나지 않는다는 뜻입니다. 이렇게 혼꾸멍을 낸 뒤에 요동 지역의 바깥을 조금 더 차지하는 것이 연나라로서는 가장 현명한 방법이겠죠. 연나라가 자신보다 덩치가 더 큰 초원의 제국을 멸망시키고 직접 다스린다는 것은, 그 이후의 역사를 봐도 불가능한 얘기입니다. 요동 지역은 단 한 번도 중국 쪽에서 직접 다스린 적이 없습니다. 요동에서 일어난 부족이 나라를 세워서(北燕, 前燕, 後燕, 北齊, 隋, 唐, 遼, 金, 元, 淸) 중국에 갖다 바친 것이지, 중국이 영역을 넘어와서 싸워 이겨 직접 통치한 게 아닙니다.

특히 중국 왕조의 모범 사례로 삼는 당나라는 돌궐족이 세운 나라입니다. 고종 이연의 아들 태종 이세민은 돌궐의 제17대 가한可汗입니다. 돌궐족의 임금이라는 말입니다. 돌궐족의 임금이 중국을 차지하고 앉아서 통합 융화 정책으로 중국사의 가장 모범이 되는 훌륭한 정치를 펼친 것입니다. 그의 자손인 현종의 치세도 뛰어나서 개원開元의 치治라고 하는데, 이는 당 태종의 정관貞觀의 치와 더불어 중국사에서 길이 빛나는 업적으로 평가합니다. 중국이 중국답게 된 것은 바로 이들의 통치 때문입니다.

## 고대 중국인의 거리 개념

역사책을 읽다 보면 몇 백 리, 몇 천 리, 몇 만 리 어쩌고 하는 숫자가 나옵니다. 숫자에 약한 저 같은 사람은 이런 묘사를 만나면 정신이 아득해지죠. 그래서 제가 이런 거리를 셈하는 법을 간단하게 소개해드립니다. 우리가 사는 한반도는 '삼천리금수강산'입니다. 제주도에서 두만강까지 3천 리라는 얘깁니다. 진개가 조선을 쳐서 2천 리나 얻었다는 표현의 2천 리는 액면 그대로 받아들이면 부산에서 평양까지 이르는 길이를 말하는 것입니다. 이걸 연상하면 한결 쉽죠. 4km가 10리입니다. 40km이면 100리, 400km이면 1,000리가 됩니다. 400km는 서울에서 부산까지 거리입니다. 이렇게 생각하고 역사 기록을 읽으면 머릿속에 쏙 들어옵니다.

진개는 2천 리를 진격했다는 뜻일까요? 요하를 건너온 장수가 압록강과 마주했다면, 반드시 돌아갈 궁리를 했을 것입니다. 그것을 생각지 않고 압록강, 청천강, 그리고 대동강을 건넜다면, 진개는 거기서 영원히 돌아가지 못했을 것입니다. 진개가 정말 현장賢將이었다면 압록강 앞에서 한동안 고민하다가 돌아섰을 것입니다. 압록강을 건너는 순간, 초원 북쪽의 동호와 예맥에게 퇴로를 차단당합니다. 이미 주력군은 이들에게 섬처럼 에워싸인 상태입니다. 지금의 평양이 과연 진개에게 점령당했을까요? 저의 상식으로는 어려울 것 같습니다.

잠시 점령했다고 쳐도 철수할 수밖에 없었을 것입니다.

진개의 조선 공격은 그 시작점이 어디인지 먼저 확인되어야 하고, 또 실제 거리를 셈하는 방법이 확정되어야 제대로 이해할 수 있습니다. 막연히 대릉하나 요하라고 보기에는 상황을 이해하기가 참 난감합니다. 그러니 갈석산에서 부터 시작하는 것이 진개의 '2천 리 점령설'을 그럴듯하게 이해하는 길이 될 것 같습니다.

이와 관련하여 중국인들이 말하는 1천 리의 개념을 『관자』에서 볼 수 있어 참고가 됩니다. 『관자』에 이런 대화가 나옵니다.

> 한 장의 표범 가죽豹皮이라도 천금의 값으로 계산해준다면, 팔천 리 떨어진 발조선發朝鮮도 조관朝觀을 오게 할 수 있을 것이다.
>
> – 『관자』 경중갑(輕重甲) 편

이 말은 산동반도에 있었던 제나라의 수도 임치臨淄에서 나눈 대화입니다. 당시 조선은 난하 근처 발해만에 있었습니다. 그러니까 제나라의 수도에서 난하와 대릉하 사이 어디까지가 8천 리였다는 말입니다. 한반도와 비교해보면 편합니다. 임치에서 대릉하까지 손가락 뼘으로 잰 길이는, 한반도의 평양과 부산을 잰 길이와 같습니다. 그러니까 『관자』에서 말한 8천 리는 평양과 부산의 사이를 말하는 것입니다. 따라서 이를 등비로 셈해보면 중국인들이 말하는 8천 리란 오늘날의 600~700km를 말합니다. 셈하기 편하게 800km쯤으로 잡겠습니다. 따라서 진개가 공격한 조선 땅 2천 리는 200km를 말합니다. 『관자』의 거리를 조금 더 크게 쳐줄까요? 1,000km라고 한다면 2천 리는 300km쯤입니다. 최대한 크게 보아서 진개는 갈석산 근처의 만리장성에서 동쪽으로 300km 정도를 쳐들어간 겁니다.

## 『사기』의 패수는 요동에 있다

다시 본론으로 돌아갑니다. 일단 앞선 번역본의 각주에 따라 요하를 대릉하로 보고, 패수를 요하로 보아서 얘기를 진행해보겠습니다. 위만은 바로 그곳에 살면서 '조선 쪽의 경비 초소[上障]'와 '중국 쪽의 경비 초소[下障]' 사이 완충지대에서 전쟁을 피해 떠도는 유민을 모아, 중국의 공격에 방패막이가 돼주겠다고 말하여 인심을 얻은 다음에, 기회가 오자 준 왕을 쳐내고 스스로 왕이 된 것입니다.

도대체 위만은 중국 편일까요, 조선 편일까요? 우리는 위만을 조선 편이라고 생각하고 이름까지 '위만조선'이라고 해줬지만,『사기』 조선 열전의 원문을 보면 그렇지도 않습니다. 위만은 중국 편이었습니다. 요동 태수는 곧 만과 약속하기를 "외신外臣이 되어 만이를 보호하고 변경을 침범하는 일이 없도록 하라"고 하고 황제에게 약속받았습니다. 이러니 위만은 조선 편이 아니라 중국 편이었고, 그래서 기자를 강제로 내쫓은 것입니다. 이 문제는 시간이 있으면 따로 다루어보고 본론으로 돌아가겠습니다.

이상을 살펴보면 지금의 요하는 '패수'이고, 지금의 대릉하는 사마천이『사기』를 쓸 무렵의 '요하'였음이 드러납니다. 이렇게 해야만 패수를 한반도의 청천강이나 대동강이라고 했을 때 벌어졌던 황당한 일들이 깔끔하게 풀립니다. 사마천이『사기』를 쓸 무렵, 고조선의 수도는 패수의 동쪽인 요동군, 즉 지금의 요녕遼寧에 있었음이 확인됩니다.

결론은 이것입니다. 패수는 지금의 패수가 아니니, 결국 패수도 요하도 점차 동쪽으로 이동했다는 것이죠. 중국이 장성을 넘어서 동쪽으로 팽창하면서 사마천이 살아있던 당시에는 '대릉하'로 옮겼다가, 사마천이 죽고 난 뒤 어느 무렵에 지금의 요하로 자리 잡은 것입니다. 이렇게 된 것은 아마도 반고(32?~92)의 『한서』(82)와 범엽(398~445)의 『후한서』가 쓰일 무렵이 아닌가 합니다. 사마천은 자기가 살아있던 때의 이야기를 한 것이고, 반고와 범엽은 2, 300년 전의 이야기를 한 것입니다. 그렇다면 우리는 누구의 말을 더 믿어야 할까요?

앞서 창해군 얘기를 할 때도 그랬지만, 한 가지 찜찜한 게 있습니다. 곧 『사기』의 다음 구절입니다.

> 연왕 노관盧綰이 배반하여 흉노에 들어가니, 만이 망명하여 천여 명의 무리를 모아 추결椎結을 하고 만이蠻夷의 복장을 하고서 동쪽으로 가서 요새를 나와 패수를 건너서 진나라의 옛땅에 살면서 장障을 오르내리며 점차로 진번과 조선의 만이와 옛 연과 제齊나라의 망명자들을 복속시켜 그들의 왕이 되었고, 왕검王儉에 도읍을 정하였다.

제나라의 망명자들을 복속시켰다는 구절입니다. 그러면 위만은 제나라로부터 그리 멀지 않은 곳에 살았다는 말입니다. 위만이 지금의 평양 근처에 살았다면 그곳에 제나라 사람들이 많이 망명을 왔다는 얘기인데, 창해군을 얘기할 때처럼 이건 뭔가 찜찜합니다. 황하 남쪽의 제나라 사람들이 청천강까지 와서 살았다는 게 사실일까요? 이 구절을 굳이 그렇게 해석해야 할까요? 그냥 창해군을 검토할 때처럼 중국의 변방 언저리라고 보면 안 될까요? 그렇게 보면 어째서 안 되는 걸까요? 수많은 궁금증이 낚싯바늘처럼 떠오르지만, 일단 눌러놓고서 진행을 더 해보겠습니다.

# 04 위만조선의 위치 논란

## 위만조선이 있던 자리

왕위가 아들에게 전해지고 다시 손자 우거右渠에 이르니, 꾀어 들인 한나라의 도망친 백성들이 점차 많아졌고, 또 입조하여 황제를 뵙지도 않았다. 또한, 진번의 주위 여러 나라들이 글을 올려 황제를 뵙고자 하면 가로막고 통하지 못하게 하였다.

이 내용을 읽어보면 한나라가 사신 섭하를 시켜서 우거를 꾸짖고 달랜 까닭은 주위 여러 나라가 황제에게 가려는 것을 가로막았다는 것입니다. 만약에 우거가 사는 평양이 대동강이었다면, 황제로 보러 가는 다른 여러 나라가 대동강 이남에 있어야 합니다. 그런데 우리가 배운 역사에서 대동강 이남에는 삼한밖에 없습니다. 만약에 『사기』 조선 열전에서 말한 '진번의 주위 여러 나라들'이 만주 지역에 있었다면, 대동강에 있는 우거가 어떻게 그들을 막는단 말입니까?

우거가 살던 평양은 대동강에 있지 않았다는 증거입니다. '진번의 주위 여러 나라들'이 만주와 중국 동북부 만주 일대에 사는 사람들이고, 우거가 그들을 막았다면 조선은 '진번의 주위 여러 나라들' 사이에 있어야 합니다. 만주와 중국 사이의 그 어떤 지점이죠. 그 지점은 바로 앞에서 밝혀졌습니다. 사마천이 살았을 때의 요하는 지금의 대릉하이고, 우거의 평양은 지금의 요하인 '패수' 건너편에 있었다는 얘기입니다. 그래야만 『사기』의 이 구절이 매끄럽게 풀이됩니다. 사마천의 『사기』와 거기에 각주를 달아서 번역한 한국 역사학자들의 설명을 읽어보면 평양의 위치가 손금 보듯이 또렷해집니다. 요녕이 바로 평양입니다.

한국 역사학자들의 설명은 이러한데, 그러면 실제는 어떨까요? 그것도 한 번 알아보고 가겠습니다. 어렵지 않습니다. 요동 태수가 대신한 황제로부터 위만조선이 이런 지적을 받은 것 자체가 위만조선의 위치를 말해줍니다. 중국의 동북쪽에서 중국으로 들어가는 관문 중에서 가장 험한 곳은 산해관山海關입니다. 이곳은 일개 중대가 지키기만 해도 백만대군을 물리칠 수 있는 곳입니다. 지형이 험해서 대문만 닫아걸면 개미 새끼 한 마리 통과할 수 없습니다. 중국이 만리장성을 이곳에서 시작한 이유도 이것입니다. 우리가 입만 열면 말하는 그 유명한 갈석산은, 이곳 산해관에서 버스로 15분 거리 바닷가에 있습니다. 진시황도, 한무제도, 삼국시대의 조조도 이곳에 올라 바다를 구경하고 갔습니다. 조조는 시까지 남겼습니다.

만약에 위만조선이 대릉하나 국사 교과서의 요동에 있었다면, 다른 거레들이 중국 황제에게 알현을 가는데 꼭 위만으로부터 허락받을 필요가 없습니다. 위만이 길을 막고 통행세를 요구하면 다른 먼 길로 돌아가면 됩니다. 목포 가는 길은 하나만 있는 게 아닙니다. 서해안 고속도로도 있고, 경부 호남 고속도로도 있으며, 남해안 고속도로도 있고, 국도도 있고, 뱃길도 있습니다. 이 많은 길을 위만이 무슨 수로 다 막는다는 말입니까? 중국으로 들어가는 길을 막을 수 있는 곳은 산해관뿐입니다. 위만이 바로 그곳과 마주한 조선 쪽 변경을 차지했다는 증거입니다. 그렇지만 한국 역사학계의 강한 주장대로 계속 따라가 보겠습니다.

## 발해와 패수에 숨은 말버릇

『사기』원문을 조금 더 살펴보겠습니다.

이에 황제는 죄인들을 모아 조선을 공격하게 하였다. 그해 가을 누선 장군樓船將軍 양복楊僕을 파견하여 제나라 땅을 출발하여 발해渤海를 건너니 군사가 5만여 명이었는데, 좌장군 순체荀彘로 하여금 요동을 나와 우거를 치게 하였다.

일단 우리는 앞선 논의를 통해 '패수'가 지금의 요하(대릉하가 옛 요하)라는 것과, 그 사이에 상장과 하장이 있었다면 고조선은 지금의 요하 동쪽 언저리에 있었다는 것을 쉽게 알 수 있습니다. 아마도 이 부분을 받아들이지 못하는 역사학자들은 수많은 궤변을 만들어낼 것입니다. 하지만 저는 역사학자들 스스로 달아놓은 주석을 보고 설명하는 중입니다. 그러니 저를 탓할 것도 없을 일입니다.

우리는 국사 시간에 누선장군이 '황해' 바다를 건너 지금의 평양으로 쳐들어갔다고 배웠는데, 『사기』원문을 보니 그것도 아니네요. 황해가 아니라 '발해'입니다. 황해와 발해가 같은 바다인가요? 당연히 다릅니다. '황해'나 '발해'는 왜 이런 이름이 붙었을까요? 역사학자들은 이런 생각을 안 해봤을 것입니다. 하지만 언어를 전공한 저는 무덤 속 껴묻거리보다 이런 것이 더 먼저 눈에 뜨입니다.

중국인들이 붙인 '황해'는 왜 황해일까요? 황하(黃河)가 흘러들어 이루는 바다이기에 '황해黃海'가 된 것입니다. 그렇다면 발해渤海는 왜 이런 이름이 붙었을까요? '발하가 흘러드는 바다'라는 뜻입니다. 이제 발하가 무엇인지만 알면 되겠죠? '발하'는 '패수'입니다. 같은 소리를 달리 적은 것입니다. 현대 중국어에서도 渤은 'bó〈buət'이고, 浿는 'bèi, pèi〈pʰuɑd'입니다. 거의 같은 발음입니다. 상고음은 거의 같죠. '패'는 '발'의 받침이 떨어진 꼴입니다. 게다가 이 발해는 '창해蒼海'라고도 하는데, '푸른 바다'를 뜻합니다. 여기서 푸르다는 것은 색을 말하는 게 아닙니다. 방향을 말하는 것입니다. 음양오행으로 동쪽이 청색입니다. 그래서 동쪽 바다를 청해, 창해라고 하고, 동쪽에 있는 우리나라를 청구靑丘라고 일컫는 것입니다.

중국에서는 물줄기를 표현할 때 '강'과 '하'를 씁니다. 중국 중원을 중심으로 볼 때 남부에서는 '강'이라고 하고, 북부에서는 '하'라고 합니다. 반면에 조선에서는 물줄기를 '수'라고 합니다. '엄체수, 시엄수, 아리수, 패수'하는 식입니다. 압록강이니 청천강이니 한강이니 하는 것은 모두 한자가 들어온 뒤의 일입니다. 그전에는 아리수, 살수, 한수였습니다. 황해는 황하가 흘러드는 바다이고, 발해는 발하(=패수)가 흘러드는 바다입니다. 패수가 지금의 청천강이면, 누선장군은 발해를 건널 수가 없습니다. 건널 필요가 없죠.

우리나라의 서해는 황해이지 발해가 아닙니다. 발해는 요동 반도가 오그려 감싼 안쪽의 바다를 말합니다. 따라서 누선장군은 '패수가 흘러드는 바다, 발해'를 건너갔고, 순체는 요하(패수)를 건너 평양으로 쳐들어간 것입니다. 그래야 요하(대릉하) 동쪽, 곧 요동에서 출발한 군대와 만납니다.

저는 조금 전 저의 상상력을 펼친 것이 아닙니다. 『사기』를 번역해주신 역사학자들의 의견을 모아서 가지런히 설명 드린 것입니다. 설명대로 따라가기만 하면 자연스럽게 어떤 결론에 이릅니다. 그 결론을 있는 그대로 보여드린 것입니다.

## 물줄기에 관한 말버릇

강과 관련된 우리 겨레의 말버릇에 대해서도 한 번 살펴보고 가 겠습니다. 비가 오면 물이 모여서 흐릅니다. 이렇게 되면 반드시 세 가지 현상이 동시에 일어납니다. 우선 물이 줄기를 만들죠. 이것이 '물줄기, 물[水]'이죠. 물줄기는 흐르는 땅의 양쪽을 반드시 가릅니 다. 이래서 '가람'이 되는 겁니다. '가람'은 '가르다'의 어간 '갈'에 접미사 '암'이 붙은 것입니다. 이렇게 땅을 둘로 나누면, 그 갈라진 곳은 깊이 파입니다. 그렇게 파인 것을 '골'이라고 하죠. '골짜기'가 되는 겁니다. 이것을 고구려에서는 '홀忽, 골骨'이라고 했습니다. '미 추홀, 홀승골'이 그런 것입니다.

그런데 물이 골짜기를 만들고 땅을 둘로 나누면, 나뉜 그곳에는 반드시 모래가 쌓입니다. 퇴적물이 생기는 거죠. 그게 '모래톱'입니 다. '톱'은 '손톱, 발톱, 톱, 톱밥' 같은 곳에서 보듯이 가장자리에 생 긴 것을 가리키는 말입니다. 이렇게 해서 생긴 넓은 퇴적물을 '내'라 고 합니다. '냇가, 시냇물' 할 때의 그 내입니다. 물줄기를 따라서 난 흙과 땅을 말합니다. 이 내를 고구려어로는 '나那, 노奴'로 적었습니 다. 번역하면 '양壤'이 되죠. '평양平壤'이 그것입니다. 퇴적물인 이 내 가 널찍하게 벌어지면 '벌, 벌판'이 됩니다. 이것을 한자로 적으면 '발 發, 불내不耐, 부리夫里, 부여扶餘, 바라婆羅, 버들[柳]'입니다. 이런 벌판이 높으면 '닭'이 됩니다. '달, 다라, 들, 돌'로 변화되는데, 한자로 '달達, 양陽, 돌[石, 梁, 濟], 다라多羅'라고 쓰입니다.

참고로, 내[川]를 만주어로는 'bira'라고 하고, 몽골어로는 'gool'이라고 합니다. 시내[溪]를 만주어로는 'birgan'이라고 하고, 몽골어로는 'goraha'라고 합니다. 앞서 설명을 위해 동원된 우리

말과 비교하면 무언가 비슷한 느낌이 나죠? 같은 알타이 말붙이[語族]라서 그렇습니다.

## 05 고조선이 망한 뒤

이런 여러 의문 중에서 가장 강한 의문이 하나 있습니다. 대동강 가에 있던 평양, 즉 조선이 망했습니다. 그러면 고조선 밑에 있던 여러 부족은 평양 근처에 있어야 합니다. 그게 상식에 부합합니다. 중국이 서쪽에서 압박을 해왔으니, 적어도 그 동쪽으로 조선의 졸개들이 흩어져야 합니다.

그런데 이런 상식과 다르게 조선의 밑에 있던 여러 부족, 예컨 대 선비, 오환, 말갈 같은 부족들은 모두 중국의 접경 지역에서 새로이 일어납니다. 오환과 선비는 만리장성 쪽에서 일어나서 조조와 손잡고 공손연을 협공합니다. 이게 어떻게 이럴 수 있을까요? 우리의 상식과 도저히 맞지 않습니다. 기자가 대동강 가에 앉아서 수천 리 밖의 종족들에게 그렇게 하라고 명령을 했다? 미치지 않고서야 굳이 이렇게 해석할 이유가 있을까요?

우리의 상식으로 추론해보면 고조선의 수도는 굳이 지금의 대동강 가에 있을 필요가 없습니다. 적어도 중국과 맞붙은 전쟁터에서 그리 멀지 않은 곳에 있어야 합니다. 난하와 대릉하 사이 어디쯤이겠죠. 그리고 이런 우리의 상식에 부합한 기록이 『사기』를 비롯하여 고대 4사史는 물론 그 후대의 기록에서도 꾸준히 나타납니다.

이런 상식과 자료를 무시하고 왜 군이 곳곳에서 상식과 자료에 어긋나는 고조선 평양설을 주장해대는 것인지 그게 참 알쏭달쏭합니다. 고조선의 수도 평양은 어떤 경우에도 대동강 가에 있을 수 없습니다. 고조선의 수도는 발해만 언저리가 맞습니다.

## 06 흉노와 조선의 관계

### 고조선의 직책명

『사기』를 조금 더 보겠습니다. 한나라가 조선을 치게 된 원인에 관한 내용입니다. 원문 그대로 옮깁니다.

원봉元封 2년에 한나라는 섭하涉河를 시켜 우거를 꾸짖고 타이르게 하였으나, 끝내 그는 황제의 명령을 받아들이지 않았다. 섭하가 (조선을) 떠나 국경에 이르러 패수에 임하였을 때 수레를 끄는 사람을 시켜 섭하를 전송하던 조선의 비왕裨王 장長을 죽이고 패수를 건너 말을 달려서 요새로 돌아갔다. 마침내 돌아가 황제에게 "조선의 장수를 죽였습니다"라고 보고하였다. 황제는 (조선의 장수를 죽였다는) 미명美名으로 인해서 꾸짖지 않고 섭하를 요동의 동부도위東部都尉로 임명하였다. 조선이 섭하를 원망하며 군사를 일으켜 습격하여 섭하를 죽여버렸다.

사람들 이름이 정말 이상합니다. 섭하涉河는 '냇물을 건넌다'는 뜻이고, 비왕은 작은 왕이라는 뜻인데, 이름이 우두머리[長]라는 게 참 이상합니다. '비왕'은 직책명 같은데, '長'도 그럴까요? 섭하는 아마도 사람 이름이 아닐 것입니다. 동부도위 벼슬을 한 아무개가 그전에 패수를 건너 조선에 갔다 온 공을 세운 사람이었는데, 그 사람의 이름은 잃어버리고 나중에 받은 벼슬 이름만 남았다가, 굳이 이름을 붙이자니 물 건너갔다는 말을 그대로 적었을 것입니다. 河는 판본에 따라 何라고도 적는데, 그러면 더 이상하죠. 그냥 아무개[何]라는 뜻입니다. 섭 아무개죠. '물을 건너갔다 온 아무개'여서, 역시 정확한 신원은 알 수 없습니다. '長'도 이상하기는 마찬가지입니다.

이 의문을 풀 실마리가 같은 책 조선 열전에 있습니다. 위만의 손자 우거는 조선의 대신인 성사成巳의 반란으로 죽고, 성사는 다른 사람들에게 죽는데, 성사를 죽인 무리 중에는 우거의 아들 장항長降도 있습니다. '長'은 앞서 본 비왕과 똑같습니다. 이것이 우연의 일치일까요? 우거右渠가 사람의 이름이라는 것도 이상하고, 우거의 아들이 '장항'이라는 것도 이상합니다. 왜 이럴까요? '長'은 사람 이름이 아니기 때문입니다. 長은 초원지대에서 군사 1만 명을 이끄는 우두머리에게 붙이는 용어입니다. 그게 흉노 열전에 나옵니다. 원문을 살펴보겠습니다.

싸움이 유리할 때는 나아가고 불리할 때는 후퇴하였는데, 도주하는 것을 수치로 여기지 않았다. 오로지 이익을 위해서 일을 꾸밀 뿐 예의는 고려하지 않았다. 임금을 비롯해 모든 사람이 가축의 고기를 먹고 그 가죽이나 털로는 옷을 해 입거나 침구로 썼다. 건장한 사람이 맛있는 음식을 먹고 노약자들은 그 나머지를 먹었다. 아비가 죽으면 아들이 그 후처를 아내로 맞고 형제가 죽으면 남아있는 형이나 아우가 그 아내를 차지하였다. 서로 이름을 부르는 것을 꺼리지 않았으며 성이나 자 같은 것은 아예 없었다.

(흉노의 우두머리는 선우이고), 좌우 현왕賢王, 좌우 녹려왕谷蠡王, 좌우 대도위大都尉, 좌우 대당호大當戶, 좌우 골도후骨都侯 등이 설치되어 있었다. 흉노에서는 현명하다는 것을 '도기屠耆'라고 하였기 때문에 언제나 태자가 좌도기왕이 되었다. 좌우의 현왕 이하 당호에 이르기까지 크게는 1만 명에서 적게는 몇천 명의 기병을 거느리는 통솔자가 모두 24장이 있었는데, 이들을 통상 만기萬騎라고 불렀다. (중략) 이들은 각각 일정한 영역을 점유하고서 물과 풀을 따라 옮겨 살고 있었는데, 좌우 현왕과 좌우 녹려왕의 영역이 가장 크고 좌우 골도후는 선우의 정치를 보좌하고 있었다. 24장들은 또 각각 자기들대로 천장, 백장, 십장, 비소왕卑小王, 상방相邦, 도위, 당호, 저거且渠 등의 벼슬을 두고 있었다.


우선 통치구역을 크게 셋으로 나누었다는 것과 이러한 통치 방법의 뼈대를 이루는 것이 만기(24장)라는 것이 눈에 뜨입니다. 현왕, 녹려왕, 대도위, 대당호, 골도후도 이 24장 중의 한 명이라고 본다면, 이런 직위를 겸직하지 않은 만기는, 위의 10명을 빼면 14장이 됩니다. 숫자가 14인 것은, 중앙의 선우가 빠졌기 때문입니다. 중앙까지 합치면 모두 15가 되죠. 그러면 이제 구역을 크게 셋으로 나눠 다스리는 흉노의 특성상 15도 셋으로 나눌 수 있습니다. 선우와 좌현왕, 우현왕은 각기 5장(만기)씩 거느리게 됩니다. 5는 전후좌우와 중앙을 나타냅니다. 중앙은 왕 자신이 다스리고, 나머지 동서남북은 4장에게 맡기는 것입니다.

정리하면, 흉노는 구역을 크게 셋으로 나누어 다스렸고, 각기 중앙의 왕이 있어 그 밑에 왕을 보좌하는 벼슬이 있으며, 세 왕은 각기 5장을 거느려 자신을 중심으로 전후좌우를 다스리는 구조입니다.

## 통치 구조의 공통성

그런데 이처럼 중앙과 전후좌우로 다스리는 짜임은 우리에게 아주 익숙합니다. 부여, 고구려, 백제는 지배층이 모두 같은 겨레인데, 모두 동서남북으로 행정구역을 정하고 다스립니다. 그 때문에 중앙까지 합하여 모두 5부제가 됩니다. 이런 통치 구조는 이후 요동과 만주를 비롯한 북방 초원지대의 모든 민족에게 두루 나타나는 특성으로 자리 잡습니다.

예컨대, 『후한서』 권90의 오환 선비 열전을 보면 "단석괴檀石槐, (137~81)가 스스로 땅을 3부로 나누어 우북평에서 동쪽으로 요동까지 부여 예맥과 인접한 20여 읍을 동부로 삼았다."고 하였습니다. 이러한 짜임의 원형을 우리는 흉노 사회에서 볼 수 있습니다. 오환, 선비도 흉노의 통치방식을 그대로 답습한 것이죠. 참고로 단석檀石은 어원을 보면 '박달[檀]의 자손[石]'입니다. 石은 '돌'인데, 터키어로 자손을 뜻합니다. 그래서 우리말에서도 아이들을 '똘이, 돌이'라고 하는 것입니다.

앞서 조선전에서 본 우거의 아들 장항長降으로 다시 돌아가서 살펴보면 '장항'의 '長'은 이름이 아니라 조선의 지배층을 구성하는 24장 중의 한 명이라는 뜻이니, '항'이 이름일 것입니다. 조선전만 똑 떼어놓고서 보니 '장항'이 이름으로 보이는 것이죠. 우거가 임금 노릇을 했으니, 아들인 '항'은 녹려왕에 해당하는 직책을 맡았을 것입니다. 녹려왕은 군사와 행정을 담당하고 직위는 현왕의 아래인데, 선우[王]의 자제가 맡습니다. 고구려에 왕족을 나타내는 '고주가'라는 직책명이 보이는데, 바로 이것입니다. '곡려谷蠡'를 우리말로 읽으면 '골좀'이 되고(蠡는 좀먹을 려), 여기에 '가(王)'를 붙이면 '골좀가'가 되는데, 받침이 거의 발음되지 않는 향찰 표기의 특성에 따라 읽으면 '고조가'가 되어 '고추가'에 근접합니다.

우거도 이름에 '오른쪽'이 들어간 것으로 보아 좌현왕, 우현왕처럼 직책에 따른 명칭이었을 것으로 보입니다. 위만을 비롯한 왕가에서 우현왕에 임명한 사람이 위만의 자리를 이어받아 왕의 자리에 올랐기에 '우'라는 방향을 나타내는 말이 이름처럼 쓰였을 것으로 보입니다.

이상 흉노전에 나오는 조직의 특성을 알고 조선전을 읽어보면 여러 가지 의문이 눈 녹듯이 풀립니다. 『사기』를 처음 읽었을 때, 저는 상당히 자존심이 상했습니다. 왜냐하면, 흉노 열전과 비교할 때 조선 열전은 분량 면에서 엄청 적었기 때문입니다. 번역된 것을 쪽수로 비교해보면 대번에 알 수 있습니다. 흉노 열전은 41쪽인데 반해, 조선 열전은 6쪽에 불과합니다. 똑같은 오랑캐인데, 어째서 흉노와 조선이 이렇게 차이가 날까요?

흉노를 훨씬 더 중요하게 여긴 것이라는 생각에 살짝 자존심이 상했습니다. 벌써 40년 전의 일입니다. 그런데 이번에 『사기』를 다시 읽으며 생각을 고쳐먹었습니다. 중국에서 볼 때 흉노와 조선이 크게 다르지 않았던 것이었고, 그놈이 그놈이었기에 그런 것임을 알게 된 것입니다. 같은 대상이니 앞서 다룬 것을 또 자세히 다룰 필요가 없었던 것이죠. 그래서 뒤에 나온 조선 열전은 아주 간략하게 정리하고 지나간 것입니다.

『사기』 흉노 열전과 조선 열전을 같이 엮어서 읽어보면, 흉노와 조선이 똑같은 통치 구조였음을 볼 수 있습니다. 흉노의 기본 단위인

'장長'이 조선에도 나오고 '비왕'이라는 말도 나옵니다. 흉노와 조선은 사회 통치 구조가 크게 다르지 않았다는 뜻입니다. 게다가 부여 풍속에 형이 죽으면 동생이 형수를 데리고 산다는 '형사취수兄死取嫂' 제도가 있었는데, 이것이 흉노의 그것과 똑같습니다.

## 조선의 통치 구조

그러면 조선도 흉노처럼 구역을 셋으로 나누어 다스렸다는 말이냐? 그렇습니다! 그 증거가 삼한입니다. 삼한은 기자조선의 마지막 왕 준이 위만에게 왕위를 빼앗기고 남쪽으로 달아나서 세운 나라입니다. 마한 진한 변한, 셋으로 나누어 다스렸습니다. 이것은 흉노의 통치 구조가 그대로 되풀이된 것입니다. 어느 모로 보든 흉노와 조선은 마치 판박이처럼 닮았습니다. 전체를 셋으로 나눈 통치 구조는 물론이고, 권력의 기본 단위인 '장'도 똑같습니다.

물론 장이 만기 단위로 꼭 24명이 있었느냐 하는 것은 좀 생각해볼 문제입니다. 흉노보다 조선은 훨씬 더 많은 민족으로 구성되었고, 지배 범위도 훨씬 더 넓었습니다. 요동 지역과 만주 지역, 그리고 한반도까지 아우르는 광범위한 지역이었기 때문에 24장에 그치기는 어려웠을 것입니다만, 전체의 구조는 흉노와 같은 짜임이었을 것입니다.

조선이 이런 짜임이라는 사실을 처음으로 주장한 사람은 신채호입니다. 신채호는 '진번조선'과 '발조선'이라는 말에서 조선을 모두 '진조선, 번조선, 발조선'으로 나누었고, 이것은 삼한의 구조와 똑같다고 설명했습니다. 용어는 어떨지 몰라도 조선의 사회구조를 정확히 파악한 것입니다.

실제로 한나라 무제가 흉노 정벌을 단행한 뒤, 흉노는 사방으로 흩어지는데, 그 중의 적지 않은 수가 동쪽으로 밀려와서 조선으로 흡수됩니다. 위만의 경우도 망명한 유민들을 긁어모아 자기 세력을 불리는데, 이들 대부분이 한나라의 공격을 받아 뿔뿔이 흩어진 흉노 잔당과 이런 전쟁을 피해 도망온 연나라, 제나라의 유민들입니다. 이런 결과 때문에 한 무제는 조선 또한 그대로 둘 수 없어서 흉노 정벌로 국고가 바닥이 났는데도 조선 정벌까지 단행하게 된 것입니다.

따라서 삼한을 잘 살펴보면 우리는 고대 동북아시아를 호령했던 여러 겨레의 특성을 아주 잘 알 수 있습니다. 삼한을 돌아보지 않을 수 없습니다. 삼한에 대해서는 『한서』, 『후한서』를 비롯하여 중국의 역대 사서에 아주 자세히 나옵니다. 그중에서도 『삼국지』 위서 동이전(김원중 옮김)의 기록이 아주 생생합니다. 한번 살펴보고 가겠습니다.

## 삼한의 소도

매년 5월이 되면 씨를 다 뿌리고 귀신에게 제사를 올린다. 이때 모든 사람이 모여서 밤낮을 쉬지 않고 노래하고 춤추며 술을 마신다. 춤을 출 때에는 수십 명이 한꺼번에 일어나서 서로 뒤를 따르며 땅을 밟고 높이 뛰었다가 내려오고, 손과 발이 서로 호응하며, 절주는 꼭 중국의 탁무鐸舞와 유사하다. 11월에 농사일이 끝났을 때도 역시 이와 똑같이 한다. 귀신을 믿고 나라의 읍마다[國邑] 한 사람씩을 뽑아 세워서 천신天神에게 제사하는 것을 주재하게 하는데, 이 사람을 '천군天君'이라고 부른다. 또한, 여러 나라[國]에는 각기 따로 읍[別邑]이 있는데, 이것을 '소도(蘇塗: 농경사회에서 제례의식을 수행하던 장소)'라고 한다. 큰 나무를 세우고 거기에 방울과 북을 매달아 놓고 귀신을 섬긴다.

도망쳐 온 사람은 모두 모두 이곳으로 달려와 돌아가지 않고, 도둑질을 좋아한다. 그들이 소도를 세운 뜻은 마치 불가에서 절[浮屠]을 세우는 것과 비슷하지만, 행하는 선악 관념에는 차이가 있다.(『삼국지』, 「위서」 오환 선비 동이전)

이것은 중국의 저 유명한 위, 촉, 오 삼국시대의 이야기입니다. 『사기』와 비교해보면 적지 않은 차이가 있습니다. 흉노 열전을 읽어보면 당시 유목민들은 농사를 짓지 않은 듯이 기록했는데, 여기서는 농사를 짓는 것으로 표현했습니다. 그사이에 벌써 농경사회로 접어들었음을 볼 수 있습니다. 그런데도 옛 시대의 유습은 그대로 이어짐을 볼 수 있습니다. 제사 행위가 그렇습니다.

제사 행위에서 우리가 알 수 있는 또 한 가지 사실은, 제사장이 왕이 아니라는 것입니다. 흉노 열전에서는 선우가 직접 하늘에 제사를 지냈습니다. 휴도왕이 제천금인을 모시고 있었다는 것이 그 증거이고, 선우가 정정庭과 용성龍城과 대림蹛林에서 제사 올린다는 것도 그런 것입니다. 하지만 이곳 삼한에서는 천군을 따로 뽑아서 제사를 지내고 소도를 관리하게 했죠. 이것으로 보아 세월이 흐르면서 제정일치가 무너지고 통치자와 제사장이 따로 분리된 것 같습니다. 삼한은 그런 뒤의 상황이죠.

위의 기록을 잘 살펴보시기 바랍니다. 이 기록대로라면 '소도'는 도둑놈들의 소굴 같습니다. 멀고 먼 남의 나라 문화를 묘사하는 중국인들의 콧대 높은 자부심과 자긍심이 저들을 어떻게 낮춰보는지를 아주 잘 드러내는 대목입니다. 이를 어떻게 봐야 할까요? 중국인들의 시각대로 소도를 도적놈들 소굴로 봐야 할까요? 묘사된 내용을 보면 소도는 치외법권 지대임을 알 수 있습니다. 법을 범한 사람들이 도망쳐 들어가도 따라가서 잡을 수 없습니다. 이런 장면은 마치 1970년대 명동성당을 떠올리게 합니다. 시국 사범으로 쫓기던 대학생들을 김수환 추기경은 감싸 안았죠. 전두환 때는 경찰이 명동성당을 뒤지려 하자, 김 추기경이 몸소 앞으로 나서서 "먼저 나를 밟고 가라"고 하여 온 세상이 숙연해지기도 했습니다.

그런데 경찰은 왜 명동성당을 강제 수색하지 못한 것일까요? 간단합니다. 그렇게 강제력을 행사했다가는 전 세계로부터 고립당하는 운명을 면할 수 없다는 사실을 통치자가 알았던 것입니다. 왜 고립될까요? 천주교는 국내 조직만이 아니라 전 세계에 뻗은 조직이고, 그 중심에 전 세계인들이 존경하고 따르는 교황이 있기 때문입니다. 교황이 지닌 권능을 세속 권력이 함부로 어쩌지 못할 만큼 특별한 힘이 있기 때문입니다. 명동성당은 이런 현실 속의 실제 힘이 있습니다. 그래서 세속의 정치 권력이 함부로 하지 못한 것입니다.

그렇다면 삼한의 소도로 가보겠습니다. 소도에도 그런 힘이 있었을까요? 그렇습니다. 만약에 소도에 그런 힘이 없다면 왕이 사람을 보내어 얼마든지 집뒤짐을 할 수 있을 것입니다. 그렇다면 소도에는 어떤 힘이 있었을까요? 이 점에 대해서는 지금까지 어떤 학자들도 제대로 말을 하지 않았습니다. 아니 못했다고 보는 게 더 옳을 겁니다. 제사장이 산다는데, 그 제사장이 어떤 힘을 지녔기에 세속 권력이 건드리지를 못했나? 단순히 제사장이기 때문이라는 대답은 해가 동쪽에서 뜬다는 대답과 다를 게 없습니다. 그걸 모를 사람이 어디 있습니까? 요컨대 왜 동쪽에서 뜨느냐를 답해야 한다는 겁니다.

만약에 소도를 뒤져서 천군을 죽이거나 천군이 그대로 행위를 멈추면 나라가 망합니다. 위를 보면 이미 농경사회로 접어들었는데, 농경은 백성들이 먹고사는 전부이고, 거기에는 반드시 4철과 24절기에 대한 철저한 이해가 필요합니다. 그 농경의 이치를 알려주는 존재가 바로 소도의 제사장 '무당'입니다.

보통 무당이라고 하면 사람들에게 사기를 치거나 눈속임하고, 그것으로 어떤 보상을 갈취하는 정도로 생각합니다. 실제로 우리가 주변에서 마주치는 많은 무당이 그런 사기에 연루되어 경찰에 오락가락하는 모습을 뉴스에서 자주 마주칩니다. 어쩐지 못 미더운 존재로 전락했죠. 그만큼 무당의 권위가 땅에 떨어졌죠. 무당들이 곁들이로 4주 명리학을 하는 것도 그런 믿음을 '학문'으로 회복하려는 방편입니다.

과연 기원전 5천 년 전의 무당과 2천 년 전의 무당들도 그랬을까요? 이제부터 그것을 자세히 알아보겠습니다.

## 07 단군과 무당

### 소도의 무당

우리말 '무당'은 '묻+앙'의 짜임입니다. '묻'은 '묻다'의 어근이고, '앙'은 '마당, 바탕' 같은 말에서 보이는 접미사입니다. 따라서 무당은 하늘에 신의 뜻을 묻는 사람을 뜻합니다. 이것을 무당巫堂이라고 적기도 하는데, 이건 말도 안 되는 한자 조합입니다. 한문을 쓰던 시절의 향찰 표기라고 이해하면 될 것입니다.

그러면 하늘의 뜻을 묻는다는 것은 무엇을 뜻할까요? 긴 장대 끝에 방울과 북이 매달렸으니, 그 꼭대기에 올라가서 방울이라도 흔들고 북을 두드리기라도 했을까요? 흔들고 두드릴 것들을 왜 굳이 높이 매단 것일까요? 평생 치외법권 지대인 '소도'에 갇혀 사는 무당의 행동을 가만히 살펴보겠습니다.

### 무당의 낮일

마당 한가운데에 장대가 섰습니다. 무엇이 보일까요? 맑은 날 낮이면 장대가 마당에 드리운 그림자가 보일 것입니다. 무당은 가만히 그 그림자를 들여다봅니다. 해가 동쪽에서 떠서 서쪽으로 질 때까지 그림자는 한순간도 가만히 있질 않고 해를 따라 옮겨갈 것입니다. 온종일 그 그림자를 들여다봅니다. 며칠이면 그림자가 가장 짧아지는 순간을 잡아낼 수 있습니다. 그것이 정오正午입니다. 정오의 그림자가 가장 짧아지는 자리에 표시합니다.

날마다 그렇게 합니다. 그러는 동안 무당은 한 가지 사실을 저절로 깨닫습니다. 장대가 마당에 드리운 꼭대기의 북 그림자가 점차 옮겨간다는 것입니다. 어떻게 옮겨갈까요? 여름으로 갈수록 해의 그림자는 짧아지고, 겨울로 갈수록 해의 그림자는 길어집니다. 아하!

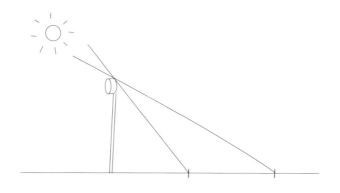

그림자가 가장 짧아지는 때는 덥고, 그림자가 가장 길어지는 때는 춥습니다. 이것을 각기 하지와 동지라고 하고, 이 둘을 합쳐 '2지'라고 합니다. 반면에 밤과 낮의 길이가 똑같은 날이 1년에 두 차례 생깁니다. 봄에 한 번, 가을에 한 번이죠. 이를 각기 춘분과 추분이라고 하고, 이 둘을 합쳐 '2분'이라고 합니다. 2분과 2지가 드러나면 나머지 절기는 저절로 나뉩니다. 한 번 더 나누면 8이 되고, 한 번 더 나누면 16이 되며, 한 번 더 나누면 24가 되고, 한 번 더 나누면 32가 되고, 한 번 더 나누면 64가 됩니다. 한없이 나누다 보면 360이 되고, 1년의 날짜가 됩니다.

그런데 고민이 생깁니다. 정오의 그림자는 1년 내내 한 줄 위를 왔다리 갔다리 합니다. 짧아질 때와 길어질 때 오고 가는 길이 겹칩니다. 이게 문제입니다. 춘분과 추분의 위치가 같아져서 어느 것이 춘분이고 어느 것이 추분인지 알 수가 없습니다. 2지는 금방 알 수 있죠. 장대의 그림자가 가장 짧은 때가 하지이고, 가장 긴 때가 동지입니다. 하지만 2분은 하지와 동지의 2분의 1 지점입니다. 어떻게 표시해야 이것을 알아볼 수 있을까요? 머리를 굴려봅니다.

그림자가 오고 가는 길을 둥글게 만들면 됩니다. 즉 하지점과 동지점을 잇는 금을 마당에 긋고, 그 금의 이등분 지점을 그림자가 지나는 줄 바깥으로 벌어서 동그라미를 그린 다음에, 十자를 그려 가로줄의 양 끝에 춘분점과 추분점을 놓으면 됩니다. 어렵나요? 이래서 그림이 필요하겠죠? 이렇게 그린다는 말입니다.

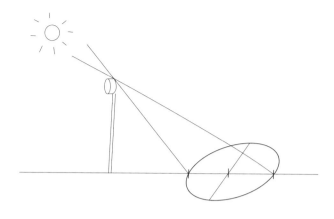

　장대의 그림자가 움직이는 방향으로 줄이 하나 그어지면 그것이 남북입니다. 그러면 동서는 저절로 나뉘죠. 동쪽의 2분의 1 지점이 춘분이고, 서쪽의 2분의 1 지점이 추분입니다. 여기서 네 점을 2등분하면 점은 다시 네 개로 늘어납니다. 이것이 4립立입니다. 입춘, 입하, 입추, 입동이죠. 이 8등분(2분, 2지, 4립) 사이에 둘씩 더 집어넣으면 우리에게 익숙한 24절기가 됩니다. 이 24절기를 마당에 그려진 동그라미에 덧보탭니다. 그러면 마당에는 어떤 그림이 그려질까요? 잘 생각해보시기 바랍니다. 그림자의 길이와 방향을 1년간 따라가면 마당의 솟대 밑에는 이런 그림이 크게 그려집니다.

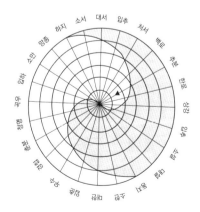

어디서 많이 보던 그림이죠? 우리가 아는 태극무늬(☯)가 이렇게 해서 나온 것입니다. 이것을 최초의 무당이 알아낸 것입니다. 무당은 날마다 마당에 나와 앉아 햇빛이 드리워준 그림자와 대화를 나눕니다. 마당에 떨어진 그림자의 길이와 방향을 알면 앞으로 날씨가 어떻게 변할지, 그에 맞춰 사람이 무엇을 해야 할 때인지 알 수 있습니다.

이 그림을 이제 부호로 바꿔 봅니다. 문자가 없던 시절이었기에, 바닥에 드리운 그림자의 길이를 그어 막대 그림으로 그립니다. 가장 짧은 그림자는 한 번 그어 ━, 긴 것은 곱절이므로 두 번 그어 ━━. 이것이 2지입니다. 그렇다면 2분(춘분, 추분)은 어떻게 할까요? 그림자 두 가지 막대 그림을 겹치면 됩니다. 이렇게! ⚏, ⚍. ━과 ━━도 그냥 둘 수 없으니 똑같은 것을 겹칩니다. 이렇게! ⚌, ⚎. 그러면 2분(⚌, ⚏)과 2지(⚍, ⚎)가 저절로 그려집니다. 그러면 2분 2지에 4립을 더하여 표시하려면 그림자를 하나 더 얹으면 되겠지요. 여기서 길고 짧은 그림자를 하나씩 더 얹으면 어떻게 될까요? 다음과 같이 됩니다.

☷ ☶ ☵ ☴ ☳ ☲ ☱ ☰

막대 그림자를 하나씩 계속해서 얹어볼까요? 몇 개나 얹으면 될까요? 경험상 6개만 얹으면 충분합니다. 64개나 되죠. 그것이 다음입니다.

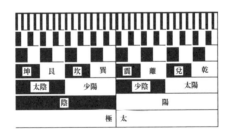

마당의 솟대는 우주가 돌아가는 시곗바늘입니다. 그 바늘이 바닥에 그려준 이 그림으로 무당은 앞으로 어떤 일이 벌어질지 압니다. 기후와 날씨를 예측할 수 있습니다. 심지어 그 사람이 처한 운명까지도 알아낼 수 있습니다. 사람들은 그의 입만을 바라볼 수밖에 없습니다. 그의 입에서 나오는 말은 사람의 말이 아니라 하늘의 말입니다. 이 하늘의 말을 '공수'라고 합니다. 요즘도 무당들이 쓰는 말입니다. 이때의 무당들은 결코 하늘의 뜻을 벗어나는 말을 하지 않았습니다. 요즘처럼 빈말로 사기 치는 일이 없었다는 말입니다. 그렇기에 그들이 틀릴 수는 있어도, 거짓을 말하지는 않는다는 것을 당시 모든 사람은 알았고, 그렇기에 세상 사람들은 그 누구도 그들을 함부로 할 수 없었던 것입니다.

그림자 길이를 나타내는 부호는 누구나 알아볼 수 있습니다. 이렇게 앞사람의 슬기를 뒷사람이 이어가죠. 그것이 소도에 들어와도 사람들이 돌아가지 않는 이유입니다. 소도에는 이런 질서를 배울 사람이 필요하고, 그들을 도와줄 사람도 필요합니다. 여러 가지 사연으로 소도에 들어가지만, 거기에 한 번 자리 잡은 사람은 소도를 떠날 수 없습니다. 곧 신의 곁을 떠나는 일이기 때문입니다.

고대의 무당은 하늘의 뜻을 세상에 전하는 존재, 곧 신의 아들입니다. 흉노의 선우가 하늘에 직접 제사를 지내는 이유입니다. 무당의 일이 한낮의 장대 그림자를 살피는 일로 그칠까요? 그럴 리가 없습니다. 밤이면 더욱 할 일이 많아집니다.

### 무당의 밤일

밤에는 하늘을 올려다봅니다. 무수히 많은 별이 빛나죠. 아무런 말도 하지 않던 별이 몇 년을 그렇게 올려다보면 갑자기 말을 걸어옵니다. 이제 그 말들의 소식을 전해야 합니다. 그러자면 밤새도록 고개를 젖히고 하늘을 바라보아야 합니다. 목이 아픕니다. 어떻게 할까요? 누울까요? 그렇겠지요. 처음엔 그렇게 했겠지요. 하지만 곧 잠이 들고 맙니다. 신의 말씀을 꿈속에서나 듣죠. 그래서 고민을 합니다. 어떻게 하면 안 자고 별을 바라보나? 어느 현명한 무당이 참신한 생각을 해냅니다. 별들을 땅으로 불러 내리면 되지!

커다란 동이에 물을 가득 담습니다. 고요해진 물동이를 들여다봅니다. 거기 별들이 가득 담겼습니다. 다른 별은 몰라도 움직임이 한눈에 드러나는 별이 있습니다. 국자 모양의 별자리죠. 한 시간만 뜸을 들이고 보면 북두칠성은 눈에 띌 만큼 자리를 옮깁니다. 저녁부터 새벽까지 정확히 하늘의 절반을 돕니다. 그 국자로 바닷물을 걸러서 술로 마시고 싶어집니다. 옛 선비들은 상상력으로 그런 장난을 했습니다. '북두성 기울여 창해수 부어내어 / 저 먹고 날 먹이거늘'(관동별곡)

그러나 이곳은 하늘의 뜻을 읽는 소도의 안마당. 1년을 보고 2년을 보고 3년을 보고, 하여 수십 년 수백 년을 들여다봅니다. 이제 아버지와 할아버지 무당이 가르쳐준 정보가 쌓이고 쌓여 온 집안에 별의 움직임이 가득 찹니다. 낮에 본 그림자의 길이가 밤하늘의 별이 보여주는 질서와 맷돌처럼 맞물려 돌아간다는 사실을 깨닫습니다.

하늘에서도 1년간 한 치 오차 없는 질서가 투명 그물처럼 펼쳐집니다. 1년 내내 못 박힌 북극성을 중심으로 삼아, 4방에 가지런히 놓인 숱한 별을, 국자 닮은 북두칠성이 이끌고 돌아갑니다. 그 네 방향에는 신이 있어, 별들의 질서를 주관합니다. 청룡, 백호, 주작, 현무. 이 신들은 각기 7개씩 별을 데리고 멀고 먼 우주를 여행합니다.

동방청룡 7수 : 각角·항亢·저氐·방房·심心·미尾·기箕

남방주작 7수 : 정井·귀鬼·유柳·성星·장張·익翼·진軫

서방백호 7수 : 규奎·누婁·위胃·묘昴·필畢·자觜·삼參

북방현무 7수 : 두斗·우牛·여女·허虛·위危·실室·벽壁


낮에 본 솟대의 그림자가 가르쳐준 날짜와 밤에 나타난 별을 보며 우리가 지금 우주의 어디쯤을 여행 중이구나 하고 시간의 마디를 가늠합니다. 북극성은 곧 무당 자신이 사는 세상의 한 가운데입니다. 이 질서를 땅 위로 내려 세상을 넷으로 나눕니다. 전후좌우, 그리고 무당은 가운데 자미원에 앉습니다. 비로소 하늘의 시간이 땅의 공간에 지은 집[宇宙]이 완성됩니다. 이렇게 완성된 우주는 하늘과 땅이 한바탕 어울리는 춤사위입니다. 이 춤사위를 진두지휘하며 백성들에게 하늘의 소식을 전해주는 이가 무당입니다. 어찌 이 무당을 두려워하지 않을까요?

첨성대 얘기 좀 하겠습니다. 국사 시간에 우리는 첨성대에 대해서 엄청난 것인 양 배웠습니다. 하지만 그 용도부터 알 수 없습니다. 경주에 수학여행 갔을 때 우리 앞에 놓인 커다란 돌집이 코카콜라병을 닮았다는 것 빼고서는 무슨 큰 감흥이나 감동을 못 느꼈습니다. 첨성대의 쓰임과 뜻을 제대로 알려준 선생님이 없었기 때문입니다. 나중에 어른이 된 뒤에 학자들도 첨성대의 쓰임을 제대로 모른다는 것을 알고 어처구니가 없었습니다. 첨성대의 쓰임에 대해서도 제가 처음으로 입을 열었습니다.(『우리 침뜸의 원리와 응용』)

첨성대는 생각보다 높지 않습니다. 이름은 '별을 바라보는 높은 집'이란 뜻인데, 생각보다 높지도 않고 그렇게 높은 곳에 있지도 않습니다. 그냥 벌판에 있습니다. 왜 이럴까요? 별을 관측하는 기구이기 때문입니다. 어떻게 했을까요? 지금은 네모난 돌로 쌓은 뼈대만 있지만, 그 위에는 커다란 물동이가 놓였을 것이고, 그 물동이 둘레에는 사람이 앉아서 내려다볼 만한 자리가 있었을 것입니다. 거기에 올라가는 계단도 있어야겠지요. 사람이 앉을 곳과 계단은 무엇으로 만들었을까요? 나무로 만들면 됩니다.

천문관은 날마다 그곳에 올라 밤하늘을 관측하며 별의 움직임을 살피고 혹시 나타날지도 모를 혜성을 기다리며 별들의 운행이 인간에게 미칠 영향을 셈합니다. 그리고 다음 날이면 왕에게 보고하죠. 빗자루 별이 나타났다, 형혹성이 귀성을 범했다. 이런 방식이 모든 국가에 공통으로 갖춰졌습니다. 고대국가 성립의 가장 중요한 요소이기도 합니다. 이런 얘기를 들은 적이 없어서 저도 첨성대 앞에 우르르 몰려서서 사진을 찍고는 천마총으로 사진 찍으러 냅다 달려갔던 기억이 생생합니다. 당사자가 아니라 구경꾼이 바라보는 문화가 이렇습니다.

별을 바라보는 마음은 기도하는 마음입니다. 마음이 깨끗하지 않으면, 그래서 잡념에 시달리면, 정작 읽어야 할 별의 이야기를 놓치기 쉽습니다. 그래서 깨끗한 마음으로 별을 바라보기 위해 자신의 영혼을 깨끗이 비웁니다. 무당이 한겨울에도 찬물로 몸을 깨끗이 씻는 것은 그런 까닭입니다. 고행이라면 고행이겠지요. 이런 모습은 곧 신께 기도하는 모습입니다. 그래서 별자리의 뜻을 모르는 사람들도 그들을 따라서 동이에 물을 떠놓고 빕니다. 그 물동이에는 하늘의 별이 내려왔다고 생각합니다.

나중에는 별이 엉덩이를 겨우 들이밀 만한 작은 그릇에다가 물을 떠놓고 별을 보는 대신 기도에 집중합니다. 그것이 새벽에 아낙네들이 장독대 위에 떠놓고 기도하는 정화수입니다. 정화수에는 북두칠성이 내리고, 그 칠성님에게 소원을 빌어보는 것이죠.

기도하는 마음은 꼭 아낙네만의 것이 아닙니다. 도인들이 수련하는 산꼭대기에 가면 반드시 커다란 바위가 있고, 그 바위 곳곳에 웅덩이가 패어 있습니다. 저절로 빗물이 고였죠. 그 빗물에 별이 내리고, 도인들은 그 별을 보며 마음을 깨끗이 합니다. 속리산 문장대에 오르면 거대한 바위에 이런 웅덩이가 몇 개나 있습니다. 도인 여럿이서 도를 닦았다는 증거죠.

### 무당과 박달

무당은 솟대의 그림자와 밤하늘의 별을 보고 우주의 시간을 가늠하는 존재입니다. 세상의 어떤 지배자도 이들의 말을 무시할 수 없습니다. 그들의 말은 곧 신의 말씀입니다. 이것이 『삼국지』 위지 동이전에 도적놈들의 소굴처럼 묘사된 삼한의 '소도'에서 벌어지는 일입니다.

무당은 대를 이어 자신의 슬기를 후손에게 전합니다. 이런 무리를 가리키는 말이 있을 것입니다. 이들을 무엇이라고 부를까요? 해의 자손입니다. 해의 아들이고 해의 손자죠. 그러면 옛날 건국 신화에 등장하는 하늘의 아들이나 신의 자식이라는 표현들이 무엇을 뜻하는 것인지 알 수 있습니다. 곧 무당들을 뜻하는 것입니다.

무당은 곧잘 용龍으로도 표현됩니다. 제정일치 사회였던 흉노에서 왕인 선우가 사는 곳의 이름이 용성龍城이었고, 용성이 있는 군 이름이 운중雲中이었습니다. 용은 구름을 타고 하늘로 오르기 때문에 군 이름도 '구름 속[雲中]'입니다. 주몽 동명성왕은 죽지 않았습니다.

하늘에서 내려온 황룡을 타고 하늘로 돌아갔습니다. 『삼국사기』의 기록입니다. 무당은 영생불사입니다. 그래서 용으로 표현됩니다.

무당은 해의 아들이자 자손입니다. 그래서 해를 숭상합니다. 이렇게 해를 떠받드는 사람들을 우리 겨레는 뭐라고 불렀을까요? '밝달'이라고 했습니다. '밝'은 '밝다'의 어근이고, '달'은 알타이어로 땅을 뜻하는 말입니다. 해가 처음 비치는 땅을 말합니다. 알타이 산에서 내려온 겨레가 처음으로 자리 잡은 곳은 어디일까요? 지도를 펴놓고 '밝달'이라고 표기된 곳을 찾으면 됩니다.

북위 40도와 동경 120도가 만나는 언저리에 최초의 '밝달, 붉달'이 있습니다. 기원전 9천~8천 년 전의 일입니다. 문자가 없던 시절에 '밝달'이라고 불리다가, 문자가 생기면서 기록으로 남습니다. 이 지역에 나타난 최초의 문자는 한자입니다. 그래서 처음으로 한자로 적습니다. 그렇게 적힌 이름은 '적봉赤峰', 또는 '홍산紅山'입니다. 이 지역에서 거대한 무덤이 발견되고, 신석기 시대의 유물로는 믿기지 않는 정교한 옥돌이 무수히 발굴됩니다. 용의 모습을 새긴 옥돌이 많이 나타났습니다. 그 옥돌들은 그들이 용을 섬겼음을 또렷이 보여줍니다.

무당들이 모여 사는 곳이기에 그곳을 '박달'이라고 불렀고, 그들 겨레를 '박달 겨레'로 불렀으며, 그곳의 우두머리를 '박달 임금[檀君王儉]'이라고 했습니다. 해의 계시가 처음 비치는 곳이기에 '아사달阿斯達'이라고 하고, 이것을 번역하면 '조선朝鮮, 조양朝陽, 해성海城'이 됩니다. 신들이 사는 곳이기에 '가마달[今彌達]'이라고도 불렀는데 이를 번역하면 '신시神市, 개마蓋馬, 웅신산熊神山, 개평蓋平, 개주蓋州'가 됩니다. 용들이 모여 사는 곳이기에 '용성龍城'이라고도 불렀, 용의 집무실을 용정龍庭이라고 했습니다.

이 중에서 가장 많이 쓰인 이름은 '조선'이었습니다. 무당들은 자신을 해의 자손이라는 뜻으로 '박달'이라고 했지만, 문자로 남은 기록은 중국의 한자였기에 '조선'이 가장 흔한 이름으로 자리 잡은 것입니다.

하늘의 뜻을 세상에 전하면서 세상은 하루가 다르게 평온을 찾았습니다. 저절로 이들의 말씀을 들으러 온 누리에서 사람들이 찾아왔습니다. 이들이 알려준 슬기는 빠르게 온 누리로 번져갔습니다. 박달 조선은 점차 커져서 한 곳에서 다스릴 수 없게 되었습니다. 그래서 해가 뜨는 쪽과 해가 지는 쪽으로 선무당을 보내어 '소도'를 더 만들었습니다. 하늘의 말씀을 듣는 세상이 점차 더 넓어져 서쪽으로 흙탕물[黃河]에 이르렀고, 동쪽으로는 큰 바다에, 남쪽으로는 발해에 이르렀습니다.

저절로 세상은 셋으로 나뉘었습니다. 가운데의 박달[紅山]과 서쪽의 가마달, 동쪽의 아사달. 하늘의 뜻을 세상에 전하는 무당들은 1년에 한 차례씩 박달에 모여 큰 제사를 지냈습니다. 흉노족이 가을이면 대림蹄林에 모여 큰 제사를 지냈다는 기록은 이런 자취입니다. 이렇게 말씀으로 세상을 다스리는 세월이 5천 년 흘렀습니다.

## 백이숙제 고사의 속뜻

그 사이 초원에서는 말이 길들여졌습니다. 기원전 3천 년 무렵입니다. 사람들의 발에 날개가 달려 열흘이면 동쪽의 끝에서 서쪽의 끝까지 갈 수 있게 되었습니다. 그 말을 따라서 기원전 2천 년 무렵에 서쪽에서 청동기가 들어왔습니다. 돌을 깎아 연모를 만들던 시기에 견주면 훌륭한 연모가 망치질 몇 번으로 쉽게 만들어졌고, 박달족의 계시로 무질서한 자연에 대한 두려움이 어느 정도 걷히자, 사람들은 코앞의 욕심에 눈이 어두워지기 시작했습니다. 남의 것을 빼앗기 시작한 것입니다.

남의 것을 훔치는 차원을 넘어서 남을 죽이는 정복 전쟁이 시작되었습니다. 말씀의 시대가 가고, 힘의 시대가 왔습니다. 상생의 시대가 가고 상극의 시대가 왔습니다. 이러한 시대 변화의 상황을 아주 잘 보여주는 고사가 백이 숙제입니다. 그 추린 내용은 다음과 같습니다.

백이와 숙제는 『사기』 열전에 나온다. 백이와 숙제는 원래 서쪽 변방의 작은 영지인 고죽군의 후계자였다. 고죽군의 영주인 아버지가 죽자, 이 둘은 서로에게 자리를 양보하며 끝까지 영주의 자리에 나서지 않으려 했다.

이때 상나라의 서쪽에는 훗날 서주 문왕이 되는 희창이 서백의 자리에 있었다. 희창이 죽고 그의 아들 희발(서주 무왕)은 군대를 모아 상나라를 치려 했다. 희발의 부하 강태공은 뜻을 같이하는 제후들을 모아 전쟁 준비를 시작했다. 이때 백이와 숙제는 무왕을 찾아와 다음과 같이 간언했다.

"아버지가 돌아가신 후 아직 장사도 지내지 않았는데 전쟁을 할 수는 없습니다. 그것은 효가 아니기 때문입니다. 주나라는 상나라의 신하 국가입니다. 어찌 신하가 임금을 주살하려는 것을 인이라 할 수 있겠습니까?"

이에 희발은 크게 노하여 백이와 숙제를 죽이려 했으나, 강태공이 이들은 의로운 사람들이라 하여 말렸다. 이후 희발은 상나라를 토벌하고 주나라의 무왕이 되었다. 백이와 숙제는 상나라가 망한 뒤에도 상나라에 대한 충성을 버릴 수 없으며, 고죽군 영주로 받는 녹봉 역시 받을 수 없다며 수양산으로 들어가 고사리를 캐 먹었다. 이때 왕미자라는 사람이 수양산에 찾아와 백이와 숙제를 탓하며,

"그대들은 주나라의 녹을 받을 수 없다더니, 주나라의 산에서 주나라의 고사리를 먹는 일은 어찌 된 일인가?"

하며 책망하였다. 이에 두 사람은 고사리마저 먹지 않았고, 마침내 굶어 죽었다. 이후, 백이와 숙제의 이야기는 끝까지 두 임금을 섬기지 않고 충절을 지킨 의인들을 가리키는 표현으로 사용되었다.

백이와 숙제의 주장을 모두 옳다고 볼 수는 없지만, 도의가 사라지고 폭력이 문제 해결의 주요 방법과 수단으로 변했다는 사실을 잘 보여줍니다. 말씀의 시대가 가고 힘의 시대가 왔는데, 백이와 숙제는 말씀의 시대를 산 사람이기에, 힘의 논리를 받아들일 수 없어 결국은 굶어 죽기를 택한 것입니다. 시대 변화를 상징으로 보여주는 사건이기에 동양 사회에서는 오래도록 회자되었습니다.

이 정복 전쟁은 황하 상류에서부터 시작됩니다. 오늘날 중국의 중심부인 중원은 양자강과 황하 사이 넓은 지역을 말하는데, 화하족은 황하 상류의 거친 초원지대에서 살던 유목민으로, 물줄기를 따라 점차 남하하며 주변 부족을 정복합니다. 마침내 황하 중하류와 해안가에 살던 동이족을 흡수하며 중원을 차지합니다. 그리고 진의 통일 왕국에 이르러 만리장성을 쌓음으로써 자신들의 울타리를 또렷하게 칩니다. 하지만 욕심은 끝이 없어 중국의 변방은 점차 밖으로 불어나고, 원래 그 자리에 살던 사람들은 동쪽으로 밀리거나 중국으로 흡수되고 맙니다. 이러는 과정은 피비린내 나는 정복 전쟁의 연속입니다.

말씀으로 세상을 다스리던 박달족은, 이런 시대 변화에 적응하지 못합니다. 결국은 박달의 왕 단군이 왕의 자리를 내려놓고 아사달로 돌아갑니다. 기원전 1,122년의 일입니다. 단군이 떠난 자리에 기자가 등장합니다. 단군조선은 석기시대의 나라였고, 기자조선은 청동기 시대의 나라입니다. 석기로 세상을 다스리던 단군 세력은 청동기와 철기로 중무장한 중국 세력과 맞설 힘이 없었고, 청동기와 철기로 무장한 새로운 세력인 기자가 침략자와 맞서게 된 것입니다.

이런 시대 변화가 기자조선의 성립으로 확립되고, 그런 과정이 1,122년 기자조선의 출범을 가져온 것입니다. 1,122년 기자조선의 성립은 석기시대에 말씀으로 세상을 다스리던 무당(제사장)의 시대가 가고, 철기 시대에 힘으로 세상을 다스리는 임금(통치자)의 시대가 왔음을 보여주는 일대 사건이었습니다.

## ( 08 기자조선

### 중국 기록의 조선

이런 변화는 말에서도 그대로 드러납니다. 단군조선의 지배층은 퉁구스어를 썼습니다. 반면에 기자조선의 지배층은 몽골어를 썼습니다. '조선'은 그대로였지만, 지배층은 뒤바뀐 것입니다. 그래서 '조선'의 앞에 '단군'과 '기자'가 붙은 것입니다.

이 무렵부터 중국은 기자조선과 맞닥뜨리게 되고, 그래서 중국 측의 기록에 '조선'이 등장하기 시작합니다. 중국 측의 기록에 처음 나타난 것은 『관자』입니다. 『관자』는 제나라를 가장 강성하게 키운 재상 관중管仲을 기념하기 위하여 후대에 지은 책이지만, 이곳에 나오는 대화는 관중과 환공이 나눈 것이어서 당시의 현실을 반영했다고 보아도 무리가 없습니다. 『관자』에 이런 대화가 나옵니다.

> 한 장의 표범 가죽[豹皮]이라도 천금의 값으로 계산해준다면, 팔천 리 떨어진 발조선發朝鮮도 조관朝觀을 오게 할 수 있을 것이다.
>
> ―『관자』 경중갑(輕重甲) 편

표범과 호랑이 가죽은 조선의 특산물이었습니다. 백두산을 비롯한 흥안령 일대가 백두산 호랑이의 서식처임을 감안한다면 당연한 일이기도 합니다. 그런데 '발조선'이 눈에 거슬립니다. '발'이 무엇일까요? 신채호는 이것을 3조선 중의 하나로 보았습니다. 나머지 '진번 조선'이라는 『사기』의 기록에서 '진조선'과 '번조선'을 뽑아내어 조선을 구성하는 세 가지 세력으로 보았죠. 흉노가 중앙의 선우와 양쪽의 좌현왕, 우현왕 제도로 통치 구조를 셋으로 나눈 것을 보고, 그것을 조선에 적용한 것입니다. 아주 탁월한 통찰력입니다.

그런데 '발조선'의 '발'과 관련하여 이 무렵의 중국 측 기록에 또 등장하는 것이 맥貊입니다. 『시경』을 비롯하여 조선이 나타나는 초기 기록을 보면 '貊, 北貊' 같은 표현이 나옵니다. 이들은 도대체 누구일까요?

『사기』를 비롯하여 이후의 역사서를 보면 고조선을 서술할 때 반드시 '조선' 앞에 다른 말을 붙이는 버릇이 있습니다. 『사기』에는 '진번 조선'이라고 하고, 그 후에는 '예맥 조선'이라고 합니다. '진번'과

'예맥'이 앞에 붙습니다. 그렇다면 진번과 예맥은 또 뭘까요?

사마천이 『사기』를 쓸 무렵의 만리장성 밖에 있는 오랑캐들을 보면 크게 둘입니다. 북쪽으로는 흉노가 있고, 흉노의 동쪽으로는 동호東胡가 있습니다. 바로 뒷날에 '선비 오환'으로 분류되는 '동이'입니다. 그리고 흉노와 동호 사이의 남쪽, 그러니까 중국의 동쪽에 조선이 있습니다. 이 조선은 초원지대 밑에서부터 발해만까지 넓은 지역을 차지했습니다. 그런데 흉노와 동호는 서로 앙숙이어서 동호는 흉노에게 호되게 당하고 세력이 위축됩니다. 이들은 당연히 조선에 포함된 겨레였습니다. 따라서 중국으로 보자면 북쪽에는 흉노가 있고 동쪽으로는 '조선'이 있는 형국입니다. 나중에 오환 선비로 발전하는 동호를 중국에서는 직접 맞닥뜨릴 일이 없는 셈입니다.

그런데 특이한 것은 흉노 열전에 나오는 이 동호를 동이로 따로 분류하지 않았다는 것입니다. 흉노 열전이 있고, 뒤에 조선 열전이 나옵니다. 동호 열전은 따로 없습니다. 왜 이럴까요? 동호는 동쪽 오랑캐인 '조선'에 포함된 존재이기 때문일 것입니다. 그러니까 중국에서 인식한 조선은 동호까지 포함된 개념이라는 말입니다. 그래서 '진번'이라는 수식어가 앞에 붙은 진번 조선이 나오게 된 것입니다. 말하자면 진번 조선은, '동호 조선' 때문에 붙은 이름인 것이죠.

'조선' 안에는 여러 부족이 있는데, 그중 중국에서 인식된 조선은 예맥과 동호였던 것입니다. 예맥과 동호는 같은 몽골어를 쓰는 부족이었지만, 이때쯤에는 남의 눈에 서로 다른 부족처럼 보이는 상태로, 조금씩 다른 특징을 지닌 사회구성체로 갈라진 상태였음을 보여주는 증거입니다. 동호 조선은, 나중에 중국의 4서(『한서』, 『후한서』, 『삼국지』, 『구당서』)에 선비와 오환으로 기록됩니다.

## 조선의 실세

그렇다면 이 조선을 구성하는 핵심 겨레는 누구일까요? 위의 문장에서 보면 진번 조선, 예맥 조선일 텐데, '진번'과 '조선'은 어떤 관계일까요? 이것이 가장 중요한 문제입니다. 만약에 진번이라는 나라와 조선이라는 나라란 뜻이라면 진번과 조선은 서로 다른 독립된 나라입니다. 그런 걸까요?

그런데 이렇게 보면 중국과 맞서 싸운 실제 세력이 누구인지 알 수 없게 됩니다. 왜냐하면, 예맥족이 끊임없이 싸우며 중국의 세력 팽창에 따라 동쪽으로 이동했기 때문입니다. 조선의 서쪽 최전선에 예맥이 있었습니다. 이 예맥은 죽어라고 중국과 싸우는데, 조선은 뒷짐 지고 구경한다? 이건 말이 안 됩니다.

따라서 예맥은 조선과 대등한 다른 나라가 아니라, 조선을 구성하는 서쪽의 한 부족이라고 보는 것이 옳습니다. 조선의 북쪽에는 동호(오환, 선비)가 있고, 조선의 서쪽에는 예맥족이 있으며, 조선의 동쪽에도 다른 여러 부족이 있습니다. 조선은 이러한 다민족 연합국가입니다. 다민족 중에서 어느 민족이냐에 따라 '조선' 앞에 꾸밈말이 붙는 것입니다.

따라서 앞서 본 '진번 조선'은 '조선을 구성하는 진번', 곧 '진번 부족의 조선'이라고 봐야 합니다. 그러면 『관자』에 나오는 '발조선'도 '발 부족의 조선'이라는 뜻으로 봐야겠죠. 조선을 움직이는 실제 중심세력을 말하는 것입니다.

진번 조선과 예맥 조선이란 조선을 움직이는 실제 중심세력이 진번이고 예맥이라는 뜻입니다. 따라서 중국 측에서 '조선'이라고 기록한 이 세력의 중심은 예맥족이고, 그 주변에 선비, 오환, 말갈, 동예,

옥저 같은 여러 민족이 연합한 국가인 셈입니다. 이것이 기자조선의 권력 지형입니다. 조선은 나라 이름이고, 예맥은 그 국가를 구성하는 주요 겨레를 뜻하는 말입니다.

## (09 기자동래설箕子東來設 문제

### 몽골어와 부리야트 방언

그렇다면 이번에는 이런 말이 무엇을 뜻하는지 알아볼 차례입니다. 『관자』에 처음으로 등장한 '발조선'의 '발'은 예맥족을 구성하는 한 부족입니다. '발發'은 '밝'을 적은 것입니다. 이것은 달리 '불내不耐, 부리夫里, 부여扶餘'로도 적습니다. '부리야트'의 음차 기록입니다. 부리야트는 바이칼호 주변에 있는 민족으로 현재 러시아의 자치 공화국입니다. 실제로 이곳은 북부여 지역이고, 북부여에서 고구려가 남쪽으로 내려와서 나라를 세웠음은 우리가 익히 배워서 아는 바입니다.

몽골어의 한 갈래인 부리야트어에는 세 가지 방언(사투리)이 있습니다. 'qudara, Barguʒin, qori'가 그것입니다. 잘 살펴보시기 바랍니다. 이 사투리는 앞서 본 '조선' 앞에 붙은 수식어와 정확히 일치합니다. 예濊는 '더러울 예'자입니다. '더러'는 '구다라 qudara=xudara'의 '다라'와 비슷합니다. '구qu'는 나중에 'xu'로도 발음되어 흐지부지되다가 발음에서 생략되기 일쑤입니다. 그러면 더욱 '다라'와 가까워지죠. 맥貊은 '북방종족 이름 맥'자여서 더욱더 눈이 갑니다. '맥'과 'Barguʒin'은 아주 비슷합니다. 또 앞부분이 흐려지면 뒤쪽의 'ʒin'으로 발음됩니다. 따라서 이렇게 정리됩니다. (구)다라qudara, 濊, 발구진(밝)Barguʒin, 貊, 眞, 고리qori, 橐離.

예와 맥은 같은 부여계이지만, 서로 다른 종족이라고 보는데 역사학자들의 이견이 없습니다. 그렇다고 완전히 다른 종족도 아닙니다. 아주 비슷해서 구분하기 힘든 부족이죠. 같은 말이지만 서로 다른 사투리를 쓰기 때문에 그렇게 인식된 것입니다. 마치 경상도 사람과 전라도 사람이 구역을 나누어서 살다 보니 다른 사람들 눈에는 같은 것도 같고 다른 것도 같아 보이는 그런 상황을 연상하면 될 것입니다.

qori 방언 안에도 다시 작은 방언이 있는데, 그중에 놀랍게도 'kiʒiŋa'가 있습니다. 'ka'는 고대 터키어로 '동족同族'을 뜻하니, 'kiʒi'는 정확히 '기자'와 일치합니다. 'kiʒiŋa'는 '기지 사투리를 쓰는 겨레'의 뜻입니다. 따라서 '기자조선'은 몽골족 중에서 부리야트 언어의 고리 사투리 중에서도 기지 사투리를 쓰는 사람이 단군을 밀어내고 왕위에 오르면서 붙은 이름입니다. 기자가 부리야트어를 쓰는 여러 종족 중에서 대중국 전투력 갑인 존재였고, 청동기와 철기로 비롯된 정복 전쟁 시기 조선 동맹체 내에서 뚜렷한 지도력을 발휘하면서 임금이 되었을 것입니다.

이제 좀 정리가 됩니다. 다민족 연합국가인 '조선'을 이끄는 중심세력은 부여족이고, 정복 전쟁 시기 이들이 중국에 접촉하면서 '발조선'이라는 이름으로 인지되어 『관자』에 기록되었던 것입니다. '발'은 '부여'를 뜻합니다. 부여 중에서도 '발구진'이 이들이었을 것입니다. 이들이 맥貊, Bargo이나 '진眞, ʒin'으로 기록되어 '진번' 조선이 되었습니다.

조선은 사회구조가 흉노와 똑같습니다. 모두 영역을 셋으로 나누어 다스렸죠. 최초의 단군조선 때 나뉜 세 사회의 이름은 우리가 알 수 없습니다. 다만 '박달, 가마달, 아사달' 정도로 추정할 뿐이죠. 하지만 기자조선에 이르면 우리는 이 세 통치 영역의 이름을 어느 정도 추릴 수 있습니다.

나라 이름이 '기자조선'이었던 만큼 중앙의 세력은 '고리'족의 '기자'였을 것입니다. 그러면 나머지는 저절로 결정됩니다. 구다라와 발구진이죠. 구다라가 '예濊'이고, 발구진이 '맥貊'입니다. 흉노처럼 조선은 이들 세 세력이 협동과 갈등을 되풀이하면서 긴장을 유지한 나라입니다. 이런 긴장이 오랜 세월 중국의 동쪽을 중국 못지않은 큰 세력으로 유지한 원동력입니다.

## 기자동래설의 실체

기자조선이라고 하면 으레 '기자동래설'이 떠오릅니다. 은나라가 주나라에게 망하자 현자 기자가 중국을 벗어나 동쪽으로 갔고, 나중에 주나라로부터 기후箕侯에 봉해졌다는 말입니다. 기자를 연구한 사람들에 따르면 이것도 어느 정도 사실이라고 합니다.(『한국고대사신론』)

그러나 한 줌밖에 안 되는 사람들이 동쪽으로 왔다고 해서 그들이 조선을 대표하는 왕이 되었다는 것은 코흘리개가 봐도 무리수입니다. 기자동래설이 사실이라고 해도, 거대한 조선이라는 나라의 한 귀퉁이에서 일어난 일일 것입니다. 이런 것이 나중에 모화사상이 작동하면서 견강부회한 내용일 것입니다.

기자동래설은 초기엔 사실이었겠지만, '기자'는 그 기자가 아니라

고리족의 일파이자 나중에 기자조선의 군주가 되는 '기지'족을 가리키는 말과 겹쳐 쓰이기 시작한 결과입니다. 발음이 서로 비슷해서 기지족을 은나라 기자와 같다고 여긴 것이죠. '기자'가 나중에는 왕을 뜻하는 보통명사로 자리 잡습니다. 1575년 발행된 『천자문』을 보면 '王 긔ᄌ왕'이라고 썼습니다. 그리고 고려의 이제현이 쓴 글에 왕씨의 세계世系(족보)에 관한 글에는 '기장'이라는 말도 나옵니다. '긔ᄌ'와 '기장'은 같은 말입니다.

이상은 석기시대의 왕조가 청동기 시대의 왕조로 바뀌는 과정을 설명한 것인데, 왕위를 빼앗은 것처럼 묘사되었습니다. 한쪽에서 다른 쪽을 찍어눌러서 뺏는 것이라면 나라 이름 자체가 바뀌었어야 합니다. 그러나 '조선'은 그대로 두고 앞의 말만 바뀌었습니다. 이것은 시대의 변화에 따른 불가항력의 결과이지만, 양측이 어떤 합의를 전제로 해서 이루어졌음을 암시합니다. 그 시대의 합의는 대개 혼인을 매개로 해서 이루어집니다. 그렇다면 혼인으로 왕권을 교체했다는 얘기가 됩니다.

이런 과정이 단군신화 속에도 나타납니다. 신화는 시간을 압축한 문학 표현 방법입니다. 환인의 아들 환웅은 땅에 내려와서 곰과 호랑이를 만나죠. 이들에게 쑥과 마늘을 주어서 시험합니다. 결과는 곰의 승리. 그래서 곰과 결혼합니다. 이것은 조선이 '하늘'을 숭배하는 겨레이지만, 그 밑에서는 부족마다 토테미즘을 믿었다는 얘기이고, 천신족인 환웅이 토테미즘 신앙을 지닌 두 부족 중에서 곰 토템을 믿는 부족을 선택했다는 얘기입니다.

앞서 보았듯이 단군은 퉁구스어를 쓰는 부족이었습니다. 기자는 몽골어를 썼죠. 기자조선의 지배층은 몽골어를 썼으므로, 곰과 호랑이 토템을 지닌 부족은 둘 다 몽골어를 썼을 것입니다. 같은 몽골어를 썼으나 토템은 다른 거레, 이 거레를 찾으면 단군의 왕위를 차지한 거레를 알 수 있을 것입니다.

중국의 사서에서 동이전을 살펴보면 이에 대한 묘사가 나옵니다. 먼저 호랑이를 신으로 모신 부족은 '무천'이라는 제천행사를 하는 예濊입니다. 곰을 신으로 떠받드는 부족은 고구려입니다. 동맹이라는 행사를 할 때 수신隧神을 모셔오죠. 이 수신이 조상신이자 곰신입니다.*

이렇게 보면 퉁구스어를 쓰던 단군은, 자신의 수하에 있는 청동기 부족 중에서 예족과 고리족을 두고 고민하다가 고리족을 택했다는 뜻입니다. 이들이 나중에 고구려가 됩니다. 고리족 안에도 '기지'족이 있는데, 이들이 실제 단군의 왕위를 차지한 것입니다. 이 기자를 중심으로 고조선은 대중국 항전을 이어갈 내부 정비를 마친 것이죠. 그리고 이제부터 중국과 기자조선은 동북아시아의 패권을 놓고 한판 운명의 대결을 벌입니다. 이것이 단군신화의 혼인 이야기가 알려주는 정보입니다. 역사학자들은 도저히 알 수 없는, 문학도만이 알 수 있는 비밀이죠.

기지족의 기자조선에서 실제로 서쪽의 조선은 '기자'의 후예들이 차지했을 것입니다. 그것을 위만이 빼앗음으로써 중국의 사서인

---

* 고구려 '동맹' 축제 때에는 수혈이라는 커다란 동굴에서 신상을 모시고 나온다. 곰 신의 관념이 이 동굴과 관련이 있어 보이지만, 확신할 수 없어 간단히 소개하는 것으로 그친다. '구멍'의 어근은 '굶'이다. 그래서 고어에서는 '굼기'라고 한다. 이것이 '곰'과 같은 소리를 낸다.

『사기』에 처음으로 조선이 등장한 것입니다. 100여 년 뒤의 『한서』나 500년 뒤의 『후한서』, 『삼국지』에 나오는 수많은 동이는 아직 등장하지 않았습니다. 이때만 해도 조선이 이들을 모두 다스렸기 때문입니다. 그래서 북적北狄 흉노와 함께 동이東夷 '조선'이 등장하는 것입니다.

그러면 중국 쪽에서 접촉한 조선은 서쪽의 기자일 것입니다. 그렇다면 복판의 기자와 동쪽의 기자는 아직 중국 쪽에서 볼 때는 없는 셈입니다. 과연 없었을까요? 이때 서기자 동쪽의 복판 기자와, 더 동쪽의 동기자에는 어떤 나라들이 있었을까요? 중국이 접촉한 진번 옆에 진국辰國이 있었다는 『사기』의 기록을 보면, 이 진국은 나중에 한반도로 이주한 것으로 보입니다. 진국이 있던 곳이 복판기자이고, 진국이 한반도로 이주한 곳이 동기자였을 것입니다. 『사기』에서 진번, 임둔, 현도와 함께 거론된 유일한 나라 이름이 진국입니다.

따라서 조선을 세 구역으로 나누어 다스렸다고 볼 때 중국의 기록에 나오는 조선은 서쪽의 위만조선이고, 그 옆에 진번, 임둔, 현도, 진국으로 구성된 복판 조선이 있으며, 그 동쪽에 또 다른 조선이 '한'이라는 이름으로 한반도에 있었던 것입니다. 모두 단군이 다스리다 기자에게 내준 조선입니다.

## 단군조선과 기자조선의 차이

한 가지 더 정리하고 가겠습니다. '단군조선'과 '기자조선'의 차이점입니다. 이 두 조선이 뭐가 다를까요? 우선 맨눈으로 보이는 차이는 석기와 청동기의 차이죠. 단군조선은 석기를 기반으로 한 왕국이고, 기자조선은 청동기를 기반으로 한 왕국입니다. 하지만 더 큰, 그리고 뿌리까지 다른 점이 하나 있습니다. 단군조선은 제정일치 사회였고, 기자조선은 제정 분리 사회였다는 것입니다.

단군은 곧 하늘의 뜻을 묻는 무당이자 임금이었습니다. 그래서 '단군왕검'이죠. 하지만 청동기, 철기 시대가 열리면서 단군 시대의 무당이 알아낸 우주의 이법을 바탕으로 자연이 더는 사람에게 가장 위험한 적이 되지 못한다는 것을 알게 된 뒤로, 사람은 겁대가리가 없어져서 다른 사람과 사회를 정복하게 됩니다. 이것이 기자조선의 시대에 맞닥뜨린 현실입니다.

이런 시대에 무당인 단군은 왕검의 자문 노릇이나 하는 신세로 전락합니다. 말씀만으로도 다스려지던 시대에서 칼을 들지 않으면 치는 쪽도 막는 쪽도 이룰 수 없는 험악한 시대가 된 것입니다. 이러니 말씀으로 살려는 무당이 이런 현실을 등지지 않을 수 없습니다. 그래서 단군은 '아사달'로 돌아가 신선이 되었다는 『삼국유사』의 마무리는, 바뀐 시대의 특징을 아주 잘 정리한 훌륭한 서사입니다.

그렇다면 단군이 돌아가서 신선이 되었다는 마지막 아사달은 어디였을까요? '아사달'이라는 말에서 '조선朝鮮'이 연상되므로, 첫 밝달(赤峯, 紅山)의 자리에서 대중국 전쟁이 한창 진행된 뒤에 나타난 아침을 뜻하는 지명을 찾으면 될 것입니다.

중국 접경으로부터 가장 먼 곳을 찾으면 '해성海城'이 나옵니다. 현재의 요녕성에 있고, 요하의 동쪽에 있는 도시입니다. 리지린이 『사기』의 왕험성으로 지목한 곳입니다. 그 옆에 신채호가 왕험성으로 지목한 '개평蓋平'도 있습니다. 대체로 청나라의 초기 수도였던 심양 언저리에 있는 도시입니다. 물론 이곳도 조선이 끝날 무렵에는 중국의 공격으로 무너집니다.

여기서 단군은 갈 곳을 잃은 셈입니다. 이제 더는 단군이 필요

없는 시대가 되었습니다. 그 피비린내 나는 시기의 첫 장을 열어젖힌 나라가 고구려입니다. 고구려를 잘 살펴보면 조선 이후 동북아시아 사회에 어떤 변화가 일어났는지를 잘 알 수 있습니다.


## 10 단군조선과 진국

고조선은 흉노처럼 통치 영역을 셋으로 나누었다고 했습니다. 『사기』를 비롯하여 중국 측에 기록된 조선은 서쪽, 곧 자신들과 접한 조선의 모습입니다. 그렇다면 『사기』에 기록된 조선은 서기자의 영역일 것입니다. 일단 이렇게 보면 복판조선과 동기자 조선의 실체는 아직도 안 드러난 셈입니다. 위만조선이 망했다고 해서 복판조선과 동조선까지 망한 것은 아니라는 말입니다.

이런 자취가 준왕이 삼한으로 갔다는 기록입니다. 따라서 서쪽 조선처럼 치열하지는 않지만, 복판과 동쪽 조선에도 큰 변화가 일었음은 분명합니다. 고구려를 비롯하여 이때 일어나는 부족 국가들은 모두 복판의 조선과 동쪽의 조선이 새로운 모습으로 탈바꿈하는 과정이라고 봅니다.

그나마 단군 시대의 통치구조가 잘 남아있는 것이 한반도 안의 삼한입니다. 삼한은 준왕이 내려와서 산 곳입니다. 따라서 아직 중국의 공격을 받지 않은 상태의 조선이기에, 이 구역을 일단 동기자의 영역으로 볼 수 있습니다. 거기서 쓰인 용어를 보면 고조선이 어떤 사회인지 잘 드러납니다.

## 단군의 어원

『후한서』동이전의 한韓 조에 따르면, 무당이 사는 읍이 따로 있고, 이름은 소도이며, 그 읍의 장을 천군ᄎ君이라 불렀다고 나옵니다. '천군'은 중국어 발음으로 'tianjun'인데, 단군壇君도 'tanjun'이어서 사실상 똑같은 발음으로 들립니다. 중국 측의 기록이기에 한자만 달리 적힌 게 아닌가 싶습니다.

『위략』에는 삼한에 '우거수右渠帥'라는 직책이 나오는데, 단군이 통치하던 시절의 작은 나라 통치자를 '거수'라고 부른 게 아닌가 싶습니다. 우거도 이 우거수의 뜻이었을 겁니다. 저절로 신라의 '거서'간이 떠오릅니다. 만주어로 '하늘'은 'kese'이고, '임금, 우두머리'는 'han, khan'입니다. '거서간'은 하늘이 내린 왕을 뜻하는 퉁구스어입니다. '천군ᄎ君'을 뜻하는데 이로 보면 소도에서는 퉁구스어로 거서간이라고 부르고, 소도 밖 속세에서는 '거수'라고 부른 듯합니다.

'거수'는 '기자'와도 비슷합니다. 단군 밑에 기자가 있는 것도 자연스러운 일입니다. 거수 밑에는 '박사博士'라는 직책도 있었습니다. 중국에도 이와 똑같은 박사가 있었지만, 경전을 읽는 사람이라는 뜻의 그와는 다른 말입니다. 이것은 한자로 적혔지만, 우리말입니다. '벅수, 박수'인데, '박수무당'이라고 아직도 무당 사회에서 쓰이는 말입니다. 몽골어로 스승을 'baksi'라고 하니, 더욱 또렷합니다. 박수는 남자 무당을 말합니다. 무당이 옛날에 제정일치 사회의 군주이자 무당이었다는 증거이기도 합니다.

'박수'를 한자로 적은 것이 '博士'입니다. 천군, 거수, 박수, 이 모두가 신정 사회의 특징을 잘 보여줍니다. 또 선인仙ㅅ이라는 말도 보이는데, 이것은 고구려의 조의선인皀衣先ㅅ으로 그대로 이어집니다. 선인은

'선비'를 한자로 적은 것입니다. '선비'의 옛 표기는 '선비'입니다. '산'은 '사나이(산+나히)'에서 볼 수 있는 말로 사람을 뜻합니다. '비'는 '서방, 게으름뱅이, 털보'처럼 사람을 뜻하는 말이죠. 중국에서도 선비를 뜻하는 '士'는 도끼를 형상화한 상형문자로, 전쟁의 주력군을 뜻하는 말이었고, 실제로 춘추전국시대는 이들이 성장하여 사회의 주도 세력이 됩니다. 仙은 소리를 적고, 人은 뜻을 적어서 '선비'라고 읽습니다.

이것이 조금 늦은 시대의 동쪽 조선의 모습입니다. 그렇다면 삼한으로 밀리기 전, 그러니까 요동 지역에 있을 때의 고조선도 이와 다르지 않았을 것입니다. 따라서 이와 똑같은 사회가 발해만 언저리에 있었을 것으로 짐작됩니다. 그것은 바로 복판기자겠지요. 그 위치는 대략 대릉하 언저리쯤으로 볼 수 있습니다.

까닭은 아주 간단명료합니다. 서쪽 기자의 지배영역에서 가장 먼 곳이 대릉하이기 때문입니다. 서쪽 기자의 영역에서 벌어진 한나라의 공격 때문에 거기서 밀려난 세력이 대릉하와 요하 언저리로 몰려들면서 그곳에 있던 조선의 복판이 흔들리고, 그 결과 삼한으로 넘어간 것입니다.

### 단군의 이동과 진국

중국의 옛 기록을 보면 이런 변화의 끝에서 일어난 단군의 움직임을 엿볼 수 있습니다. '진국'이 바로 그것입니다. 진수가 『삼국지』를 편찬할 때 인용한 책 중에 『위략』이 있습니다. 『삼국지』「오환 선비 동이전」에 '한전韓傳'이 있는데, 이곳에 붙인 주석의 내용이 바로 『위략』에 실린 것입니다. 다음과 같습니다.

처음에 우거가 아직 (한나라에게) 깨지지 않았을 때, 조선상 역계경은 우거에게 간하였으나 우거가 듣지 않으므로 동쪽의 진국으로 갔는데, 그때 그를 따라간 백성들이 2천 호나 되었다. 그들은 또한 위만 조선에 공납하는 번국蕃國들과도 서로 왕래하지 않았다.

'진국'이 위만조선의 동쪽에 있으므로, 한반도에 있는 진한은 아닌 것이 분명합니다. 위만조선과 친하게 지내는 번국들과도 아는 체를 하지 않았다니, 위만조선과도 사이가 안 좋았던 모양입니다. 그렇다면 위만조선의 바로 옆에 있던 이 진국은 도대체 어떤 나라일까요? 만약에 위만조선이 중국의 동쪽을 전부 다스렸다면 이 내용은 모순입니다.

『위략』이라는 책은 곳곳에서 다른 역사 기록과 모순을 일으키는 내용을 많이 적어놨습니다. 그래도 자료가 별로 없는 고대사에서 이를 무시할 수는 없습니다. 최대한 존중하여 서로 맞부딪치지 않도록 해석을 해봐야죠. 게다가 『사기』에도 위만을 치는 황제의 명목이 조공 오는 다른 나라를 길목에서 막는다는 것이었는데, 진번 조선의 주위 여러 나라[衆國]이라는 표현을 썼습니다. 이 '衆國'이 다른 사서에는 진국辰國으로 나옵니다. 그러니 진국이 맞을 수도 있는 것입니다.

이 무렵 위만조선은 중국을 등에 업고[外臣] 동쪽으로 세력을 확장한 것인데, 진국은 아직 위만조선이 삼키지 못한 곳임은 분명합니다. 이때 위만은 아직도 세력을 확장하는 중이었다는 증거죠. 위만 조선이 조선 서쪽의 기자조선을 삼켰지만, 나머지 모든 조선을 다 삼키지는 못했다는 증거입니다. 그러면 진국은 아직 위만조선에게 먹히지 않은, 조선의 나머지 조각일 것입니다.

## 진국辰國의 어원

‘辰’은 ‘별 진’자인데, ‘신’으로도 발음이 됩니다. ‘진국’ 또는 ‘신국’을 우리말로 옮기면 ‘별나라’입니다. ‘별’은 ‘빌, 볼, 발, 빛, 빌, 빗’과 같은 뿌리를 지닌 말입니다. 이 말들의 원형은 ‘붉, 밝’입니다. 적봉赤峯, 홍산紅山이 이것을 적은 말이라고 앞서 설명한 적 있죠. 우리말에서 끝에 붙는 이 기역(ㄱ)은 ‘ㄱ 곡용’이라고 합니다. 낱말이 어떤 문장에 들어갈 때 느닷없이 튀어나오는 놈을 말합니다. 이름씨와 이름씨가 만나 낱말을 만들 때는 시옷이 끼어들어서(시냇물) ‘사이시옷 첨가 현상’이라고 하는데, 이게 토씨와 붙을 때는 갑자기 ㄱ도 나타나고 ㅎ도 나타납니다.

예컨대 ‘나무’가 토씨 ‘가’를 만나면, 지금은 그렇지 않지만 100년 전만 해도 ‘나무가’가 아니라 ‘남ㄱ’이 되어 갑자기 ‘남’ 뒤에 ㄱ이 달라붙습니다. 그래서 충청도와 경기도 사투리로 나무를 ‘낭구’라고 합니다. ‘좁쌀’이나 ‘접때’의 경우에는 ㅂ이 갑자기 살아나죠. 그래서 세종대왕께서 ‘ᄡᆞᆲ[木], ᄡᆞᆯ[米], ᄡᅢ[時]’라고 표기하신 것입니다. 자[尺]에는 ㅎ이 들러붙습니다. ‘잫, 자ㅎ’죠.

‘붉’도 그렇습니다. 이것이 독립할 때는 ㄱ을 떼어버리기도 하고, ㄹ을 떼어버리기도 합니다. ‘불’도 되고, ‘북’도 되는 것이죠. 제 편한대로 이리 가고 저리 가고 합니다. 아래아(·)도 후대로 내려오면서 ‘ㅗ, ㅜ, ㅓ, ㅏ, ㅡ, ㅣ’로 멋대로 바뀝니다. 하지만 우리 조상들이 그렇게 쓴 걸 어찌합니까? 언어 현상으로 받아들여야죠.

‘돍’도 그렇다고 했죠? ‘돌’로 변신할 때도 있고, ‘독’으로 변신할 때도 있다고 했습니다. 대부분 ㄱ을 떼어버리고 ‘돌’이 되는데, ‘바둑’이나 ‘독도’는 ㄹ을 버리고 ㄱ을 살린 경우입니다. 경상도 사투리의 특징이죠. ㄱ을 떼어버리면 '붉'은 '불, 빌, 별'이 되고, ㄹ을 떼어버리면 '박'이 됩니다. 경상도에 와서 박혁거세의 '붉'은 ㄹ을 떼어버린 겁니다. 박씨 중에는 굳이 '밝'이라고 적는 분도 있습니다.

이렇게 볼 때 '진국'의 '진'은 별을 뜻하는 한자로 표현되었지만, '빛, 불, 해'를 나타낸 향찰 표기임을 알 수 있습니다. 부여 신화에 나오는 인물 '해모수, 해부루'의 '해'는 이런 것입니다. 진국은 결국 '빛(해)의 나라'를 뜻합니다. '조선'이나 '아사달'과 같은 말임을 알 수 있습니다. 만주어로 해는 'xun'이고, 별은 'usiha'여서 각기 '진, 아사'와 비슷합니다. 진국은 위만에게 아직 안 먹힌 단군의 나라를 말합니다.

박혁거세를 부르는 호칭은 '거서간'입니다. 혁거세赫居世를 다른 말로 불구내弗矩內라고도 한다고 『삼국유사』에는 각주가 달렸습니다. '붉은닉'를 뜻으로 적으면 '혁거세'가 되고, 소리로 적으면 '불구내'가 됩니다. 거서간은 퉁구스어로 '하늘 임금'의 뜻입니다. 퉁구스어에서 'kese'는 하늘이고, 'kan'은 왕이기 때문입니다. '붉은뉘, 혁거세, 불구내, 거서간, kese-kan'은 모두 한 사람을 가리키는 말입니다. 특히 2대 왕 남해가 아버지가 쓰던 거서간을 쓰지 않고 '차차웅'이라고 한 것을 보면 이는 분명합니다. 박혁거세를 가리키는 고유명사가 '거서간'이었던 겁니다. 지금 본 대로 이 다섯 가지 말은 모두 그 한 사람을 나타내는 말입니다.

말썽 많은 『위략』에 또 이상한 기록이 등장합니다. "염사착廉斯鑡이 진한辰韓의 우거수右渠帥가 되어 낙랑에 내항하려 하였다"는 말입니다. 여기에 '거수'가 나옵니다. '우'는 '좌'와 짝하는 말이니 떼어내도 됩니다. '거수'는 누가 봐도 '거서'와 같은 말입니다. 제정일치 사회의 무당이죠. 삼한은 제정이 분리된 사회이지만, 그 전의 말을 계속 쓰는 겁니다. 통치자와 제사장이 분리되면 이제 제사장을 가리키는 말은 따로 나타나야 합니다. 뭐죠? 삼한의 소도에서 제사장은 '천군'이라고 불렀습니다. '天君'은 중국어 발음으로 'tianjun'인데, '壇君'은 'tanjun'이어서 거의 같습니다. 박혁거세가 '거서간'인데, 이 거서간은 바로 제사장을 뜻하는 말이었던 것입니다. 박혁거세는 거서간이면서 거서이고, 천군이며, 단군이고, 임금이었습니다.

이제 위만조선의 동쪽에 있으면서 아직 위만에게 먹히지 않은 원래의 조선은, 바로 진국이었음이 드러납니다. '조선=진국'이죠. 이것이 성립하려면 '조선'도 빛을 뜻하는 말이고, '진'도 빛을 뜻하는 말이어야 합니다. '朝鮮'은 '아사달'이고, '辰'은 '별, 빛, 붉, 밝, 해'이니, 결국 같은 말입니다. 만주어로 해는 'xun'이고, 별은 'usiha'여서 각기 '진, 아사'와 비슷합니다. 기자조선이 다스린 조선을 '진번조선'이라고 했듯이, 단군이 다스린 '조선'을 '진국'이라고 표현한 것입니다. '조선'을 위만이 차지하고 나니까 그와 똑같은 말로 할 수 없어 구분하려고 이렇게 '진국'으로 다르게 적은 것입니다.

물론 진국은 조선을 대표할 수 없는 작아진 상태를 나타낸 말이기도 합니다. 이 단군은 조선 전체를 다스리다가, 서쪽에서 위만이 야금야금 영토를 먹어오니까 점차 동쪽으로 옮기다가 결국은 한나라의 공격으로 해일처럼 떠밀려서 한반도까지 내려옵니다. 그 마지막 자리가 경상도 경주의 신라입니다. 신라의 처음 이름이 '사로'인데, 이것은 퉁구스어로 '회의'를 뜻하는 말입니다.

중국의 기록에 처음 나타난 조선은 『관자』의 '발조선'이었습니다. 이 '발發'은 앞서 말한 '붉, 밝, 빌, 별'의 향찰 표기입니다. 이 발조선이 한자로 번역되어 '진국辰國'으로 기록된 것입니다. 이 '불, 발'은 '별'로 들린 것이고, 그것을 '辰'으로 번역한 것입니다. 조선=진국=박달.

단군조선의 지배층은 퉁구스어를 썼습니다. 신라의 지배층 중에서 혁거세 일파가 퉁구스어를 썼죠. 그래서 기준 왕이 한반도로 쫓겨왔을 때 삼한의 이름 중에서 자연스럽게 진한이 된 것입니다. '진국'의 소리가 '진한'으로 낙인처럼 찍힌 것이죠. 원래는 기자조선이 단군조선을 밀어내고 대중국 항전을 할 때 단군은 아사달로 돌아와 신선이 되었는데, 그곳이 평양 근처 구월산이고, 구월산에는 아직도 단군의 유적과 전설이 있습니다.

위만에게 패한 기자 준이 한반도로 오자 구월산의 단군은 다시 자리를 뜹니다. 요동 대륙에서 중국보다 더 큰 땅을 다스리던 거서간은, 처음 기자에게 밀리고, 또 한나라의 동쪽 공격에 밀려서, 쫓기고 쫓기다가 마침내 한반도의 가장 외진 구석까지 옮겨온 것입니다. 그래서 '진'한이라는 이름이 저절로 붙은 것이고, 다른 한(마한, 변한)과 달리 진한에는 '국'이라는 말이 절로 붙어서 '진국'으로도 불린 것입니다. 진한은 조선을 다스린 단군이 마지막에 자리 잡은 왕국입니다.

그렇기에 흉노의 수도 용성에서 살던 석탈해가 중국 한 무제의 흉노정벌을 피해 고구려와 백제를 따라왔다가 다시 전주와 김해를 거쳐 토함산을 넘어 천신만고 끝에 경주에 다다랐을 때, 혁거세 일파는 선뜻 그들을 받아들인 것입니다. 동병상련이었던 거죠.

석탈해가 호공의 집 담장 밑에 숯을 묻어놓고서 대장장이인 제 조상의 집이라며 억지를 부려 호공의 집을 빼앗았는데, 이것도 이런 맥락에서 이해할 수 있습니다. 어느 바보가 그런 억지를 눈치 채지 못하겠어요? 다 알면서도 내주었던 겁니다. 경주에 사는 다른 사람들에게 떠돌이를 받아들일 명분을 석탈해가 만들자, 호공이 그것을 모르는 체하고 받아준 것이죠.

왜냐하면, 호공은 박씨이기 때문입니다. 호공瓠公의 '瓠'는 조롱박을 말합니다. 애기박이죠. '조롱박'은 '졸+옹+박'의 짜임입니다. '졸'은 '졸보, 조랭이' 같은 말에서 보이는 말로 작다는 뜻입니다. 박혁거세의 일족으로, 새끼 박씨였을 것입니다.

석탈해는 나중에 밀려든 흉노족 김알지 일파를 받아줍니다. 혁거세가 자신을 받아주었던 것처럼. 이것도 마찬가지 동병상련이었을 것입니다. 흉노족의 후예 김알지는 신라에 자리 잡아서 신라 중기 후기는 김씨가 왕위를 세습합니다. 신라 경주는 단군이라는 거대한 국가의 축소판이 되었습니다.

### 진국의 정체

이상으로 볼 때 '진국'은 단군이 다스리던 나라, 곧 제사장(무당)이 다스리던 신의 나라였음을 알 수 있습니다. 요동에서는 그렇게 조선 시대가 마감되고 삼국시대가 열리는 것입니다. 이제 어지러운 위의 내용을 좀 다시 정리해보겠습니다.

단군조선의 지배층은 퉁구스어를 썼고, 기자조선의 지배층은 몽골어를 썼습니다. 단군조선은 말씀의 시대였고, 기자조선은 싸움의 시대였습니다. 단군조선은 상생의 시대였고, 기자조선은 상극의 시대였습니다. 단군조선은 석기시대의 왕조였고, 기자조선은 청동기와 철기 시대의 왕조였습니다.

따라서 나라를 다스리는 방법이나 짜임이 달랐습니다. 단군조선에서는 가장 높은 존재가 무당이고, 이를 '거서간kese-khan'이라고 했습니다. 우리말로는 '하늘 임금'이라는 뜻입니다. 이것을 중국의 역사가들이 적을 때 '천군天君'으로 번역하여 적었고, 중국어 발음으로는 'tianjun'이라고 적었습니다. 제사를 지내는 책임자라는 뜻으로 단군壇君이라고 적었는데, 그것은 중국 발음으로 'tanjun'이어서 '천군'과 같은 말입니다.

이들이 사는 곳을 '밝달'이라고 했는데, 해의 아들이 사는 곳은 늘 밝은 곳이니, 그렇게 부른 것입니다. 해의 아들은 '거서간'이고, 그들이 사는 곳은 '박달'이어서, 그곳에 사는 우두머리를 '박달의 임금'이라는 뜻으로 단군壇君이라고도 적고 불렀습니다.

제사장은 제사를 혼자서 지내지 않습니다. 반드시 그를 돕고 따르며 백성을 가르치는 존재가 필요합니다. 그들을 '자충慈充'이라고 불렀습니다. 이것이 나중에는 음운변화를 일으켜 우리말로 '스승, 중, 제웅' 같은 말로 자리 잡습니다. 풍백, 운사, 우사, 뇌공 같은 이가 이들입니다.

거서간은 나라 전체를 셋으로 나누어 다스렸습니다. 거서간이 복판을 다스리고, 좌우에 '거수'를 두어 하늘의 뜻을 널리 펼쳤습니다. 이들을 각기 '좌거수, 우거수'라고 합니다. 거수渠帥는 '거서(*kese)'입니다. 이 '거서' 중에서 가장 높은 이가 '거서간'이죠. 이 거수 밑에는 이들을 돕는 '박수'가 있습니다. '박수무당'의 그 박수입니다. 이들을 중국에서는 '博士'라고 적었습니다. 중국의 박사는 경전을 읽고 정리하는 직책인데, 이름만 같을 뿐 서로 다른 것입니다.

이와 달리 제정이 분리된 기자조선에서는 제사장보다 임금이 더 중요했습니다. 그래서 최고 우두머리를 거서간(단군)이라고 부르지 않고 하늘의 아들이라는 뜻으로 '한, 칸'이라고 불렀습니다. 해모수解慕漱, 해부루解夫婁의 '해'가 바로 이것입니다. 몽골어를 쓰는 부족 중에서 특히 '기지'족이 새 조선의 우두머리가 되었기에 그를 '긔즈[王]'라고도 불렀습니다.

이들에게는 풍백, 운사 같은 스승이 없어졌습니다. 대신에 직접 사람을 다스리는 벼슬이 존재합니다. 부여의 사출도에서 보이는 짐승 이름을 붙인 가加, 哥가 그것입니다. 이들 밑에는 '선비'가 있습니다. 실제 고구려를 떠받치는 벼슬입니다. 그리고 이들은 '골, 홀'에서 삽니다. 그래서 이런 곳을 '구루溝婁'라고 합니다.

### '위만'의 어원

단군과 기자의 뜻을 알아봤으니, 위만도 그냥 지나칠 수 없습니다. 위만의 어원은 무엇일까요? 위만조선은 그 앞의 단군조선이나 기자조선과는 완전히 다른 나라입니다. 단군이나 기자는 조선 안에서 스스로 왕이 된 사람들인데, 위만은 외부에서 들어와서 그 전의 왕을 쫓아내고 왕이 된 사람입니다. 말하자면 조선으로서는 외부 세력이죠. 실제로 사마천도 『사기』에서 연나라 사람이라고 밝혔습니다.

그런데 위만조선의 지배층은 터키어를 썼습니다. 위만이 섬기던 연왕 노관은 흉노로 도망쳤지만, 위만은 그를 따라가지 않고 조선의 변방으로 흘러들어 두 나라 사이의 완충지대 노릇을 합니다. 지금까지 아무도 그 뜻을 밝히지 못했던 '위만'이라는 이름도 터키어로 보아야만 그 뜻이 제대로 드러날 것이라는 뜻입니다. 과연 어떤 터키어를 '위만'이라고 옮겨 적었을까요?

위만은 연왕의 수하였습니다. 이런 직위를 참모나 부관 또는 고문관 정도로 볼 수 있겠죠. 터키어로 '참모'를 뜻하는 말은 세 가지가 있습니다. 'Danışman, Müşavir, Kurmay'. 이 중에서 위만에 가장 가까운 말은 무엇일까요? '衛滿'의 衛는 지킨다는 뜻이고, 滿은 'Danışman(고문관)'의 끝소리를 적은 것입니다. 터키어에서 '방위, 방어'를 뜻하는 말은 'korunma'입니다. 이 세 낱말 중에서 'korunma'에 가장 가까운 소리가 나는 말은 'Kurmay'입니다. 따라서 터키어로 참모를 뜻하는 'Kurmay'를 기록자가 'korunma'로 잘못 알아듣고 '衛滿'이라고 번역한 것입니다. 연왕 노관의 참모 노릇을 하던 사람이 조선으로 흘러들어 사람들을 모아 세력을 키우자, 터키어로 'Kurmay'라고 한 것인데, 그를 따르던 다른 부족 사람들이 'korunma'라고 부르며, 자신들을 지켜줄 수호자로 여긴 것이죠. 이를 '衛滿'이라고 적은 것입니다.

참모Kurmay급인 위만이 자신을 따르는 백성의 수호자korunma가 되어 기자조선의 준왕을 몰아내고 왕의 자리에 올랐습니다. korunma와 왕을 겸직한 것이죠. 하지만 백성들이 부르는 호칭은 쉽게 변하지 않습니다. 그래서 '위만조선'으로 불린 것입니다. 그런데 후대로 가면 당연히 왕을 가리키는 말로 자리 잡습니다. 아들을 지나 손자에 이르면 이름이 우거右渠가 되는데, 앞서 '거'는 '걸'로 보고 중심, 또는 우두머리 왕을 뜻하는 것으로 보아 흉노족의 우현왕으로 풀어보았습니다.

이번에는 터키어로 풀어보겠습니다. 터키어 'sağlamak'은 '굳게 지키다[衛]'입니다. 이제 여기서 '우거'라는 이름이 왜 그렇게 붙었는지 알 수 있게 됩니다. 터키어로 우右는 'sağ'이고, '도랑[渠]'은

'dere'입니다. 이름에 도랑이 들어갈 리가 없습니다. 그러니 이것은 다른 말의 오기라고 봐야 합니다. 터키어로 자손은 'torun'이고 손자는 'erkek torunu'입니다. 이 말을 기록자가 'dere'로 잘못 알아듣고 '渠(도랑)'로 적은 것이죠. 따라서 '우거'는 'saǧ-dere 〈 saǧlamak-torun'을 적은 것으로, 터키어로 '수호자의 자손, 또는 손자'를 뜻합니다. 실제로 우거는 위만의 손자(erkek torunu)죠.

위만조선의 지배층은 터키어를 썼으므로, 같은 언어를 쓴 흉노족과 한통속입니다. 그래서 연왕 노관이 흉노로 들어간 뒤 위만조선과는 더욱 관계가 돈독해졌을 것입니다. 결국, 한 무제가 흉노정벌로 그치지 않고 국고가 바닥났는데도 조선까지 치는 원인이 됩니다. 이 무리수로 한나라는 망하죠.

# 우리 상고사上古史 다시 보기

# 2장
# 우리 상고사上古史 다시 보기

지금까지 제 글을 따라오신 분들은 조금 어수선하다는 느낌을 받았을 것입니다. 이런 느낌을 받지 않았다면 아무 생각 없이 따라오는 분입니다. 왜 어수선한 걸까요? 제가 글을 잘 못 쓰거나 논리성이 부족해서 그런 게 아닙니다. 이 글의 어수선함은 저의 생각을 내려놓고 국사 수업 시간에 배운 줄기를 따라서 설명하려고 들었기 때문입니다. 제가 학교 다니면서 배운 국사 내용을 중심에 놓고 그것을 보충 설명하려는 방향으로 가닥을 잡아서 글을 이끌어온 탓입니다. 첫 단추부터 잘 못 꿰인 우리 고대사를 뜯어고칠 생각을 않고, 그것을 존중하며 설명을 추가하느라고 이렇게 애는 먹을 대로 먹고, 결과는 어수선하게 된 것입니다. 어떻게 해야 할까요?

# 01 동북아시아의 특수성

## 생각 뒤집기

이번에는 국사 시간에 배운 우리 역사에 대한 지식과 정보가 틀린 것이라 가정하고 설명을 해보겠습니다. 쉽게 말해 우리가 배운 역사가 틀렸다고 보고, 저의 기준으로 우리의 역사를 완전히 새롭게 엮어가 보겠다는 뜻입니다. 생각을 이렇게 정리하니까 속이 다 시원합니다. 지금까지의 역사를 올바르다고 보고 거기에 비위를 맞춰 설명하느라 제 속이 다 헐었습니다. 이제는 제 머릿속의 국사를 몽땅 내팽개치고 제멋대로 설명해보려고 합니다.

이렇게 생각을 정리하고 나니까, 또 앞이 막막해지네요. 망망대해에 뗏목 하나 달랑 놓인 느낌이랄까. 도대체 어디서부터 말을 풀어야할까요? 좋습니다. 북경에서부터 시작을 해보지요. 북경은 다 아시다시피 춘추전국시대 연나라의 수도였습니다. 조선이 국경선을 맞댄 나라는 연나라지요. 그러니 연나라부터 얘기를 꺼내는 것이 제대로 된 순서일 듯합니다. 망망대해에서 겨우 해 뜨는 쪽을 찾아낸 셈입니다.

동쪽을 알았으니, 이제 노 저을 일만 남았습니다. 하지만 노도 없고 닻도 돛도 없는 신세인 건 변함이 없네요. 이쯤에서 마음 저 깊은 곳에서 낚싯바늘이 하나 거꾸로 떠오릅니다. '도대체, 내가 지금 뭐 하는 거지?'

## 동북아의 지형과 문화

세계 지도를 펼쳐놓고 내려다보면 유라시아 대륙이 중심에 놓입니다. 워낙 큰 땅덩어리이기에 그럴 수밖에 없습니다. 오늘날 우리는 우랄산맥을 기준으로 유럽과 아시아로 나누지만, 그것은 지리학자들이 그렇게 나눈 것에 불과할 뿐, 원래 한 덩어리였던 것이 나뉠 수는 없습니다. 이렇게 큰 땅덩어리가 한 덩어리라는 것은, 그곳에 사는 사람과 생물이 서로 연관을 맺는다는 말입니다.

기원전 3천 년 무렵에 북방의 초원지대에서 말이 길들어진 후, 사람들의 발에는 날개가 달려 유라시아 대륙의 이쪽 끝과 저쪽 끝까지 가는 데 불과 보름밖에 걸리지 않았습니다. 몽골 제국의 역마 제도를 말하는 것입니다. 그렇다면 이렇게 역마가 확립되기 전에는 얼마나 걸렸을까요? 군대가 이동하는 데는 두세 달이면 충분합니다. 걸어서 가자면 1~2년이 걸리는 길입니다. 이런 기동력을 바탕으로 초원지대에서는 사람과 물자가 엄청나게 빨리 교류하기 시작합니다. 인류의 문명이 지금으로부터 5천 년 전 무렵에 여기저기서 갑자기 발생하는 것은, 이런 교류의 상황을 여실히 보여줍니다.

그리고 이 무렵에 농사가 시작됩니다. 신석기 시대에 인류 최초의 혁명이 일어난 것입니다. 수렵채집으로 여기저기 떠돌던 사람들이 살기 좋은 땅에 머물러 농사를 짓기 시작합니다. 여기서 인류의 삶은 두 가지 방식으로 갈라집니다. 한곳에 머물러 사는 농경사회와 말과 양을 따라서 떠도는 초원지대의 유목 사회.

농경사회는 넉넉한데, 유목 사회는 춥고 모자랍니다. 이것이 문명의 교류를 촉진하는 기폭제가 됩니다. 유목 사회가 그 빠른 기동력을 바탕으로 군대를 조직하여 농경사회를 약탈하는 방향으로 자리 잡습니다. 따라서 유라시아 대륙에서 펼쳐진 이후의 문명은, 먼저 살기 좋은 곳으로 들어가 자리 잡은 사람들을, 아직 초원지대에서 떠도는 유목민들이 정복하는 방식으로 펼쳐집니다. 이러한 흐름이 북부 초원지대에서 시작하여 점차 남쪽으로 내려오며 대륙의 양 끝에 거대한 문명을 일으키니, 그것이 인도와 중국입니다.

인도와 중국이 만나는 북쪽(북위 28도 동경 87도)에 에베레스트 산이 있습니다. 세계의 지붕 곤륜산이죠. 이 우람한 산줄기가 남쪽으로 흘러내려 고봉 준령으로 인도차이나반도를 만드는 바람에 인도와 중국은 오갈 수 없는 다른 세상이 되었습니다. 이 산줄기는 동북쪽으로 뻗어가면서 또 다른 장벽을 만듭니다. 티베트 고원, 카라코람, 힌두쿠시, 천산산맥 같은 거대한 장벽이 북으로 달려 마침내 알타이 산맥(북위 50도 동경 90도)에 다다릅니다.

이런 고봉 준령의 산줄기가 흐르면서 중앙아시아 대평원과 중국 북부의 드넓은 초원을 나눕니다. 천산산맥의 남쪽과 북쪽으로 난 작은 길만이 거대한 산줄기로 가로막힌 두 세계를 실낱같이 이어서 나중에는 '비단길'이라는 이름을 얻습니다.

### 중국 지형의 특성

이 장중한 지리 설명은 중국 때문에 하는 것입니다. 지도에서 보면 중국은 북쪽과 서쪽이 아무도 넘을 수 없는 거대한 산줄기로 가로막혔고, 남쪽은 바다가 막아서, 외부로부터 고립된 모양을 갖추었습니다. 비단길로 뚫린 천산 남북의 길은 낙타를 탄 대상(카라반)들이나 다닐 수 있는 오솔길에 불과합니다. 중국으로 들어갈 수 있는 큰 길은 유일하게 동북쪽의 만주에서 오는 것입니다. 그래서 현대 중국의 지도를 보면 마치 동쪽으로 머리를 둔 닭이 알을 품으려고 둥지에 웅크린 모양입니다.

그런데 더 기막힌 것은, 만주 쪽의 접근로도 산해관에 이르면 갑자기 오솔길로 변한다는 것입니다. 마치 닭의 목구멍 같은 이곳은 몇 백 군사로도 백만대군을 막을 수 있는 지형입니다. 그래서 목구멍만 닫아걸면 그 드넓은 중원은 안전하게 꽁꽁 잠깁니다. 이런 독특한 지형과 지세 때문에 중국은 밖에서 들어온 문명이 그 안에 켜켜이 쌓여 찬란한 꽃을 피웠습니다.

이 말을 뒤집으면, 그 밖의 황량한 땅에 사는 사람들에게는 이곳 한 곳만 뚫으면 약탈하기 가장 좋은 대상이 가득 담긴 황금 곳간이라는 뜻입니다. 이런 상황과 운명이 중국의 역사를 만들어갔습니다. 즉 산해관 밖의 이민족과 먼저 들어가 살던 민족이 서로 뺏고 안 뺏기려는 싸움이 중국사의 큰 흐름이 되었습니다.

바로 이 점이 세계의 지붕 양쪽에 놓인 두 지역의 모습을 바꿔 놓았습니다. 인도의 경우는 드나들 수 있는 통로가 많습니다. 그래서 최초로 그 지역에서 일어난 인더스 문명은, 그 뒤에 따라 들어온 아리안족에게 밀려 오늘날 자취조차 찾아보기 힘듭니다. 특히 상형문자나 무슨 그림처럼 닮은 그들의 문자는 오늘날 해독할 수 없습니다. 유일하게 고대문명의 언어 중에서 아직껏 해독되지 않는 문자가 인더스 문명의 문자입니다.(안필섭) 중국은 이와 달리 바깥세상과 완전히 차단되어 그 안에서 제 모습을 보존하며 오늘날까지 찬란한 문명을 꽃피웠습니다.

지형의 이런 특성 때문에 중원의 풍요를 누리며 살던 사람들은 그 밖의 사람들을 야만족이라고 규정, 동서남북의 오랑캐라고 불렀습니다. 동이東夷, 남만南蠻, 서융西戎, 북적北狄. 발음은 다르지만, 夷, 蠻, 戎, 狄의 훈은 모두 '오랑캐'입니다. 그러다가 풍요로운 삶에 젖어 힘이 약해지면, 바깥의 사나운 이민족이 들어와 그들을 정복하고 새로운 주인이 되는 일이 되풀이 되었습니다.

오늘날 중국이 한족의 시조로 삼는 주나라도 이렇게 하여 중국으로 들어온 이민족, 곧 오랑캐입니다. 그래서 맹자도 주나라를 세운 문왕을 '서이西夷' 곧 서쪽 오랑캐라고 불렀습니다. 주나라의 조상은 중국으로 들어오기 전에 300년가량 융적戎狄 곧 서쪽과 북쪽의 오랑캐 땅에서 그들과 함께 어울려 살았습니다. 그러다가 고공단보古公亶父 때부터 오랑캐 습속을 버렸고, 손자인 문왕 때에 이르러 나라를 세웠습니다. 그리고 문왕의 아들 무왕이 은나라를 점령하고 중원의 주인이 됩니다. 중원의 풍요로운 삶을 누리던 은나라를 서쪽 오랑캐가 차지한 것입니다.

그러면 이렇게 왕좌를 빼앗긴 은나라는 어떤 나라일까요? 은나라가 동이족이라는 것은 누구나 다 아는 사실입니다. 은나라도 결국은 동쪽에 살던 오랑캐였고, 나중에 이들이 중원으로 들어와 살았다는 얘기입니다. 중국사에서 청동기 시대의 왕국이죠. 그 이전 전설상의 하나라를 밀어내고 중원의 주인이 되었다는 뜻입니다. 그러면 하나라라고 다를까요? 이들도 마찬가지로 중원 밖의 황량한 땅을 떠돌던 사람들이었고, 이들이 풍요로운 땅에 들어와 살면서 주인 행세를 한 것입니다. 그러다가 동이족인 은나라에게 밀려났고, 은나라는 주나라에게 밀려난 것입니다. 그리고 그 끝에서 춘추전국시대가 열립니다.*

춘추전국시대라고 해서 달라졌을까요? 똑같습니다. 다만, 이미

---

* 중국의 역사는 은나라부터 시작된다. 그 전 하나라는 전설로만 존재하는데, 그들의 존재를 입증할 고고학 유물이 아직 발견되지 않은 상황이다.

중국 안의 땅에서는 문명이 꽃피울 대로 피어서, 외부로부터 들어오는 민족들을 두려워하지 않게 되었다는 점이 좀 달라졌을 뿐입니다. 곧 어떤 이민족이 외부에서 들어와도 중국의 문명이 바뀌는 일은 없게 되었다는 점입니다. 오히려 젊은 피를 수혈받은 몸처럼 이민족이 유입될 때마다 중국은 새로운 모습으로 더욱 발전해갔다는 뜻입니다.

그리고 춘추전국시대가 진시황의 통일로 끝나면서 새로운 국면을 맞이합니다. 곧 그 전에는 수많은 이민족이 동북쪽의 통로를 통해서 중국으로 들어갈 수 있었는데, 진나라가 장성을 쌓음으로써 중국으로 들어가기가 점차 더 힘들어졌다는 것입니다.


## 02 만리장성과 요동


### 진나라의 영역

중국으로 들어갈 수 있는 유일한 통로는 만주에서 다가가는 길 뿐입니다. 그 통로에서도 가장 중요한 곳이 바로 닭의 목구멍에 해당하는 산해관입니다. 따라서 지키려는 쪽에서는 산해관을 꽁꽁 틀어막으려 하고, 그곳을 넘으려는 쪽은 산해관을 뚫으려고 피 튀기는 싸움을 합니다. 산해관은 중국을 지키려는 사람들에게 가장 중요한 요새입니다. 중국에서 만리장성을 쌓은 것도 바깥에서 들어오는 이민족을 막으려는 것이었고, 만리장성의 출발점이 산해관인 것도 이런 까닭입니다.

이런 사실을 기록한 역사서는 『사기』가 처음입니다. 따라서 우리는 이 책의 기록부터 확인하는 것이 사실에 접근하는 가장 중요한 일일 것입니다. 먼저 만리장성을 쌓은 진나라의 영역부터 확인해 보겠습니다.

> (통일 진나라의) 땅은 동쪽으로 바다에 이르고 조선에 미쳤다. 서쪽으로는 임조臨洮 강중羌中에 이르렀고, 남쪽으로는 북향호北響戶에 이르렀고, 북쪽은 냇물에 의거하여 요새로 삼고[北據河爲塞], 음산과 나란히 요동에 이르렀다.
> - 『사기』 권6 진시황 본기

진시황의 땅은 동쪽으로 바다에 이르렀습니다. 어느 바다일까요? 우리나라의 동쪽에 있는 동해는 아닐 겁니다. 이 바다는 우리나라의 서해, 중국의 동해인 황해를 말하는 겁니다. '황해'는 '황하가 흘러드는 바다'를 뜻하는 말입니다. 바다의 색깔이 노랗다는 뜻이 아닙니다. 이 바다가 어떤 바다인가 하는 것은 오늘날의 우리 생각이 아니라 옛날 중국 사람들의 말을 들어보면 됩니다. 옛날 『사기』의 글을 적던 시절, 또는 그때 가깝던 시절을 산 사람들 얘기를 들어보면 됩니다. 당나라 때 『사기』에 주석을 붙인 『사기정의』라는 책이 있습니다. 거기에는 이렇게 나옵니다.

> 발해 남쪽의 양주揚州, 소주蘇州, 태주台州 등에 이르는 동해이다.

양주, 소주는 오늘날에도 그대로 쓰이는 이름이고, 태주는 오늘날에는 절강성의 임해臨海 시로 바뀌었습니다. 그러니 이 동해는 황해를 가리키는 것이 분명합니다. 그렇다면 냇물[河은 어떤 물줄기일까요? 황하를 뜻합니다. '음산과 나란히[竝陰山]'라는 말이 그것을 보여줍니다. 이 물줄기는 음산 산맥이라는 거대한 산줄기와 나란히 흘렀다는 뜻입니다. 이렇게 긴 강은 황하밖에 없습니다. 그 옆의 난하나 대릉하도 음산과 나란히 가지 않습니다. 전부 산줄기보다 짧지요. 음산과 나란할 만큼 긴 물줄기는 황하뿐입니다.

### 진나라 때의 요동

그런데 이 냇물이 '요동'에 이르네요. 이 요동이 우리가 아는 지금의 그 요동일까요? 그렇다면 우리는 이런 골치 아픈 얘기를 하며 옳으니 그르니 하면서 속 썩을 필요도 없습니다. 여기서 위의 글을 잘 보시기 바랍니다. 물줄기는 황하를 말하는 게 분명한데, 그 물과 나란히 갔다는 음산이 황하와 작별하고 지금의 요동에 이르렀다면, 뭔가 문장이 이상해집니다. 그렇다면 그 물줄기를 황하가 아닌 다른 것이라고 해야 하는데, 그렇게 하면 음산과 나란히 갈 물줄기가 없다는 것이 문제입니다. 대릉하나 요하는 음산 산맥과 나란히 가지 않습니다. 훨씬 더 짧고 방향도 삐딱합니다.

'냇물에 의지하여 요새로 삼고, 음산과 더불어 요동에 이르렀다'는 것은, 진나라가 외적을 막으려고 험한 산줄기와 물에 의지하여 나라를 지켰다는 뜻입니다. 군대가 행군할 때 가장 곤란한 것이 높은 산줄기와 냇물입니다. 그래서 낯선 군대를 막으려고 하는 측에서는 그것을 이용해서 요새를 만들고 국경을 정합니다. 그러기에 딱 적합한 곳이 음산 산맥이 흘러내려 간 지형이고, 그와 나란히 흘러간 황하라는 뜻입니다.

음산 산맥은 대단히 큰 산줄기이고, 여러 방향으로 뻗어갈 수 있습니다. 실제로도 여러 산줄기를 흐트러뜨리며 중국의 북부를 거쳐 만주벌판 초입까지 그 지류가 뻗어가지요. 그러면 이 중에서 『사기』가 말하는 산줄기는 어느 가닥(줄기)을 말하는 것이냐 하는 것이 또 의문입니다. 바로 그 의문에 대한 답이 황하 물줄기입니다. 물줄기와 산줄기가 나란히 흘러 요동에 이르렀다는 뜻입니다.

이 산줄기가 황하와 연관이 있다는 것은, 중국 지형의 특성 때문이기도 합니다. 중국은 산해관을 지키면 백만대군도 못 들어가는 특이한 모양입니다. 그래서 만리장성이 거기서부터 시작된 것입니다. 만약에 더 동북쪽으로 가서 허허벌판이나 높은 산줄기를 연결한다면 중국을 지키는 건 불가능한 일이 됩니다. 그 넓은 지역을 성으로 쌓아서 막을 수 없습니다. 저수지를 막을 때도 양쪽 산이 호리병처럼 오므라든 장소를 찾습니다.

장성도 마찬가지입니다. 기차로 몇 시간을 달려도 끝이 보이지 않는 곳(만주나 지금의 요동)에다가 성을 쌓을 수는 없습니다. 평범한 사람이 보아도 몇 군데만 이어 쌓으면 방패막이 노릇을 톡톡히 할 곳은 황하와 산해관까지 흘러내려 온 음산 산맥 줄기입니다. 이런 기막힌 요지를 두고 만리장성을 다른 넓은 지역에서 찾는 것은 정말 황당한 짓입니다. 중국이 아무리 인구가 많고 재물이 차고 넘쳐도 산해관 바깥의 어떤 곳에다가 장성을 쌓아서 외적을 막는다는 것은 어려운 일입니다. 황하 물줄기와 그것을 따라가는 음산 산줄기밖에 다른 그 어떤 답도 있을 수 없습니다.

이런 정황을 자세히 살피고 보면 결론은 이렇습니다. 이 문장에서 말하는 요동은, 우리가 교과서를 통해 알게 된 오늘날의 그 요동이 아니라는 뜻입니다. 그러면 어디일까요? 이 질문은 누구에게 해야 할까요? 오늘날의 중국 역사학자들에게 물어야 할까요? 일본 역사학자들에게 물어야 할까요? 이런 질문은 의미가 없습니다. 그 시대를 산 사람들에게 물으면 됩니다. 옛 역사서를 있는 그대로 읽으면 되죠.

> 봄에 2세(황제)가 동쪽으로 순행을 하였는데, 이사李斯가 따랐다. 갈석碣石에 이르렀고, 바다를 따라 남쪽으로 회계會稽에 이르렀다. (나중에) "시황제가 세운 각석에 (신하의 이름만 있고 시황제를 새기지 않은 것은) 시황제의 성공과 성덕을 칭송하지 않은 것이다." 승상 사斯와 어사대부 덕德은 잘못하였음을 빌고 "조서를 자세하게 새기겠습니다"라고 하였다. 황제는 그렇게 하도록 승낙하였다. (신하들은 글을 새기러) 요동에 갔다가 돌아왔다.
>
> – 『사기』 제6 진시황 본기

이 글은 사마천이 쓴 것입니다. 진시황이 올랐고, 그 아들 2세 황제도 올랐다는 갈석은 요동에 있다고 적었습니다. 만약에 요동이 지금 우리가 아는 그 요동이라면 갈석에 글을 새기러 지금의 그 요하까지 왔다는 얘기이니, 이 신하들은 미친놈들이 분명합니다. 갈석이 만리장성 밖 코앞에 있는데, 대릉하까지 왔으니 말입니다. 그게 아니라면 갈석이 요동에 있다는 말을 믿지 않을 이유가 없습니다. 사마천의 기록은 그렇다 치고, 다른 기록은 어떨까요? 『한서』에 이런 얘기가 나옵니다.

> (무제는 산동성에 있는) 태산泰山에서부터 동쪽 바다를 따라서 순행하여 갈석에 이르렀다. 그리고 요서에서 북쪽 변경의 구원九原을 거쳐 감천으로 돌아왔다.
>
> – 『한서』 권6 무제기

태산-갈석-요서-구원 순인데, 요동은 요서 옆에 있으니, 갈석이 요동을 대신한 말입니다. 앞서 본 다른 글에서 갈석은 요동에 있다고 했기 때문이지요. 이런 글을 보면 진 제국 때나 한나라 때나 영토의 상황은 변하지 않고 똑같았다는 말입니다.『한서』지리지의 요서군 조를 보면 현수ゐ水라는 물줄기가 있는데, 동쪽으로 흘러 유수濡水로 들어간다고 했습니다. 유수는 난하의 옛 이름입니다. 그러니까 요서군은 난하의 서쪽에 있다는 말입니다. 갈석산은 난하의 동쪽에 있습니다. 그러면 갈석이 있는 난하의 동쪽이 요동군이 되겠네요.

그러니 당시 중국 사람들이 '멀고 먼 물길[遼河]'이라고 부르던 요하는 지금의 난하(옛날의 유수)였던 것이고, 이렇게 보면 갈석이 요동에 있다는 말은, 사실과 기록 양쪽에서 아귀가 꼭 들어맞습니다.

그런데 근래에 나온 요동군 연구서를 보니(차라리 보지를 말 길!), 이 순서가 맞지 않는다는 반박을 했더군요. 여기서 갈석이 요동이라면, 무제의 이동 순서가 맞지 않는다는 것입니다. 즉 요동이 요서보다 더 서쪽에 있게 되어 모순이라는 주장입니다.[*]

이런 주장은 참 이해가 안 가는 말입니다. 지도를 펼쳐놓으면 아하! 하고 저절로 고개가 끄덕여지기 때문입니다. 난하는 북쪽에서 남쪽으로 세로로 흐르는 강이 아니라, 북서쪽 고원지대에서 남동쪽으로 삐딱하게 흘러 발해로 들어갑니다. 삐딱하게 흐르는 난하의 끝(하류)이 동쪽이고, 허리 도막(중류)이 서쪽입니다. 그래서 '현수가 유수로 흘러 들어간다'고 한 것입니다.

---

[*]  서영수 외 5명.『요동군과 현도군 연구』, 동북아시아문화재단, 2008. 23쪽

그러니까 황제가 중국 내륙에서 황하 쪽으로 와서 갈석산이 있는 만리장성의 끄트머리로 갔다가, 서쪽으로 방향을 바꾸어 요서로 간 것입니다. 그러니 태산 - 요동 - 요서 - 구원으로 갈 수밖에 없지요. 만리장성의 동쪽 끝에 요동이 있고, 그 서쪽에 요서가 있는 겁니다. 이게 왜 이해가 안 될까요?

제 생각을 말해보라고 한다면, 저는 이렇게 설명하고 주장할 것입니다. 서쪽으로부터 흘러온 만리장성의 오른쪽 끝, 곧 난하의 하류가 요동군이고, 요서군은 요동군과 맞닿은 난하의 중상류라고 말이지요. 요동군은 바다에 닿았지만, 요서군은 바다에 닿지 않은 내륙이라고요. 난하를 기준으로 중국 쪽을 요서로, 난하 건너 조선 쪽을 요동으로 이해하려고 하니까, 자꾸 자기 생각에 걸려 넘어지는 것입니다. 요서군이 꼭 바다를 끼고 있어야 하는 것은 아닙니다.

그렇게 보면 오히려 한 무제의 답사길이 태산 - 요동(갈석) - 요서 - 구원 순이어야만 합니다. 중국 변방의 여러 군현(상군, 구원, 운중, 안문, 대군, 상곡, 어양, 우북평, 요서, 요동)은 만리장성을 따라 줄줄이 포진했습니다. 요동도 그런 군 중의 하나인데, 만리장성에서 동떨어져서 대릉하나 요하 언저리에 놓였다는 것이 오히려 논리의 비약이고 상식의 파괴입니다. 이게 그렇게 이해하기 어려운 일인가요?

## 요동에 얽힌 논점

이 책의 맨 앞에서 활쏘기 이야기를 했습니다. 사법에 대해서 어떤 얘기를 해도 활량은 설득당하지 않는다고 했고, 역사에서도 똑같은 일이 벌어져, 그 예로 창해군을 설명했습니다. 이제 역사에서 좀처럼 설득당하지 않는 두 번째 사례를 지금 여러분은 마주한 것입니다. 요동의 위치 문제는 역사학자들이 믿음을 바꾸려 들지 않는 '두 번째 창해군'입니다. 이렇게 사마천과 범엽의 역사 기록을 보여 주며 설명해도 받아들이지 않습니다. 자신이 믿어왔던 모든 것이 무너지기 때문에 그렇습니다. 한발 물러서면 바닥이 보이지 않는 낭떠러지 끝에 섰다고 생각하는 것이죠. 그래서 그토록 완강하게 안 믿는 것입니다.

종교에서는 이런 믿음을 '맹신'이라고 하는데, 종교 쪽의 맹신 못지않은 것이 이 바닥의 신념입니다. 이 신념이 만드는 창의성과 희망은, 인류를 구원하려는 종교 창시자들의 믿음에 못지않습니다. 그저 감탄과 탄식만 나올 따름입니다. 문제는 종교와 달리 역사는 '사실'이어야 한다는 것이죠. 사실 위에 믿음이 서야지, 믿음 위에 사실을 얹으면 안 된다는 것입니다.

그러면 왜 이 지경이 되었을까요? 스승이나 자신이 소속된 학파의 첫 단추로부터 흘러온 학자 개인의 맹렬한 믿음과 그를 뒷받침하는 어떤 그럴듯한 사실들이 자꾸 나타났기 때문에 그런 것입니다. 우리나라 역사학의 첫 출발이, 어떻게든 우리나라를 자신의 똘마니로 만들려고 하던 일본 제국주의 역사학에서 비롯하였다는 점이 그 하나입니다. 이것은 한국 역사학의 원죄 같은 것이어서 굳이 더 설명하지 않겠습니다.

그다음으로 동북공정입니다. 동북공정은 서남공정 때문에 생긴 말입니다. 서남공정이란, 티베트와 신장 위구르 때문에 생긴 말입니다. 티베트나 위구르는 중국에는 서융에 해당하는 오랑캐들이었습니다. 그런데 1960년대에 중국이 티베트를 점령하여 중국의 한 성으로 만들어버립니다. 그 전에 티베트는 달라이라마가 다스리는 엄연한 신정국가였습니다. 티베트는 자기네 고유 언어와 문자를 쓰고, 문화도 역사도 중국과는 다릅니다. 이 사태로 티베트 지도자 달라이라마는 인도로 탈출하여 지금까지도 돌아가지 못합니다. 티베트 사람들은 아직도 독립운동을 하는데, 이런 점은 신장 위구르 지역도 마찬가지입니다.

티베트를 점령한 중국으로서는 티베트가 역사나 문화로 볼 때 중국의 일부라는 것을 입증해야 할 부담을 지게 됩니다. 그래서 티베트를 중국 역사에 포함시켜 교과서를 만들고, 그것을 학교에서 가르치게 합니다. 이런 학술 작업 과정을 중국에서는 '서남공정'이라고 불렀습니다. 서남이란, 중국의 서남쪽에 있는 티베트를 말합니다.

## 동북공정과 역사 왜곡

동북공정이란 말은 1990년대에 나온 말입니다. 그 전에는 중국과 북한이 친했기 때문에 굳이 이런 걸 두고 싸울 일이 없었습니다. 백두산의 천지를 반으로 가르는 국경 획정도 마친 마당에 굳이 역사가 다르다고 혈맹끼리 싸울 일이 없었던 것이죠.

그런데 변수가 생겼습니다. 1992년 노태우 정권 때 대만과 외교를 끊고 중국과 수교하는 북방정책을 추진합니다. 그래서 그 무렵부터는 중국에 자유 여행을 할 수 있게 되었고, 정말 수많은 사람이 죽竹의 장막을 거쳐 우리 동포가 사는 연변에 가서 백두산을 다녀왔습니다. 바로 이때부터 중국의 동북공정이 시작된 것입니다. 만주 지역을 여행하는 한국인들이 만주의 역사를 거론했고, 때마침 인터넷이 시작되면서 이런 바람은 메마른 들판을 태우는 불처럼 번져갔습니다. 심지어 한국인들이 탄 관광버스에 '만주는 우리 땅!'이라는 현수막을 붙이고 다녔다는 이야기를 저는 주변 사람들한테서 많이 들었습니다.

몇 년 뒤 동북 3성을 다녀온 분들의 얘기를 들어보면, 중국 공안들의 태도가 몇 년 전과는 완전히 달라졌다는 반응이었습니다. 버스에 현수막을 붙일 생각은 꿈도 못 꿀 일로 바뀌었고, 만주 일대의 유적도 모두 명나라 양식으로 정리되기 시작했다는 것입니다. 역사 문제가 아주 민감하게 현안으로 떠올랐고, 이것이 동북공정을 구체화하는 밑거름이 되었다고 저는 직감했습니다. 그 결과가 역사 영토주의로 나타난 것입니다.

만주가 우리 땅이라고 남의 나라 땅에서 설치고 다닌 한국 국수주의 역사학이 불러온 낯부끄럽고도 당연한 부메랑입니다. 역사를 논할 때 그 땅에 살던 사람들의 발자취가 반드시 오늘날 그 땅을 소유한 나라의 역사가 되지 않는다는 것은 상식입니다. 곧 만주에 고구려가 있었고, 그 뒤에 고구려가 있던 땅은 중국의 소유가 되었는데, 그렇다고 해서 고구려가 중국의 역사가 될 수는 없다는 것은 지극히 당연한 상식이었습니다. 그래서 우리도 내내 고구려를 우리나라의 역사로 가르쳤고, 고조선도 마찬가지였습니다.

이 점은 중국도 동의한 바였습니다. 중국은 화하족의 역사를 출발점으로 삼아서 그 뒤로 중원 땅에 들어와 중국사에 영향을 미친 왕조를 자신의 역사로 정리했습니다. 그 증거가 『이십오사』입니다. 중국의 역대 왕조를 정리한 역사서입니다. 고구려나 흉노는 이들 역사서에서 오랑캐로 분류되었습니다. 중국의 역사가 아니었다는 것입니다.

그런데 동북공정 이후 이 논리가 깨졌습니다. 오늘날의 제 땅에서 벌어졌던 모든 과거 사실은 모조리 중국의 역사라는 주장입니다. 이것이 바로 역사 영토주의입니다. 당연히 청나라는 물론 고구려, 고조선까지 중국사의 범주라는 것입니다. 2000년대 이후로는 이 논리가 중국 역사논의의 대전제처럼 작동하기 시작했습니다. 중국의 정사였던 『이십오사』 따위는 잊힌 지 오래입니다. 새로운 역사학이 중국의 역사를 완전히 갈아치웠습니다. 그 완성판이 바로 동북공정입니다. 그리고 동북공정은 이미 완성 단계에 접어들었습니다. 특히 홍산 문화가 발굴되면서 더욱 심화 되는 분위기입니다.

이런 동북공정의 역사해석 중에서 눈에 띄는 주제 하나가 바로 앞서 꺼낸 요동입니다. 연나라가 요동에 장성을 쌓았다는 황당한 주장이, 제 기억으로는, 1990년대에 나타나기 시작했습니다. 한겨레 신문을 비롯하여 당시 신문에서 중국의 이런 변화된 태도를 보도한 적이 있어서 저는 또렷이 기억합니다. 그러니까 중국 역사를 영토주의로 재편성하려는 역사학자들은 장성의 동쪽 끝을 최대한 한반도 쪽으로 밀어붙임으로써 만주가 원래부터 중국의 영토이자 역사라는 사실을, 그 동쪽 귀퉁이 반섬에 사는 사람들(한국의 국수주의자)에게 각인시키고 싶었던 것입니다.

그러자 놀라운 일이 일어납니다. 중국의 동북공정 과정에서 나타난 이 주장이 그대로 한국사에 대입됩니다. 중국인들의 주장이 가감 없이 그대로 한국 고대사에 적용되어, 오늘날 한국에서 간행된 한국인의 고대사 책 몇 권을 읽어보면 연나라의 요동 장성 축성설이 확고부동한 진리로 자리 잡았습니다. 그래서 『사기』의 요동 교외나 상하장도, 연나라가 쌓았다는 요동 장성을 전제로 해서 해석합니다. 그 해석이 앞서 살펴본 『사기』 번역서(정범진 외)에 달린 각주의 내용입니다. 한국사 교과서를 쓴 사람들은 한결같이 이런 신념을 드러냅니다.

이들의 선배는 일본 제국주의 역사학을 배워 김부식과 똑같이 패수를 예성강까지 끌어내리다가 민망했는지 대동강으로 정했는데, 그런 전통에 새로운 활력을 불어넣은 것이 동북공정이어서, 이제는 '연나라 요동 장성설'을 믿으며 그것을 바탕으로 역사서의 기록을 재해석합니다. 끝없이 어긋나는 부분들을 끼워 맞추느라 온갖 고고학 자료를 들이밉니다. '유적'으로, '기록'의 일관성을 흔들려고 합니다. 기록의 일관성에 역사유물을 맞추는 것이 아니라, 거꾸로 역사유물에 따라 기록을 짜깁기하여 새로운 일관성을 만들어냅니다. 그래서 문학을 전공한 저 같은 촌닭에게 이런 날 선 비판을 받게 되는 것입니다.

우리나라에서 자신의 존립 근거와 가장 멀리 어긋나는 결과를 내놓아서 스스로 욕을 먹는 사람들이 역사학자입니다. 특히 고대사 부분은 정말 볼 게 없습니다. 그 정도 추론과 결론은 애들도 낼 수 있습니다. 그런 한심한 결론을 내리려고 젊은이들 눈이 초롱초롱한 강단에서 그 비싼 수업료를 받으며 열강을 합니다. 아니, 열강이 아니라 변명입니다. 재야사학이 던진 뼈아픈 질문에 대한 옹색한 변명.

### 갈석과 요동

갈석산이 곧 요동이라는 '사실'을 조금 더 확인하고 가겠습니다. 『회남자』라는 책이 있습니다. 거기에 이렇게 적혔습니다.

요수는 갈석산에서 나와 새塞의 북쪽에서 동쪽으로 흘러 곧장 요동의 서남에 이르러 바다로 들어간다. — 『회남자』 추형훈(墜形訓)

연나라는 갈석에 의해 막혔고, 사곡邪谷에 의해 끊겼으며, 요수에 의해 둘러싸였다. — 『염철론』 험고편(險固篇)

『염철론』은 한나라 때 편찬된 책입니다. 전국시대 연나라의 국경에 대해서 적은 것이 위의 두 번째 글입니다. 연나라 때나, 진나라 때나, 한나라 때나 중국의 동북쪽 변경은 한결같습니다. 연나라의 수도를 연경이라고 했는데, 연경은 북경을 말하는 것입니다. 북경으로 들어오는 동북쪽의 요새인 산해관을 꽁꽁 닫아걸고, 연나라는 중국의 나머지 여섯 나라와 싸우느라 여념이 없는 나라였습니다. 그들이 무슨 힘으로 통일제국 진나라도 하지 못한 장성을 압록강까지 쌓는다는 말입니까?

## ( 03 요동 문제

만리장성은 오랑캐의 침략을 막으려고 지은 성이고, 그 장성이 중국과 그 밖의 세계를 나누는 기준선입니다. 그런데 이 대공사를 진시황이 시작한 게 아니었습니다. 그 전인 연나라 때부터 쌓기 시작하였고, 진나라는 그것을 이어서 완성한 것입니다.

### 연나라와 전국 칠웅

기원전 250년 무렵 중국에는 7개 나라가 서로 으르렁거렸습니다. 이를 우리는 전국칠웅戰國七雄이라고 배웠죠. 진, 초, 연, 제, 한, 위, 조. 중국의 한복판에 가장 작은 한韓나라가 쐐기처럼 박혔습니다. 그 아래 절반을 나누어 서쪽은 진나라, 동쪽은 초나라입니다. 한나라 북쪽에는 조나라가 있고, 조나라의 동쪽에 연나라와 제나라가 있습니다. 조선과 국경을 맞댄 나라는 연燕이고, 그 바로 밑에 산동반도를 차지한 나라는 제齊입니다. 제齊는 중국 발음으로 '치'인데, 제나라의 수도가 임치臨淄여서, 혹시 수도 이름을 나라 이름으로 삼은 게 아닌가 싶기도 합니다.

전국 7웅 중에서 가장 큰 나라는 당연히 양자강을 차지한 초나라이고, 그다음으로는 서쪽의 진나라입니다. 연과 제는 초에 견주면 한 줌밖에 안 되는 작은 나라였습니다. 지도를 펼쳐놓고서 손가락으로 뼘어보면, 이때의 연이나 제는 한반도의 절반이 될까 말까 한 크기였습니다.

우리는 지금 고조선을 말하는 중입니다. 고조선은 연나라와 국경을 맞대었기에, 중국의 기록에서는 언제나 연나라와 맺은 관계부터 조선이 묘사됩니다. 그래서 연나라가 중요합니다. 연나라의 수도는 연경燕京입니다. 백과사전을 찾아보면 아주 잘 설명되었습니다. 다음입니다.

춘추 시대 당시 계薊나라에서 건설하였으며, 연나라가 계나라를 점령하면서 연나라의 수도가 되었다. 기원전 222년에 진 시황제가 연나라를 멸망시킨 이후 광양군廣陽郡의 중심지가 되었으며, 전한 당시에 범양范陽으로 개명한 뒤 어양군漁陽郡의 중심지가 되었고, 이후 후한 시대에 유주의 주도 역할을 담당하였다. 중국 본토의 북쪽 경계와 가까운 지리적 특성으로 인해 잦은 이민족의 침입을 받았으며, 후한 말기에는 황건적의 공격을 받기도 했다.

후한 말기에는 유주자사幽州刺史인 유언이 다스렸으며, 유언이 익주목益州牧으로 자리를 옮긴 이후에는 새로운 유주목幽州牧으로 임명된 유우가 다스리게 되었다. 이후 유우와 대립하여 그를 죽인 공손찬에게 점령되었으며, 그 뒤 공손찬의 세력을 멸망시킨 원소에 의해 함락되었다. 원소의 세력이 조조에게 멸망한 이후에는 조조의 세력에 속하였으며, 이후 조위와 서진 시대에도 유주의 중심지로 자리 잡았다.

당나라와 후진 시대에는 영주營州와 대주代州에서 군사적·경제적으로 중요한 도시가 되었으며, '안사의 난'을 일으킨 안녹산이 근거지로 삼았다. 요나라 시대에 남경南京으로 개명하였으며, 요나라의 남쪽 수도가 되었다. 금나라 시대에 이름을 중도로 고쳤으며, 금나라의 중앙 수도로 결정되었다. 원나라에 점령된 이후에는 연경으로 회귀하였으며, 북쪽 자리에 대도가 세워진 이후에는 이 명칭으로 불렸다. 명나라 시대에 북경北京으로 개명하였으며, 이후 현재까지 이름을 유지하였다.

이상의 설명을 보면 이런저런 이름으로 오락가락하다가 오늘날 우리에게 익숙한 '북경'이라는 이름으로 자리 잡은 것은 명나라 때임을 알 수 있습니다. 명나라 때에 이르러서야 '남경'과 짝을 이루는 도시로 자리 잡은 것입니다. 요컨대 중국 북부에서 일어났다가 사라진 여러 왕국의 중심지였던 이 도시가 명실상부하게 중국의 내부로 편입된 것은 명나라 때임을 보여줍니다. 그전까지는 중국이 북방 오랑캐를 막는 최전선의 중심지였고, 북방 오랑캐가 중국으로 들어가는 첫 관문이었다는 뜻입니다.

북경을 수도로 삼은 연나라는 전국시대에 7웅 중에서 가장 약한 나라에 속했습니다. 문제는 중국의 다른 나라와 싸우는 데도 힘에 겨운데, 자기들 등 뒤에 중국 못지않은 거대한 나라가 있다는 것입니다. 바로 조선입니다. 연나라로서는 앞뒤로 적을 둔 셈이고, 등 뒤로는 크기를 알 수 없는 거대한 오랑캐를 둔 셈입니다. 연나라로서는 선택의 여지가 없습니다. 막는 거죠. 그래서 지형이 험하기로 이름난 산해관 지역에 튼튼한 성과 요새를 쌓습니다. 그것이 앞서 말한 만리장성의 시발점이 됩니다.

## 중원과 만리장성

주나라 때의 중국은 중원이었습니다. 무협지에도 심심찮게 등장하는 중원이란, 양자강과 황하의 사이 비옥한 평야 지대를 말합니다. 양자강과 황하가 자연스럽게 외부의 적을 막아주는 경계선 노릇을 합니다. 황하 너머에 사는 놈들은 동이이고, 양자강 남쪽에 사는 놈들은 남만입니다. 이 중원을 지킨 신화 속의 영웅이 바로 후예后羿인데, 오늘날의 항주와 소주에 사는 오랑캐들을 활로 무찔러 평정합니다.

그러다가 주나라 말기에 이르면 주변도 점차 중국화 되어 춘추전국시대에는 양자강 이남과 황하 이북으로 중원이 확대됩니다. 그래서 비단길 서쪽에 사는 월지국 같은 나라가 서융이 되고, 운남성 언저리에 사는 사람들이 남만이 되며, 황하가 바다로 흘러드는 바닷가에 사는 사람들이 동이가 되고, 몽골 초원에 사는 사람들이 북적이 되는 것입니다. 이제 우리에게 익숙한 삼국지 시대에 이르면 이런 오랑캐 개념이 확립됩니다.

이렇게 중국의 확장과 발맞추어 넓어지는 오랑캐의 범주는 중국의 사서를 보면 알 수 있습니다. 중국 최초의 사서는 한나라 무제 때 인물인 사마천의 『사기』입니다. 이 책의 열전을 보면 흉노 열전과 조선 열전이 나올 뿐입니다. 그런데 불과 200년 뒤에 간행된『한서』를 보면 오늘날 우리에게 익숙한 모든 오랑캐가 다 실렸습니다. 한 무제가 흉노 정벌을 시작한 뒤 200년 정도 사이에 중국 바깥의 세상에 관한 정보가 엄청나게 불어났다는 것을 알 수 있습니다. 그래서 더더욱 『사기』가 중요합니다.

『사기』를 보면 흉노의 기원과 그 민족의 생활 습속까지 아주 자세하게 설명되었지만, 조선에 대해서는 위만조선이 망할 때의 상황만 간단하게 정리했습니다. 북쪽 오랑캐나 동쪽 오랑캐나 중국에게 위험한 것은 마찬가지인데, 흉노와 견주면 조선에 관한 정보는 사마천이 거의 몰랐다시피 할 정도로 적었다는 뜻입니다. 그리고 사마천이 아는 조선에 관한 정보는 대부분 전국시대에 연나라가 조선과 관계 맺은 부분이었습니다.

만리장성을 쌓기 시작한 것도 결국은 연나라였고, 그것을 이어받아서 통일제국 진나라가 완성을 했으며, 이 통치 강역은 한나라로 고스란히 이어집니다. 그래서 진시황도 한 무제도 장성이 시작되는 곳까지 와서 자신이 다스리는 왕국의 동쪽 끝에 왔음을 자랑하며 비석까지 남겼습니다. 그곳이 요동군이 됩니다. 사마천이 『사기』에서 이렇게 말했으면 됐지, 요동을 갖고 도대체 뭘 더 입씨름하자는 건지 참 알다가도 모를 노릇입니다.

### 중원의 중심

황하는 중국 북부의 사막 지대에서 발원하여 ㄹ 모양으로 내륙을 한바탕 휘젓고 흐른 뒤에 발해로 들어갑니다. ㄹ의 끄트머리를 살짝 추켜들어서 중국 지도에 포개면 정확합니다. ㄹ이 구부러지며 발해만으로 들어가는 두 번째 물굽이의 남쪽에 낙양이 있고, 그 건너

편의 물굽이 안쪽에 수양산이 있습니다. 낙양의 옆에는 화산이 있으니, 황하를 사이에 두고 화산과 수양산이 마주 보는 모양입니다. 중국의 종족을 가리키는 '화하華河'란, 화산과 황하에서 따온 말입니다.

기원전 771년에 주나라는 수도를 호경鎬京에서 동쪽의 낙양으로 옮깁니다. 당시 왕은 유왕이었는데, 포사라는 미인에게 빠져 황후로 삼으려고 정실부인을 내쫓았습니다. 이에 반발한 귀족들이 산융과 결탁하여 반란을 일으켜 수도까지 함락시키는 바람에 낙양으로 옮겨 간 것입니다. 이것이 서주와 동주를 구분하는 기준입니다. 산융은 나중에 제환공이 공격했다는 그 오랑캐이고, 곧 고죽국입니다.

낙양洛陽은 낙수洛水의 남쪽[陽]을 뜻하는 말입니다. 양陽은 '볕양'으로 남쪽을 나타내고, 음陰은 북쪽을 나타냅니다. 하도와 낙서가 있는데, 낙서가 나온 곳이 이곳입니다. 우 임금이 이것을 바탕으로 '홍범 9주'라는 글을 남겼죠. 이처럼 낙양은 중국 사상의 씨앗을 심은 텃밭입니다. 낙서와 짝을 이루는 하도는 복희가 지은 것인데, 복희는 동이족입니다.

낙양에서 멀지 않은 곳에 장안(호경)이 있는데, 낙양과 장안 사이가 바로 중원이고, 낙양은 중원의 한복판이며 중국 역사의 출발점입니다. 낙양을 세상의 중심으로 삼고, 사방의 적들에게 '오랑캐'라는 이름을 붙인 것이 동이, 남만, 북적, 서융입니다. 중국은 중원이 점차 확대되는 과정에서 만들어진 나라이고 민족입니다. 이때의 상황은 『일주서逸周書』라는 책에 자세히 나옵니다.

우리 역사에서 수양산이 특별히 중요한 까닭은 백이 숙제의 고죽국 때문입니다. 백이 숙제는 동이족이었고, 고죽국의 왕자였는데, 고죽孤竹의 우리말이 'kokulu'입니다. 즉 부리야트의 고리qori족임을 알 수 있고, 이들은 나중에 만주로 와서 고구려를 세웁니다. 그런데 중국사에서는 고죽국을 지금은 만리장성 밖으로 옮겨놓았습니다. 즉 발해만 언저리가 고죽국이라고 하죠. 그 위치도 고구려가 세워지기 전의 고조선 땅에 고리족이 웅거하던 지역입니다. 고리족의 이동과정을 보여주는 말이 바로 고죽국입니다.

이렇게 고죽국의 위치에 대해서 왈가왈부 말이 많은데, 수양산이 그런 잡설들을 깨끗이 정래해 주는 근거가 됩니다. 백이 숙제의 무덤이 있는 곳이 고죽국일 것이고, 그 무덤은 지금도 수양산에 있습니다. 그러니 역사가들이 아무리 뭐라고 해도 무덤이 있는 곳이 진짜 고죽국인 것입니다. 고죽국을 옮기려면 백이 숙제의 무덤까지 옮겨가야 되는데, 중국의 역사학자들이 거기까지는 미처 생각지 못한 모양입니다.

수양산을 기준으로 보면 황하 남쪽에는 중국 민족의 본줄기인 황제 헌원의 자손들이 살고, 황하 건너편에는 동이족인 고죽국이 있습니다. 화하족은 동이족인 은나라를 치고, 사방의 유민들을 끌어들이며 몸집을 불려 오늘날의 중국으로 성장합니다. 중원의 중심은 화산 옆의 낙양이고, 이것의 확대판이 중국입니다. 그 과정에서 동이족과 한판 싸움은 불가피합니다.

### 중국과 조선 사이, 기자

중국이 싫은 사람들은 중국을 떠나기 마련입니다. 중국을 떠난다는 것은, 만리장성 밖으로 나간다는 얘기입니다. 옛날에 그런 사람이 실제로 있어서 유명하죠. 기자입니다. 주나라가 무력으로 은나라를 정벌하자, 은나라의 제후였던 기자는 도의가 무너졌다고 판단하고 그런 세상에서 살기 싫다며 중국을 떠나죠. 만리장성 밖으로 나간 겁니다. 그런데 거기에는 다른 누군가 삽니다. 역사기록에서는 이들을 예맥족이라고 부르죠.

기자가 많은 사람을 이끌고 산해관 밖을 나가서 거기 머물려면 예맥족의 허락을 받아야 합니다. 그런데 이들은 같은 동이였습니다. 은나라가 동이족이었다고 했죠. 그래서 큰 마찰 없이 예맥족은 이들에게 땅을 내줍니다. 그리고 기자 일족이 자신들에게 큰 위협이 되지 않는다면 연나라와 마찰을 일으키던 예맥으로서는 그 중간의 완충지대 노릇을 기자 일족이 해주기 때문에 오히려 더 잘된 일이기도 합니다.

기자는 만리장성 밖 중국과 예맥 사이에 자리를 잡으면서 주나라로부터도 제후로 인정을 받습니다. 양쪽의 허락을 순순히 받았으니, 모두에게 좋은 일입니다. 누이 좋고 매부 좋은 일이죠. 이렇게 하여 1천 년 세월이 흘러갑니다. 기자가 동쪽으로 온 것은 기원전 1,122년 전의 일이니, 이런 구도는 자연스럽게 중국과 조선을 연결하는 매개 노릇을 기자가 한 것입니다.

그런데 한나라가 흉노족을 정벌하면서 갑자기 이 지역도 혼란스러워집니다. 한 무제가 흉노를 공격하면서 그 전 1천여 년간 유지되던 균형이 깨지고 동북아시아 전체가 출렁거린 것입니다. 몇십 년 계속된 정벌로 흉노족은 흩어집니다. 일부는 서쪽으로 달아나 훈족이 되고, 일부는 동쪽으로 달아나 조선으로 흡수된 것입니다.

이 사건은 당연히 조선에도 영향을 미칩니다. 역심을 품었다가 흉노로 달아난 연왕 노관 밑에 있던 장수 하나가 노관을 따라가지 않고 독자 행동을 한 것입니다. 곧 흉노가 아닌 조선으로 달아납니다. 당연히 이들도 만리장성을 빠져나갑니다. 그러면 거기서 가장 먼저 맞닥뜨리는 세력은 누구일까요? 천 년 전에 만리장성을 빠져나온 기자입니다.

이들은 이미 1천여 년간 조선에 동화되어 예맥 조선을 다스리는 지위에 올랐습니다. 그것이 기자조선이죠. 이때쯤이면 기자조선은 처음 산해관을 빠져나올 때의 그런 자리에 있지 않았습니다. 훨씬 더 넓은 지역을 차지한 상태였죠. 위만은 이들을 찾아가 중국과 조선 사이에서 완충 노릇을 하겠다고 말합니다. 조선 측에는 중국의 침입을 막겠다고 하고, 중국 측에는 조선의 침략을 막겠다고 합니다.

기자조선에서는 위만의 이 말을 믿습니다. 1천 2백 년 전에 자신의 조상이 그렇게 하여 조선의 일원이 되었고, 중국과 직접 마찰을 일으킬 필요가 없는 좋은 방안이라 생각되어 허락한 것입니다. 그런데 위만은 자신을 지지하는 세력을 모은 뒤 꾀를 내어 중국이 쳐들어온다고 호들갑을 떨고, 기자조선의 왕궁을 호위한다는 명목으로 쳐들어가 준왕을 내쫓습니다. 준왕은 삼한으로 도망가서 거기서 왕 노릇을 하다 죽죠.

이것이 『사기』가 들려주는 내용입니다. 그러면 이 내용을 이해하려고 할 때 누구의 눈으로 봐야 할까요? 사마천의 시각으로 보아야 합니다. 사마천은 지금의 요하 동쪽 사정을 몰랐습니다. 한반도가 있는지도 몰랐고, 그 바다 밖에 왜가 있는지도 몰랐습니다. 만약에 이것을 알았다면 사마천이 『사기』에 적지 않았을 리가 없습니다. 사마천은 동쪽 오랑캐인 조선의 서쪽 변경이 한나라의 동쪽 경계와 맞닿았다는 사실까지만 알았습니다. 조선이 그 동쪽으로 얼마나 더 넓은 땅을 지배한 나라인지는 몰랐다는 말입니다.

흉노가 동호를 쳐서 1천 리 땅을 얻었다는 얘기를, 사마천은 흉노 열전에 적었습니다. 그러면 동호라는 오랑캐에 관해서도 자세히 적었을 것입니다. 그런데 안 적었습니다. 왜 안 적었을까요? 첫 번째 까닭은 그들에 대해 잘 몰랐다는 것입니다. 두 번째 까닭은 굳이 동호에 대해 적을 필요가 없었다는 것입니다. 왜 그럴까요? 오랑캐인데 북적 흉노의 소속이 아니고 흉노보다 더 동쪽에 있는 놈들이라면 그들은 조선이기 때문입니다. 만약에 사마천이 동호에 대해서 더 자세히 알았고, 또 동호가 조선에 소속된 놈들이 아니라면 사마천은 자기 책에 적었을 것입니다. 사마천이 보기에 동호는 조선의 일부였던 것입니다.

곧 사마천은 중국과 맞닿은 조선의 서쪽 변경은 알았지만, 조선이 어느 곳까지 다스리는 나라였는지 나머지 통치영역은 알지 못했습니다. 당시의 가장 중요한 현안은 흉노 토벌이었고, 거기에 중국은 모든 국력을 기울였습니다. 흉노 열전은 번역본으로 쪽수를 세어보면 41쪽이나 됩니다. 반면에 조선 열전은 6쪽에 불과합니다. 사마천이 조선에 대해서 아는 게 별로 없었다는 증거입니다.

사마천이 조선에 대해서 안 내용은 기자조선과 위만조선이 전부입니다. 그것도 위만조선이 기자조선을 몰아내기 직전의 상황만 기록했으니, 위만조선에 대해서만 안다고 하는 게 더 낫습니다. 위만조선은 불과 100년 정도밖에 존재하지 않았습니다. 우리가 아는 단군조선까지 합하여 2천 3백 년이나 존재했던 기간의 조선에 대해서 사마천은 전혀 몰랐던 것입니다. 조선에 관한 좀 더 자세한 정보는 사마천이 죽고 반고가 『한서』를 적을 무렵인 기원후 80년쯤에 정리되어 사서에 수록됩니다. 『한서』가 82년에 완성되었으니 말이죠.

『사기』는 기원전 91년에 완성되었으니, 이 두 책 사이에는 173년이라는 시간이 있습니다. 그렇다면 『사기』 이후 반고는 어떻게 조선의 내부 사정을 알게 되었을까요? 바로 사마천 생전에 일어났던 사건 때문입니다. 곧 위만이 조선으로 쳐들어가 기자조선을 밀어낸 사건과 위만조선이 멸망한 사건 때문이죠.

위만은 처음에 기자를 쫓아내고 왕이 되었습니다. 기자는 조선의 서쪽 변경에서 예맥 부족이 사는 곳을 다스리는 임금이었습니다. 그가 나머지 모든 조선 지역을 다스렸는지는 알 수 없습니다. 어떤 역사기록에도 그런 사실을 말한 적이 없기 때문입니다. 특히 『사기』에서는 그런 말을 한 적이 없습니다. 『사기』에는 없는 내용이 『한서』에 나오는 까닭은 위만조선이 서쪽의 기자조선을 점령한 뒤 점차 동쪽으로 조선의 나머지 부족을 평정해가면서 중국 쪽에 조선의 정보가 하나둘 전달된 결과입니다.

위만은 자신이 중국의 외신外臣이 되겠다고 했고, 그 때문에 중국으로부터 장성 밖의 빈터에 살도록 허락을 받았습니다. 조선으로서는 위만의 통치를 받아들일 수도 안 받아들일 수도 없는 이상한 상태에서 울며 겨자 먹기로 위만을 기자 이후의 왕으로 받아들인 것입니다. 위만과 사이가 안 좋은 역계경이 2천 호를 이끌고 동쪽의 대인국인 진국으로 갔다는 『위략』의 기록은 위만의 불안한 지위를 잘 보여주는 예입니다. 결국, 위만의 손자 우거는 위만 세력에 불만을 품은 이런 사람들의 손에 죽습니다.

이때 위만은 지금의 요동 지역까지 세력을 뻗칩니다. 이런 정보가 중국으로 전달되었고, 이런 정보가 정리되어 『한서』에 실린 것입니다. 원래 요동군은 장성 근처에 있는 통치구역 이름이었습니다. 난하 서쪽(중류 지역)이 요서군, 난하 동쪽(하류 지역)이 요동군이죠. 그런데 어느 땐가 요동군이 지금의 대릉하 지역으로 옮겨갑니다. 이것이 『사기』 번역본(정범진 외)의 각주에 달린 요동군에 대한 설명입니다. 그러니까 사기 번역자들은 난하에 있던 요동군이 아니라 지금의 대릉하에 있던 요동군을 기준으로 사마천의 글을 번역한 것입니다. 사마천의 눈이 아니라, 반고나 범엽 또는 현대인의 눈으로 『사기』를 읽은 것이죠.

### 인식의 확대와 요동의 확장

오리엔트Orient라는 말이 있습니다. 지중해에 살던 유럽 사람들이 자신의 동쪽에 사는 사람들에게 붙인 이름입니다. 말 그대로 '동쪽'이라는 뜻입니다. 그런데 그 뒤로 이들보다 더 동쪽에도 딴 세상이 있다는 사실이 알려집니다. '동쪽'이 동쪽이 아니게 된 것입니다. 그렇다고 그 전부터 쓰던 말을 버릴 수는 없으니까 그대로 쓰는데, 동쪽 중에서도 자기네에게 조금 더 가까운 곳이라는 뜻으로 근동近東이라는 말을 씁니다. 이게 자기네 중심의 언어임이 표가 나니까 민망하다고 여겼는지 이제는 중동中東, Middle East이라고 부릅니다.

중동이 자리 잡은 뒤에 '동쪽'은 더 동쪽으로 옮겨가서 인도를 가리키는 말이 됩니다. 유럽인들의 인식이 확장되면서 생긴 일이죠. 그런데 인도를 동쪽으로 알고 살았는데, 조금 뒤에 보니 인도보다 더 동쪽에도 세상이 있습니다. 중국이죠. 그래서 인도와 중국을 싸잡아서 동쪽이라고 여깁니다. 그런데 근대 제국주의 열강이 인도에 와보니 더 먼 곳에도 동쪽이 있고, 나라가 있습니다. 그래서 극동極東, Far East이라고 부르죠. 한국과 일본입니다. 그래서 동쪽은 중동, 동쪽, 극동으로 나뉘게 되었습니다.

중국인들이 붙인 요동이라는 말이 꼭 이렇습니다. 요동이란 말은 유럽인들이 말한 '동쪽Orient'과 똑같습니다. 자신의 인식이 확장됨에 따라서 점차 옮겨갑니다. 처음의 요동은 만리장성 안쪽이었습니다. 요동과 요서도 만리장성 안에 있던 군현 이름이죠. 그러다가 장성 밖으로 나갑니다. 지금까지 살펴본 대로 난하가 흐르는 지역이죠. 전국 시대에는 이 지역을 요동이라고 부릅니다.

'遼'란 멀다는 뜻입니다. 자기네로부터 먼 곳이라는 뜻입니다. 그 먼 땅에 국경선이 되는 물줄기가 흐릅니다. 땅을 나누기가 쉽죠. 그래서 먼 곳에 있는 물길이라는 뜻의 요하라는 이름이 붙습니다. 남의 땅이죠. 요하라는 이름은 특정 지명이라기보다는 자기네 땅이 아닌 곳에 흐르는 물이라는 뜻입니다.*

그러면 그 물줄기에 사는 사람들이 있을 것 아닙니까? 그들은 그 물줄기를 뭐라고 불렀을까요? 자기네가 사는 곳을 '먼 물'이라고 부르지는 않았을 것입니다. 그곳에 살던 사람들은 자기네 소유라는 뜻으로 자기들 나라 이름이나 부족 이름을 붙입니다. 그렇게 해서 붙은 것이 '발수'입니다. 밝물=발수=패수=불수. 이 말조차 중국 문자로 기록해서 '패수浿水'라고 썼죠. 발수가 흘러드는 바다가 '발해'

---

* 최근에는 '요동'이라는 말이 의무려산의 동쪽을 가리키는 말이라는 주장이 나와서 교과서 역사학계에서는 쌍수를 들어 환영하는 분위기인데, 거의 망령의 수준이다. 『한서』 지리지 현토군 고구려 조에 나온 구절 '遼山 遼水所出'에서 요산이 의무려산이라는 논리인데, '요수 요하'가 계속 이동했다는 사실을 무시하고 지금의 이름에서 유추된 결론이다. 만약에 이 구절이 요동군의 위치를 가늠하는 말이라면 요동군은 요산의 동쪽에 있어야 하므로 의무려산과 압록강 사이에 있어야 한다. 남만주 땅이다. 교과서 역사학을 정당화하기 위한 주장이고 중국의 동북공정에 화답하는 논리이다. 게다가 『사기』 번역서(정범진 외)의 주석과도 어긋난다. 『사기』 번역서 각주에는 대릉하를 요동의 경계로 봤다. 자기들끼리도 어긋나는 주장을 내놓는다. 이런 주장은 무함마드 씨가 이태원에서 케밥 가게를 하고 있으니, 아랍의 수도가 한반도에 있다는 주장과 비슷한 수준이다.

입니다. '황하가 흘러드는 바다'가 '황해'인 것처럼.

요동이란 마치 유럽인들에게 '오리엔트'처럼 동쪽의 끝에 있는 먼 지역이라는 뜻입니다. 유럽인에게 오리엔트보다 더 먼 곳의 동쪽이 발견됨으로써 오리엔트가 '중동'이라는 뜻으로 바뀌고, 새로이 극동이라는 말이 생긴 것처럼 요동이 중국인들에게 이랬습니다. 처음의 요동인 난하는 나중의 요동인 대릉하가 생김에 따라서 요서로 바뀝니다. 처음의 요동은 요서로 편입되고, 나중에 발견된 동쪽이 요동으로 편입되는 것입니다. 그리하여 마침내 요하는 지금의 요하에 이릅니다. 이 요하에게 떠밀린 패수는 송화강을 지나 한반도로 들어옵니다. 고구려가 건국될 때쯤에는 송화강이 패수가 됩니다.

### 요동의 위치

사마천이 『사기』에서 말하는 요동은 만리장성의 끝인 갈석산이 있는 난하 하류 지역임이 의심의 여지가 없습니다. 그런데 지금의 요하에 있는 요동과 갈석산이 있는 요동의 이름이 같다는 것이 문제입니다. 둘 중의 하나는 틀린 것인데, 어느 것이 맞는지 알 수 없습니다. 이유는 간단합니다. 판단의 근거가 되는 지명 때문입니다.

『한서』 지리지에서 만리장성이 끝나는 곳을 요동군 양평襄平이라고 했는데, 양평이 압록강 근처 요동 반도에 있었다면서 만리장성이 압록강까지 이어졌다고 강짜를 부리는 학자들이 나타난 것입니다. 설령 『한서』에서 말한 양평이 요동 반도에 있었다고 해도 만리장성을 압록강까지 끌고 가는 것은 문제입니다. 『사기』를 무시하고 『한서』를 더 믿겠다는 태도를 드러낸 것이기 때문입니다.

과연 그럴까요? 그렇다면 우리는 이런 질문을 해야죠. 『한서』 지리지에서 말한 양평이, 사마천의 『사기』에서 말한 그 양평과 같은 곳일 까요?

사마천의 『사기』부터 살펴보겠습니다. 진나라가 망하고 한나라 가 들어서기 전에 소설로 유명한 『초한지』 시대가 열립니다. 초나라 의 패왕 항우와 한나라의 유방이 중원을 놓고 건곤일척의 대결을 겨 루는 흥미진진한 시기이죠. 진나라를 무너뜨린 항우는 주나라 때의 봉건제를 부활시켰습니다. 중국 전역을 여러 봉지로 나누고, 자신을 도운 사람들을 제후(왕)로 임명합니다.

이 무렵 옛 연나라 땅인 중국의 동북 지역은 한광韓廣이라는 사 람이 스스로 연왕이라며 왕 노릇을 했습니다. 항우는 이것을 무시하 고 연나라의 동쪽을 뚝 잘라서 요동국으로 만들고 한광더러 그곳으 로 가라고 했습니다. 그리고 연나라 장수였던 장다臧茶를 연왕으로 앉 힙니다. 이 사건이 『사기』에는 다음과 같이 기록되었습니다.

> 연왕 한광을 (연에서) 옮겨 요동왕으로 삼았다. 연의 장수 장다는 초 나라를 따라 조나라를 구원하였고, 이어서 함께 관중에 들어간 까닭 에 장다를 세워 연왕으로 삼고 계薊에 도읍을 하도록 했다. - 항우본기

> 장다는 봉국인 연나라로 가서 한광을 내쫓아 요동으로 가게 하니 한광이 들으려 하지 않았다. 장다는 한광을 무종無終에서 공격하여 죽이고 그 땅을 아울러 왕이 되었다.     -항우본기

이 기록을 보면 항우 때 요동국의 수도가 무종無終임을 알 수 있습 니다. 무종이 어디인가를 확인하면 요동군의 문제는 간단히 해결됩

니다. 무종은, 천진시의 계현薊縣입니다.(오늘날 당산시 옥전) 온 세상의 모든 역사학자가 동의하는 내용입니다. 무종은 북경에서 90km 거리에 있죠. 바로 이 무종이 한나라 무제 때의 요동국 수도입니다. 그러면 『한서』 지리지에 나오는 요동군은 뭘까요?

『사기』는 기원전 91년에 완성되고, 『한서』는 서기 82년에 완성됩니다. 이 두 책 사이에는 173년이라는 시간이 있습니다. 이 사이에 무종(천진시)의 요동이 대릉하 근처의 요동으로 옮겨간 것으로 보면 두 양평의 모순은 간단히 해결됩니다. 요동의 주요 도시이던 양평이라는 이름도 따라갔다고 보면 되죠. 실제로 이런 주장을 역사학에서는 '요동군 이전설'이라고 하더군요.*

이런 학설이 있다는 것이 참 신기합니다. 물론 식민사학에서 아직 못 벗어난 한국의 교과서 역사학계와 영토주의 망령에 휘말린 중국의 역사학계에서는 극소수만이 이 학설을 주장하겠죠. 그래도 소수파일망정 역사학계에 이런 주장이 있다는 것만으로도 저로서는 큰 위안입니다.

이런 이동은 꼭 요동만의 일이 아님은, 지금까지 어원을 따라서 계속 봐왔습니다. 패수가 그러하고, 평양이 그러합니다. 만리장성 밖에서 계속 동쪽으로 옮겨왔죠. 그리고 중국의 외세 확장으로 처음의 통치구역과 나중의 통치구역이 조정되는 것은 어쩌면 당연한 일이

---

* 권오중, 『요동 왕국과 동아시아』, 영남대학교출판부, 2012. 36쪽. 서진 시대의 『삼국지』나 『진서』 같은 책을 보면, 실제 행정구역이 옮겨갔다기보다는, 그 책을 읽는 사람들이 만들어낸 오해라는 생각이 더 진하게 든다. 고구려, 백제의 군사행동은 『삼국지』 시대까지도 북경 근처에서 많이 나타난다.

기도 합니다. 서울시가 주변의 경기도를 끌어들이면서 커진 것과 비슷한 일이죠. 요동군이 일으킨 고대사의 논란을 보면 이런 사실을 인정하지 않고 처음부터 끝까지 같은 모습으로 바라보려는 고집 때문에 논란이 일어납니다. 『한서』에 이런 기록이 있습니다.

> 요동군은 진나라가 설치하였는데, 유주에 속한다. 호수는 55,927호이고, 인구는 227,539명이며, 딸린 현은 18개이다.　　　　- 지리지

> (번쾌가 도망하는 노관을) 쫓아 장성에 이르렀는데, 상곡 12현 우북평 16현 요동 29현 어양 22현을 평정하였다.　　　　- 장진왕주전

　　노관은 한나라를 건국한 유방과 같은 고향 사람으로 반역을 꾀하다가 들켜 흉노 땅으로 달아납니다. 노관의 부하였던 위만은 이때 기자조선으로 피하죠. 노관을 뒤쫓은 게 한나라 장수 번쾌입니다. 번쾌가 노관을 쫓아가 평정한 고을을 적은 것이 위의 기록입니다. 분명히 '(번쾌가) 장성에 이르렀다'고 말했습니다. 이곳은 모두 만리장성을 따라서 포진한 중국의 군현입니다. 따라서 번쾌에게 '평정' 당한 요동 29현이란, 다른 고을 곧 상곡, 우북평, 어양처럼 만리장성을 끼고 있던 고을을 뜻합니다. 난하 언저리에 있는 땅이죠.

　　유주라는 단어도 나옵니다. 전한 때의 유주는 발해군渤海郡, 상곡군上谷郡, 어양군漁陽郡, 요서군遼西郡, 요동군遼東郡, 현도군玄菟郡, 낙랑군樂浪郡, 탁군涿郡, 대군代郡, 광양국廣陽國, 우북평군右北平郡이었습니다. 여기 나오는 요동군을 진나라가 설치했다는 것이니, 이 요동군을 확인할 때는 사마천의 『사기』에 있는 곳이어야 합니다.

앞서 보았듯이 사마천 시대에 한 무제가 갈석산에 올랐고, 갈석산은 요동군에 있었습니다. 요동군은 지금의 대릉하가 아니라, 난하 하류에 있었던 것입니다. 진나라 때는 장성 안쪽(무종)에 있던 것이 장성 밖 난하까지 범위가 확장된 것을 볼 수 있습니다. 위에서 인용한 문헌의 요동이 이곳의 요동이니, 현도, 낙랑 같은 이름들은 모두 만리장성 바깥에 있던 지명들입니다. 위만조선이 망하고, 그 자리에 설치한 것이 낙랑, 현도 같은 4군이었기 때문입니다. 만리장성 동쪽 밖의 세상이 비로소 처음 중국의 군현으로 편입된 것입니다.

이러던 것이 『후한서』와 『삼국지』에 이르면, 행정구역이 재편됩니다. 『후한서』 동이 열전에 보면 고구려에 대한 기록이 나옵니다.

> 고구려는 요동의 동쪽 천 리 떨어진 곳에 있는데, 남쪽은 조선과 예
> 맥, 동쪽은 옥저, 북쪽은 부여와 접하였다.　　　　　－『후한서』 동이 열전

『삼국지』 시대의 고구려는 압록강의 지류인 졸본천 환인에 있었습니다. 국내성에서부터 서쪽으로 1천 리(삼천리강산의 13분의 1 크기)를 가늠해보면 『사기』 번역본의 주석에서 말하는 대릉하 지역이 됩니다. 당연히 요하라는 이름도 난하에서 지금의 대릉하로 옮겨온 것입니다. 고구려의 위치가 압록강이라는 것이 사실이라면 말입니다.

『후한서』는 범엽范曄(398~446)이 지었습니다. 『사기』와 『한서』는 173년 차이가 나는데, 『후한서』는 『한서』보다 350여 년이나 더 늦습니다. 『사기』보다는 523년 더 늦습니다. 5백 년도 더 지난 뒤의 『후한서』 기록을 『사기』에 앞세울 수는 없습니다. 그렇게 하는 건 누가 봐도 이상하죠. 그런데 이런 논리로 문제를 풀어가려는 사람이 꽤

많습니다. 그 신념을 정당화할 방법은 요동이 자리를 옮겼다는 논리 뿐입니다.

한나라가 위만조선을 멸망시킨 때와 『삼국지』 시대가 열린 사이에 어떤 일이 있었기에 요동군이 행정구역을 옮긴 것일까요?

한나라의 가장 큰 골칫거리는 흉노였습니다. 그리고 흉노와 똑같은 조선이었습니다. 이 조선이 망한 것입니다. 중국으로서는 걱정거리를 없앤 셈입니다. 따라서 그 밖의 오랑캐들이 뭉치지 못하게 하는 것이 이후의 중국 정책이고, 그 정책은 이이제이以夷制夷 수법으로 오랑캐 여럿에게 벼슬을 나누어 주어 우두머리가 하나로 뭉치지 못하게 하는 것입니다.

그렇지만 동북방의 광활한 지역에서는 각 부족의 뛰어난 인물이 나타날 때마다 중국을 위협하는 큰 나라가 일어섭니다. 고조선이 망한 뒤에는 예맥족의 고구려가 일어나서 몇백 년을 이어가죠. 뒤이어 선비, 오환, 숙신이 교대로 일어나며 중국의 만리장성을 넘보며 위협합니다.

특히 한사군이 지리멸렬하며 짧은 기간에 사라지자, 그 통치구역을 요동군으로 편입시키면서 요동군이 몸집을 불립니다. 그럼으로써 중국인들이 생각하는 오리엔트는 오늘날 우리가 아는 요하까지 확장되었고, 그 동쪽에 사마천의 『사기』 시대에는 몰랐던 새로운 동이족이 있음을 알게 되었습니다.

또 하나 중요한 나라가 고구려입니다. 고구려는 조선 밑에 있던 예맥족이 동쪽으로 옮겨와서 세운 나라입니다. 예맥족이 고조선 시대에 중국과 맞닿은 곳에 있었다는 것은 여러 기록이 보여주는 바입니다. 조선 앞에 붙은 수식어 예맥과 진번이 바로 고구려 부족을 가리키는 말입니다. 따라서 중국과 싸우던 주력군인 예맥족의 고조선이 망하자 주몽이 그 유민을 수습하여 세운 나라가 고구려입니다.

중국과 변경을 맞대고 싸우던 예맥족이 동쪽으로 밀려와서 세운 나라이고, 그 나라의 수도가 압록강의 지류가 흐르는 환인에 있었는데, 그보다 훨씬 더 앞선 왕조인 고조선의 수도가 고구려의 수도보다 더 남쪽인 평양에 있었다는 것이 얼마나 황당한 주장인지 알 수 있습니다.

### 요동 통치의 실상

이상의 논의는 역사학자들의 주장을 최대한 존중해서 정리해본 것입니다. 그러나 중국 측의 역사자료를 살펴보면 『삼국지』 시대까지도 요동이 만리장성 밖의 발해만 근처였다는 증거가 많습니다. 조조가 사마의를 시켜 공손연을 멸하자 낙랑과 대방이 무너졌다든가 하는 것이 그런 것입니다. 공손 씨는 3대(탁-강-연)에 걸쳐 요동에 근거지를 둔 세력인데, 공손연에 이르러 조조에게 망하죠. 그런데 공손연의 아버지 공손강의 무덤이 만리장성이 시작되는 하북성 노룡현에 있다고 『대명일통지』에 나옵니다. 『삼국지』는커녕 명나라 때의 책에도 요동이 난하 근처라고 하는 증거가 이렇듯 또렷합니다.

노룡현은 난하 하류 만리장성의 동쪽 끝인 갈석산이 있는 곳입니다. 갈석산에서 버스로 15분 거리에 노룡두가 있습니다. 만리장성이 끝나면서 바다로 들어가는 곳입니다. 따라서 조조 시대에도 대방군은 만리장성 바로 옆에 있었다는 얘기입니다. 장성 안(무종)의 공손연이 장성 바깥의 여러 군현을 통치했기 때문에 이런 상황이 벌어진 것입니다. 그러니 앞서 살펴본 『후한서』의 내용과는 상충하는 얘기입니다.

『사기』를 쓴 사마천과 『후한서』를 쓴 범엽의 생존 시대는 500여 년이나 차이가 납니다. 범엽이 『삼국지』 시대까지 남은 역사자료를 모아서 『후한서』를 편찬했는데, 어쩌면 요동에 관해서는 실제로 요동군 양평의 위치를 현재의 요양으로 알고 책을 편찬했을 수도 있다는 생각이 듭니다. 범엽이 500여 년 전의 고조선 얘기를 정리하는 것이나, 2천 년이 지난 오늘날의 우리가 고조선의 얘기를 하는 것이나, 개인 신념의 작용 면에서는 크게 다를 게 없습니다. 어차피 겪지 않은 아득한 옛날얘기이니, 범엽도 요동군이 오늘날의 요양에 있었다고 믿고 『후한서』를 작성했을 것 같다는 말입니다. 오늘날 역사학계의 주장이 사실이라면 말입니다.

예컨대, 고구려가 요동에서 1천 리 떨어진 곳에 있다고 한 지리지의 기록이 그렇습니다. 그렇다면 그 전의 모든 자료가 이런 시각으로 재정리되어 『후한서』에 실린 것이고, 중국의 동북공정 학파나 한국의 교과서 사학자들은 『후한서』의 기록을 바탕으로 『사기』를 오류투성이라고 끝없이 주장하는 것이 아닐까 하는 생각이 듭니다.

『삼국지』 시대까지 만리장성 밖의 세상은 중국이 직접 다스리기 어려운 처지였습니다. 해일처럼 밀려드는 북방 오랑캐를 막느라 급급한 중국이 초원지대의 세력을 어떻게 직접 통치하겠어요? 아무리 생각해봐도 요동군을 오늘날의 요하에 설치했다는 것은, 당시 중국의 처지를 생각해보면 말이 안 되는 일입니다. 말이 안 되는 일에다가, 심지어 중국의 정사(특히 『사기』)에서도 말이 안 되는 그 일이 엄연한 사실이라고 적었습니다. 그리고 우리는 지금까지 그런 기록을 좇아서 여기(만리장성의 끝인 갈석이 요동이라는 것)까지 다다른 것입니다.

발해만이 중국의 땅으로 포함된 것은 중국인들이 그렇게 만든 것이 아니라, 오히려 거꾸로 만리장성 밖의 오랑캐들이 힘을 키워 만리장성 안으로 들어가면서 생긴 일이라고 보는 것이 더 상식에 부합합니다.『삼국지』시대가 마무리되고 중원이 어지러워진 사이, 5호 16국 시대가 전개되면서 발해만 지역에서 오랑캐 왕조가 일어나 스스로 중국의 영역으로 편입되었다고 보는 게 여러모로 이치에 맞습니다.

중국 스스로 만리장성을 넘어서 동북쪽으로 확장할 상황이나 능력이 못 되었던 것이 당시 현실로 보입니다. 이 지역이 안정을 찾으며 중국의 땅으로 확실히 자리 잡는 것은 당나라 때입니다. 당 태종 이세민은 동돌궐의 17대 가한입니다. 오랑캐의 왕이 중국의 황제가 된 것이죠.

이렇게 요하 지역이 오랑캐들 덕택에 중국 땅으로 편입된 뒤 태어난 범엽이 요동군을 요하 언저리에 있었으리라고 생각하며『후한서』를 편찬했을 것입니다. 이런 책을 근거로 하여 당대의 사실을 적은『사기』마저 제멋대로 읽어대는 학자들이 우리 곁에 그득합니다. 어쨌거나 한국 교과서 사학계에서 말하는 요동 학설은 완전히 소설 차원임을 말합니다.

## 요동 다시 보기

요동을 두고 역사학계는 크게 둘로 나뉘었습니다. 일제 식민 사학을 이어받은 대학 강단의 역사학자들은 오늘날의 요하 언저리가 요동이라고 주장하고, 윤내현을 비롯한 또 다른 학자들은 난하 언저리가 요동이라고 주장합니다. 그런데 중국 고대사 이해에 가장 중요한 4사(사기, 한서, 후한서, 삼국지)의 기록을 잘 살펴보면 모두 난하 유역설로 풀이해도 큰 문제가 없습니다. 반면에 요하 유역설로 풀이하면, 곳곳에서 기록이 서로 어긋나며 충돌합니다. 『사기』의 기록과 『후한서』의 기록이 충돌하고, 『삼국지』의 기록이 충돌합니다.

그렇다면 충돌이 가장 적게 일어나는 방향으로 가닥을 잡아야 합니다. 『사기』를 기준으로 난하 유역설로 풀 때 충돌이 가장 적게 일어납니다. 그래서 우리 고대사를 푸는 데 난하 유역설을 기준으로 설명하면 됩니다. 이렇게 할 경우 우리에게 손해나는 일이 뭐가 있을까요? 아무리 생각해도 우리가 손해 볼 것이 없습니다. 오히려 요하 유역설을 고집할 때 우리가 입는 손해는 이루 말할 수 없이 큽니다. 그 손해는 중국의 동북공정으로 현실화하였습니다. 고조선은 물론 고구려까지 중국사로 내주어야 할 판입니다. 거기에 맞장구치는 게 한국의 교과서 사학자들입니다.

이렇게 두 이론이 충돌한다면 어떻게 해야 할까요? 굳이 우리에게 큰 손해를 입히는 요하 유역설을 고집해야 할까요? 그럴 필요가 없습니다. 사실 확인이 안 되는 일에 개인의 신념을 앞세울 필요가 없습니다. 그런데도 우리나라 강단 사학에서는 우리에게 막대한 손해와 상처를 입히는 주장을 고집하고 있습니다.

이유는 간단합니다. 일제강점기에 그렇게 주장한 사람들이 있고, 그것이 그들만의 전통이 되어 그 전통을 깨고 싶지 않은 것입니다. 자신들의 선배가 한 주장을 그대로 유지하고 싶은 것입니다. 그래서 수단과 방법을 가리지 않습니다. 자신들의 이론을 따르지 않는 사람은 대학 강단에 설 수 없게 만듭니다. 거대한 침묵과 보이지 않는 신의 손이 이들을 지켜줍니다.

이제 이 신과 마주할 때가 되었습니다. 수·당 시대까지 중국은 만리장성 밖을 스스로 다스릴 형편이 못 되었다고 보고, 『사기』를 기준으로 4사四史를 정리하면 뜻밖의 수확을 얻을 수 있습니다. 곧 만리장성 요동의 밖에 있던 조선이 망했습니다. 그리고 『후한서』 동이 열전에 다음과 같은 내용이 나옵니다.

> 고구려는 요동의 동쪽 천 리 떨어진 곳에 있는데, 남쪽은 조선과 예맥, 동쪽은 옥저, 북쪽은 부여와 접하였다. — 『후한서』 동이 열전

이 기록을, 앞에서는 고구려의 수도 환인을 기준으로 보았습니다. 그랬을 때 요동국의 수도는 대릉하 근처였다고 했습니다. 그러면 이번에는 기준을 바꿔 보겠습니다. 즉 고구려 수도가 아니라, 난하 언저리 공손강의 무덤이 있는 요동국의 수도를 기준으로 보겠다는 말입니다. 그러면 갈석산에서 1천 리 떨어진 곳에 고구려가 있었을 것입니다. 어디일까요? 바로 대릉하 근처입니다. 고구려는 대릉하 근처에 있었고, 거기서 나라를 세운 뒤에 나중에 압록강 근처로 이동한 것입니다.

『후한서』 동이 열전의 기록이 이상한 건 또 있습니다. 고구려의 남쪽은 조선과 예맥이라고 했다는 점입니다. 이때는 고구려가 설 즈음입니다. 그때 조선은 망하고 없었습니다. 조선이 망한 자리에 한사군이 설치되었죠. 그런데 조선과 예맥이 고구려의 남쪽에 있다고 적었습니다. 더군다나 고구려는 예맥족이 세운 나라입니다. 그런데 조선과 예맥이 고구려의 남쪽에 있다고 했습니다.

이 현상을 제대로 이해하는 길은 단 한 가지 경우입니다. 즉 진번 조선의 주 세력이 둘로 나뉘어, 부리야트의 고리족은 대릉하에서

주몽의 주도로 고구려를 세우고, 또 다른 부리야트의 부족인 발구진(맥족)과 구다라족(예족)은 여전히 옛 조선 땅(위만조선이 망한 자리이자 옛 기자조선의 땅, 만리장성 바깥 난하 언저리)에서 새로운 나라를 만들지 못한 채 고조선의 잔존 형태로 머뭇거리고 있었던 것입니다. 그러다가 이들 세력이 동쪽으로 이동하면서 고구려 밑에 백제를 세우는 것이죠. 위만조선이 망하고 열국 시대가 열리는 몇십 년 사이의 일입니다. 백제의 기록이 중국 대륙에서 발견되는 까닭이 바로 이것입니다.

천남산의 묘비에 주몽이 패수를 건너 나라를 세웠다는 기록이 있습니다. 지금까지 이 패수를 송화강이라고 보고 그렇게 풀어보았는데, 여기에서 다시 보면 패수는 대릉하입니다. 그렇다면 주몽은 대릉하 상류에 있던 북부여에 살다가 대릉하(패수)를 건너서 남쪽으로 내려와 고구려를 세운 것입니다. 그 고구려가 바로 요동국의 수도 무종(천진)으로부터 1천 리 떨어졌습니다.

이렇게 보면 고구려의 남쪽에 조선과 예맥이 있었다는 『후한서』의 기록은 아주 정확하게 됩니다. 이 무렵엔 신라도 백제도 고구려 옆에 있었습니다. 대륙에 있던 백제와 신라가 어느 시기엔가 한반도로 이주한 것이죠. 이것이 중국의 역사기록이 입증해주는 사실입니다.

고구려가 대릉하 유역에서 일어났다면, 동쪽에 있다는 옥저는 서만주와 백두산 언저리에 있을 것입니다. 북쪽에 있다는 부여는 지금의 요하 상류와 송화강 사이에 있었을 것입니다. 그리고 그 왼쪽 벌판에는 이들 외에도 선비, 오환, 말갈 같은 유목 부족들이 포진하고 있습니다. 이것이 『후한서』가 보여주는 요동 바깥의 상황입니다.

특히 선비족은 조조와 한판 싸움을 할 정도로 만리장성에 바짝 붙어서 살았습니다. 무종(천진)에 근거지를 둔 공손연이 조조의 공격을 받을 때 뒤에서 고구려가 협공했다는 것도 이런 상황을 염두에 두어야 깔끔하게 이해됩니다. 고구려가 압록강에 있었다면 만리장성까지 와서 공손연을 쳐야 하는데, 그건 불가능한 일입니다. 고구려가 대릉하와 난하 사이에 있어야만 말이 되는 기록입니다. 그래야 조조와 앞뒤로 협공을 할 수 있습니다.

사마광의 『자치통감』에 나오는 백제 관련 기사도 마찬가지입니다. 이들은 대륙에 한동안 고구려, 백제, 신라로 있다가 어느 순간 한반도로 흘러든 것입니다. 학계에 소수지만 고조선 중심지 이동설이 있고, 요동군 이전설이 있습니다. 이러한 이동설, 이전설에 다른 나라들의 이전설이 추가된다고 해서 이상할 것 없습니다. 고구려, 백제, 신라를 비롯하여 고대 여러 부족 국가들이 건국 후 얼마 뒤 장소를 옮겼다고 보는 것이 이상할 게 전혀 없다는 말입니다.

이런 주장을 정리하여 이름 붙이자면 '열국 이동설' 쯤이 될까요? 고조선이 무너진 뒤에 그 밑에 깃들었던 여러 부족 국가들이 중국의 외세 확장에 밀려 중심지를 옮겨갔다는 말입니다. 이렇게 되면 삼한의 존재가 이상해집니다. 하지만 이상할 것 없습니다. 남만주와 백두산 근처에 옥저가 있었다면, 그 밑으로 바다까지 뻗쳐나간 요동 반도에 삼한이 있었을 것이기 때문입니다. 난하 하류의 기자조선이 위만조선에게 밀리자 우거왕이 배를 타고 삼한으로 갔다고 했는데, 요동 반도와 한반도 북부 바닷가에 삼한이 있어야만 이 구절이 쉽게 이해됩니다.

그렇다면 한반도는 어땠을까요? 한반도는 텅 빈 땅이었다고 보면 됩니다. 텅 비었다기보다는 정치 구성체가 없다고 보는 것이 맞겠죠. 길략이나 아이누어를 쓰는 사람들이 조용히 살았다고 보면 됩니다.

이 텅 빈 땅에 기원전 1세기 무렵에 남쪽에서 배를 타고 사람들이 나타납니다. 인도 드라비다에서 온 사람들이죠. 이들이 초기 농경 단계의 원주민과 섞이면서 남쪽 지역에 나라가 섭니다. 가락국이 그 것입니다. 이들은 '예'라고 불린 사람들로, 나중에 일본으로 건너가면 왜倭가 됩니다. 그래서 중국 측에 일본이 알려지기도 전에 왜가 중국과 한반도에서 도깨비처럼 나타나는 것입니다. 이런 정황으로 보면 요동 반도 남쪽 바닷가에 마한이, 압록강과 대동강 유역에 변한이, 대동강 이남에 진한이 있는 구도입니다.

이런 한반도 땅으로 중국에 밀린 수많은 민족이 차례로 흘러들어 새로운 나라를 세우면서, 삼한은 우리가 역사 시간에 배운 한반도 남쪽으로 점차 밀려왔다고 보면 됩니다. 우리가 국사 시간에 배운 삼한의 배치도는 이렇게 정리된 뒤의 상황입니다. 여러 나라가 이렇게 자리 잡은 시기가 바로 『삼국지』 시대라고 보면 됩니다. 나관중의 소설로도 이름난, 위·촉·오의 3국이 정립한 시기부터 진晉이 중국을 통일한 시기(220~80)까지 기록한 역사책입니다. 『삼국지』는 서진 시대에 진수(陳, 233~97)가 지었죠.

우리나라의 삼국이 기원 전후 무렵에 앞다투어 나라를 세웠으니, 중국의 『삼국지』 시대까지 삼국(고구려, 백제, 신라)이 발해만 요동에 있다가 그 후에 한반도로 옮겨왔다고 보면 간단합니다. 실제로 고구려의 집안 유적에도, 신라의 경주 유적에도 고구려와 신라의 초기 무덤이나 유물은 찾기 힘듭니다. 나라가 통째로 이사 왔기 때문에 그럴 것이라고 짐작합니다. 이 시기에 맞물린 삼국의 왕들은 고구려 고국천왕(179~97), 백제 초고왕(166~214), 신라 내해니사금(196~230)입니다.

고국천왕과 초고왕 때의 기사를 몇 개만 읽어도 이런 정황이 물씬 느껴집니다. 고구려는 고국천왕, 산상왕 때에 도읍 이전 이야기가 나옵니다. 이런 도읍 이전 논란이 사실이든 아니든, 이런 이야기만으로도 고구려의 이동은 충분히 생각해볼 여지가 있습니다. 게다가 백제의 초고왕 때 기사를 보면 더욱 묘합니다. 북쪽의 말갈로부터 많은 공격을 받습니다. 온조왕 건국 때부터 서기 229년까지 말갈에게 공격받은 일은 23회인데, 이후 백제가 망할 때까지는 8회에 그칩니다. 만약에 백제가 한강에 있었다면 북쪽의 말갈족으로부터 어떻게 공격당한다는 얘기인지 설명하기 어렵습니다. 이 말갈족은 고구려 소속이어야 하는데, 그렇다면 고구려군이라고 하지, 굳이 말갈이라고 쓸 필요가 없기 때문입니다.

이뿐만이 아닙니다. 북위 때 고구려가 요동을 차지하자, 백제가 요서와 진평을 차지했다는 『자치통감』의 기록도 있습니다. 이런 기록들을 살피면 삼국시대의 고구려, 백제, 신라가 원래 중국에 있다가 한반도로 옮겨왔다는 가설을 굳이 부인할 필요가 있겠나 싶습니다. 요동이 『삼국지』 시대까지 동이족의 세상이었다면 이렇게 설명해도 충분합니다.

한 가지 더 참고할 것은, 신라 왕릉 중에서 21대 소지왕릉까지는 신라에서 거의 발견이 안 된다는 것입니다. 확실한 것은 지증왕(500~14) 이후의 무덤들입니다. 그 앞선 왕들은 무덤이 없거나, 있더라도 확실한 증거가 아니라 학자들의 추정에 따라 결정된 왕릉들입니다. 신라가 초기에 한반도에 없었음을 방증하는 내용입니다. 오릉의 경우 초기 다섯 왕의 무덤이라는데, 박혁거세가 죽었을 때 몸이 다섯으로 나뉘어 떨어진 곳에 능을 세워 오릉이라고 했다는 전설이 있습니다. 아마도 이장을 했기 때문에 이런 설화가 붙은 게 아닐까 짐작됩니다.

신라의 왕은 모두 56명입니다. 이 중에서 무덤의 주인일 것이라고 짐작되는 왕은 37명입니다. 나머지 19명의 왕릉은 확인이 안 됩니다. 고구려나 백제와 달리, 경주는 신라의 본거지로 신라 유적이 아주 잘 보존된 곳인데, 그곳에 초기 왕들 19명의 무덤이 발견되지 않는다는 것은 무엇을 뜻할까요? 이 또한 신라가 19대 왕쯤에서 한반도로 이주했음을 보여주는 방증입니다. 앞서 본 지증왕은 22대 왕입니다.

반면에 백제는 확인된 왕의 무덤이 거의 없습니다. 고구려는 제법 많은 왕릉이 발굴되었는데, 그들의 활동 영역이 충분히 이장할 수 있는 상황이어서 집안에 고주몽의 왕릉이 있다고 해도 납득할 수 있습니다. 그러나 백제는 무령왕릉(462~523) 이외에는 확인할 수 없고, 대조할 무덤조차 얼마 되지 않습니다. 고구려와 달리 백제는 이장이 쉽지 않습니다. 이처럼 대륙에서 한반도로 이주했음을 아주 잘 보여주는 것이 왕릉의 숫자입니다.

이상을 종합하면 『삼국지』 시대까지 우리가 요동을 난하 유역에 두고 읽어도 4사의 동이족 관련 기록들은 크게 충돌하지 않습니다. 오히려 요동을 대릉하나 요하 유역에 둘 때 여러 가지 곤란한 상황이 많이 일어납니다. 그런데 굳이 그 곤란한 상황을 옳다고 주장하는 이유가 뭔지 참 이상합니다. 이러니 국사학계 전체가 미친 게 아닌가 의심을 받는 것입니다. 만리장성 바깥이 중국으로 편입된 것은, 오호십육국 시대 이후라고 결론을 짓고 갑니다. 중국이 다스린 것이 아니라, 오랑캐들이 스스로 나라를 만들어서 중국으로 편입시킨 결과입니다.

## 유학자들의 역사의식

우리나라에서 역사를 새로운 눈으로 처음 바라본 사람들은 실학자들이었습니다. 그러나 이들도 『삼국사기』의 역사관을 벗어나지 못합니다. 일단 모든 역사기록을 한반도 내에서 찾으려고 하죠.

일제강점기의 실증사학을 비판하지만, 사실 그들의 주장이 가능하도록 길을 터준 것은 김부식의 『삼국사기』입니다. 김부식도 삼국이 한반도에서 주로 활동했다는 것을 전제로 하여 책을 편집했습니다. 게다가 지리지에서는 모든 역사기록을 한반도 안으로 옮겨놓았습니다. 어떤 기록이 어느 지역이라고 견주어보는 것을 비정比定이라고 하는데, 중국의 사서에 나타난 모든 동이 관련 기록을 한반도 안의 지명에다가 비정하는 시도를 하여 그 결과를 『삼국사기』에 반영한 것입니다.

『삼국사기』 지리지에 보면 맨 끝에 의미심장한 내용이 있습니다. '삼국의 지명 중 이름만 있고 그 위치가 미상인 곳'입니다. 지리지의 한반도 지명에는 일일이 어디라고 비정을 해놓았는데, 압록강과 두만강 이북은 비정할 방법이 없으니 그냥 이름만 적어놓은 것입니다. 그 이름이 모두 359개입니다. 아마도 대부분 요동과 중국에 있는 지명일 것입니다. 김부식의 시대만 해도 이미 우리의 눈길은 중국 대륙을 떠나 한반도로 고정돼버린 것입니다. 대륙에서 잃어버린 이름이 이렇게 지리지의 끄트머리에 먹다 버린 과자 부스러기처럼 처참하게 남아 있는 것이죠.

이렇게 하여 정리된 『삼국사기』가 왕의 재가를 받아서 간행되고 나면, 그 전에 참고한 책들은 모조리 태워버립니다. 이것이 옛날 글을 쓸 때의 관행이었습니다. 송나라의 의정교서국에서 옛 의학 관련 기록을 모조리 수집하여 『황제내경』을 편찬한 뒤, 그 전의 참고자료를 모조리 불태웠습니다. 새로이 간행될 책에 권위를 부여하려는 방법입니다. 그렇게 간행된 『황제내경』에 많은 문제가 있다는 사실을 확인하는 데도 엄청난 공력과 시간이 낭비되었습니다.[*]

　이렇게 확립된 『삼국사기』의 권위는, 그 뒤로도 별다른 저항 없이 재인용됩니다. 예컨대 조선 시대 문인들의 저술에 『삼국사기』 지리지의 내용이 그대로 인용되고, 특히 각 지방 관아의 소개 글에는 예외 없이 인용됩니다. 그 완성판이 바로 『동국여지승람』입니다. 조선 전체의 지역을 소개하는 책입니다. 예컨대 충청도의 청주는 백제 때 상당현이었다가 신라 때 서원경으로 바뀌었고, 고려 때 청주목이 되었다는 식입니다. 각 지역의 연혁이 이런 식으로 인용될 때의 가장 중요한 근거가 『삼국사기』입니다. 그러니 우리 땅의 지리를 설명하는 모든 책은 『삼국사기』를 기준으로 놓고 재해석하게 됩니다. 이런 재해석이 지난 1천 년간 이어져 오다가 일제강점기 식민사학에 이르러 정점을 찍은 것입니다.

　따라서 중국의 역사책에 나오는 모든 지명은 한반도로 이동했고, 이 이동과정에서 이상하게 어긋나는 글들이 가끔 튀어나와서 학계에서 논란이 되곤 하는 것입니다. 요동이 그렇고, 창해군이 그렇고, 고구려 모본왕 때에 중국 북방의 태원까지 공격했다는 기록도 그렇습니다. 패수나 살수 같은 강물의 위치 비정도 마찬가지 논란에 휩싸였습니다. 이렇다 보니 똑같은 지명이 중국과 한국에 동시에 있게 됩니다.

[*] 　정진명, 『황제내경 소문』, 학민사, 2014 ; 정진명, 『고려침경 영추』, 학민사, 2015

지금까지 살펴보았듯이 고구려, 백제, 신라가 초기에 요동·요서 지역에 있었다는 증거가 많습니다. 이런 기록들이 바로 고대 역사가 요동에서 한반도로 이동했다는 것을 보여줍니다. 이런 이동을 생략하고 삼국의 활동 강역을 한반도에 못 박은 사람들이 바로 유학자들입니다. 지난 1천 년 동안 이런 지식이 이 땅의 모든 기록을 뒤덮어버린 것입니다.

그런 오랜 세월의 더께를 걷어내고 새로운 시각으로 보려 하면, 그전에 보던 버릇이 반발하여, 그것이 전가의 보도인 줄 알고 마구 휘둘러 전횡을 일삼는 세력이 됩니다. 오늘날 한국 역사학이 그렇습니다. 고대사에 단 하나뿐인 학설을 세워놓고, 다른 학설이 나타나지 못하게 막습니다.

## 요동의 정확한 위치

요동 문제를 정리하겠습니다. 중국의 사서 기록 몇 가지를 보면 요동의 위치는 일목요연하게 정리됩니다.

『사기집해』에서 장안이 말하기를 "조선에는 습수 열수 산수가 있는데 세 물이 합쳐서 열수가 되었다. 낙랑과 조선이라는 이름은 여기서 따온 이름인 듯하다"고 하였다. (集解張晏曰 : 朝鮮有濕水, 洌水, 汕水, 三水合爲洌水, 疑樂浪, 朝鮮取名於此也. 『史記』卷一百一十五, 朝鮮列傳第五十五)

조선은 열양의 동쪽으로 바다의 북쪽, 산의 남쪽에 있다. 열양은 연나라에 속한다. 곽박이 말하기를 "조선은 지금의 낙랑현으로 기자를 봉한 곳이다. 열㑸은 또한 물 이름이다. 지금 대방에 있는데, 대방에는 열구현이 있다"고 하였다. (朝鮮在列陽東, 海北山南. 列陽屬燕 郭璞云, 朝鮮今樂浪縣, 箕子所封也. 列亦水名也, 今在帶方, 帶方有列口縣. 『山海經』卷十二, 海內北經)

열구현 : 곽박이 주석한 『산해경』에 이르기를 "열은 물 이름이다. 열수는 요동에 있다"고 하였다. (列口縣 : 郭璞注山海經曰「列, 水名. 列水在遼東.」『後漢書』志第二十三, 郡國五, 右幽州, 樂浪)

(소진이) 연나라 문후에게 유세하여 말하였다. "연나라의 동쪽에는 조선과 요동이 있고, 북쪽에는 임호와 누번이 있으며, 서쪽에는 운중과 구원이 있고, 남쪽에는 호타와 역수가 있다. (燕東有朝鮮遼東. 北有林胡樓煩, 西有雲中九原, 南有呼沱易水. : 『史記』卷六十九, 蘇秦列傳第九)

평주는 생각건대 우공의 기주 지역이며, 주나라의 유주이며, 한나라의 우북평군에 속했다. 후한 말에 공손도가 스스로 평주목을 칭했다. 그의 아들 공손강과 강의 아들 공손연이 모두 제멋대로 요동에 의거하니 동이 9종이 모두 복속하였다. 위나라는 동이교위를 설치하여 양평에 거하였고, 요동·창려·현토·대방·낙랑 등 5개 군을 나누어 평주로 삼았다. 후에 도로 유주에 합하였다. 공손연을 멸한 후에 호동이교위를 두어 양평에 거했다. 함녕 2년(AD 276) 10월, 창려·요동·현토·대방·낙랑 등 5군 국을 나누어 평주를 설치했다. 26현 18,100호이다. (平州. 按, 禹貢冀州之域, 於周爲幽州界, 漢屬右北平郡. 後漢末, 公孫度自號平州牧. 及其子康 康子文懿竝擅據遼東, 東夷九種皆服事焉. 魏置

東夷校尉, 居襄平, 而分遼東 昌黎 玄菟 帶方 樂浪 五郡為平州, 後還合為幽州. 及文懿滅後, 有護東夷校尉, 居襄平. 咸寧二年十月, 分 昌黎 遼東 玄菟 帶方 樂浪 等郡國五置平州. 統縣二十六, 戶一萬八千一百.『晉書』卷一十四, 志四, 地理上, 平州)

조조의 위나라가 공손씨 3대가 지배했던 곳에 호동이교위를 설치합니다. 그곳이 바로 '양평'이라고 『진서』는 또렷하게 적었습니다. 그곳은 기자가 봉해졌던 기주 지역이고, 대방군이 있던 열구이며, 열구와 열양은 열수가 흘러가는 한 지역이고, 그 열수는 요동에 있습니다.

이렇게 정리하면 요동의 정확한 위치가 나옵니다. 습수, 열수, 산수 세 강이 만나는 곳이고, 거기에 기자조선, 낙랑과 대방이 있습니다. 공손탁의 손자 공손연이 그곳에서 왕을 칭하였다가 조조의 신하였던 사마의에게 망합니다. 패한 공손연은 역적으로 효수되어 지금은 무덤이 어딘지도 모르지만, 그의 아버지 공손강의 무덤이 창려현에 있다고 명나라 때의 『대명일통지』에 나옵니다. 말도 많고 탈도 많은 요동! 도대체 뭘 더 어떻게 입증해야 한단 말입니까?

### 언어가 말해주는 요동

모든 말에는 무의식이 담겨있습니다. 무의식중에 그렇게 쓰는 게 말입니다. 이번에는 '요동'이라는 말 속에 담긴 사람들의 무의식을 좀 살펴보겠습니다. 먼저 '요동'을 정의해보겠습니다.

요동이란, 요하의 동쪽이라는 뜻입니다. 오늘날 요하는 몽골 남부에서 발원하여 초원지대를 동쪽으로 흐르다가, 만주 초입에서 갑자기 방향을 ㄱ자로 꺾어 발해만으로 들어갑니다. 그 꺾이는 지점에 성경(봉천, 심양)이 있고, 그 동쪽에서 요동 반도가 서해로 삐죽 뻗어 나갔습니다. '요동'이라는 낱말의 뜻을 정확히 가리키는 지점을 찾으라고 한다면, 요하의 동쪽과 압록강의 서쪽, 곧 요동 반도와 그 내륙 줄기를 말하는 것입니다.

그런데 오늘날 역사학에서 누구도 요동을 이 구역을 가리키는 말로 쓰는 사람이 없습니다. 역사학에서 쓰는 '요동'이란, 만리장성과 압록강 사이 너른 영역을 가리킵니다. 이 지역의 흥망사만을 따로 떼어 다룬 『요동사』라는 책도 나왔습니다.

왜 이런 걸까요? 요동은 요하의 동쪽과 압록강의 서쪽, 곧 요동 반도와 그 반도로 이어진 산줄기를 말하는 것인데, 왜 학계에서는 요동이라는 말을 만리장성부터 압록강까지 모두 가리키는 말로 쓸까요? 요동이란 말은, 그 말뜻과 실제 지시 내용이 일치하지 않는다는 언어학의 이상 현상을 말하려는 것입니다. 결론은 학자들이 '요동'이라는 말을 이상하게 쓴다는 것입니다. 요동이 아닌 곳까지 요동이라고 한다는 말이죠.

이것은 무얼 뜻하는 것일까요? 왜 이런 현상이 일어났을까요? 답은 간단합니다. 요동이라는 말이 원래의 지시 내용과 달라진 것입니다. 시니피앙과 시니피에가 분리된 것이죠. 왜 분리되었을까요? 언어의 지시 내용이 중간에 바뀌었기 때문입니다. 언어학 용어가 나오니 어려울 수 있습니다. 쉽게 말씀드리겠습니다.

요동이란 말은 원래 만리장성과 만주 사이의 영역을 가리키는 말이었는데, 어느 땐가부터 요하와 압록강 사이만을 가리키는 말로 바뀐 것입니다. 그런데도 그 전에 쓰던 뜻이 그대로 남아 지금의 뜻과 무의식중에 충돌을 일으키는 것입니다. 왜 이랬을까요? 요동이 옮겨졌기 때문입니다. 우리가 요동이라고 하는 지역이 원래의 요동이 었습니다. 이때의 요하는 난하였죠. 그런데, 이 요하가 동쪽으로 멀리 가버린 것입니다. 그런데도 의식은 원래의 자리에 남아 그 지역을 요동이라고 지시했던 것입니다.

요하가 지나가는 양쪽 지역을 얘기하려면 요역遼域이나 요지遼地라고 해야 합니다. 요동은 요하의 동쪽이라는 얘기이고, 요서는 요하의 서쪽이라는 말입니다. 그런데 요서 지역까지 우리는 요동이라고 말합니다. 이것은 우리가 말하는 지금의 요하가, 원래는 요동이었다는 증거입니다. '요동'이라는 언어 속에 담긴 무의식의 세계에서는 아직도 만리장성 바깥을 포함하고 있습니다. 이것은 요동의 원래 자리가 지금의 요하가 아니라, 만리장성 근처에 있는 어떤 물줄기였음을 말하는 것입니다.

### 식민사학과 종교사학 사이에서

1990년대 접어들어 바야흐로 인터넷 시대를 맞이했습니다. 저는 이게 좋을 줄 알았습니다. 특히 역사 왜곡이 심한 식민사학의 난동을 바로잡을 수 있는 수단이 인터넷이라고 생각했습니다. 하지만 불과 20년도 안 되어, 사태는 뜻밖으로 흘렀습니다. 인터넷을 무력화시키는 세력이 나타난 것입니다. 바로 종교 사학입니다. 『환단고기』를 비롯하여 수많은 역사책이 나타나고, 국수주의로 무장한 사람들이 역사에 종교의 신념을 입혀 인터넷을 독점하다시피 했습니다. 볼 만한 자료는 이들 쓰레기 더미에 파묻혀버렸습니다.

이런 작태가 굳이 문제 될 것은 없습니다. 사람은 어차피 제 고집

대로 상상하며 살다 죽으니, 굳이 말릴 것은 없죠. 그런데 정말로 역사의 진실이 궁금한 사람에게는 인터넷을 점령한 이 난동꾼들이 새로운 절망의 벽으로 다가섭니다. 상고사의 궁금한 점을 알아보려고 검색창에 몇 글자 치면, 정작 필요한 자료는 하나도 없고 모두 종교 사학의 억지 주장과 과대 선전광고로 도배되고 맙니다. 몇 시간에 걸쳐 자료를 찾아도 필요한 자료는 떠오르지 않고, 중국이 우리 땅이었다, 수메르가 우리 조상이었다는 식의 주장만이 끓어 넘칩니다. 지긋지긋해서 도리 머리를 치다가, 인터넷을 꺼버리고 맙니다.

이런 세력은 강단 사학의 적이자 원수인 것 같은데, 결과를 놓고 보면 강단 사학의 입지를 더욱 탄탄하게 해준 큰 협력자였습니다. 올바른 역사 정보가 이들에게 파묻혀서 진실을 알 수 없게 되었으니 말입니다. 진실을 파묻을 때 강단 사학의 입지는 더욱 공고해지기 때문입니다. 강단 사학은 식민지 시절의 학문으로 진실을 파묻고, 종교 사학은 인터넷에 쓰레기 더미로 진실을 파묻고….

저에게 필요한 것은, 식민사학으로 점철된 강단 사학의 철밥통 지식도 아니고, 역사를 빙자한 광신도들의 선전광고도 아닙니다. 그저 소박한 사실만을 알고픈 따름입니다. 그런데 그게 그렇게 어렵습니다. 이 대명천지에 이게 무어란 말입니까? 통탄할 일입니다. 저처럼 역사의 사실만을 알고 싶은 사람들에게 희망이 될 사학은 없단 말입니까? 이런 사학을 뭐라 해야 할까요? 식민사학과 종교 사학이 각기 한 극단을 이루고 대치 중이니, 그 사이에 저처럼 평범한 사람이 궁금해할 사학은 뭐라고 할까요? 중도 사학? 중간사학? 중관 사학? 평범 사학? 이름 짓기도 어렵네요.

저는 오늘날 대한민국에 퍼진 양극단의 사학이 정말 싫습니다.

그 사이 평범한 사람들이 지극히 상식에 가까운 논리로 펴나간 사학이 필요합니다. 저에게 그런 사학을 주십시오.

## 04 단군과 거서간

### 고조선과 흉노는 쌍둥이

고조선은 어떤 원리로 짜이고 돌아가는 사회였을까요? 고조선에 관한 기록이나 자료가 별로 없어서 그것을 알 수 없습니다. 중국의 여러 사서에 나타난 동이족 관련 기록을 모두 모아도 고조선이 어떤 성격을 지닌 사회인지 정확히 알기 힘듭니다. 그런데 중국 이외의 다른 민족에 관한 정보가 최초로 잘 정리된 사마천의 『사기』를 읽어보면 조선에 관한 뜻밖의 중요한 정보를 얻을 수 있습니다. 흉노 열전이 그것입니다.

중국에서 볼 때 북쪽에서 으르렁거리는 오랑캐는 흉노이고, 동쪽에 웅크린 오랑캐는 조선입니다. 그런데 남만이나 북적과 달리 흉노와 조선은 거의 한통속입니다. 왜냐하면, 그곳에 사는 민족들이 모두 알타이어족이고, 몽골초원과 만리장성 바깥의 만주 지역은 모두 하나로 이어진 벌판입니다. 그 지역에 흩어져 사는 오랑캐들은 서로 오가는 관계였습니다.

다만 흉노는 다른 부족과 달리 일사불란하게 움직이는 체제를 갖추었고, 묵돌이 자기 아버지를 죽이고 스스로 선우가 된 뒤 주변의 부족들을 모두 제압하면서 중국을 위협하는 실세로 떠올랐습니다.

그래서 실제로 가을만 되면 중국 변방을 휩쓸어 큰 위협이 되기에 따로 북적으로 분류한 것입니다.

이런 사실은 한 무제가 흉노를 정벌할 때 달아난 패잔병들이 조선으로 흘러들었다는 사실에서도 알 수 있습니다. 연왕 노관이 반란을 꾀하다가 들켜서 흉노로 도망쳤지만, 그 밑에 있던 위만은 조선으로 가서 결국 조선의 왕이 되었다는 것으로도 이들 두 오랑캐의 친연성은 쉽게 확인되는 사실입니다.

따라서 흉노 열전을 보면 조선이 어떤 성격을 지닌 사회였는지를 짐작할 수 있습니다. 흉노 열전과 조선 열전을 따로 읽으면 전혀 다른 이야기가 되지만, 이들을 한통속으로 보고 이어서 읽으면 같은 내용이 연결된 것처럼 느껴집니다. 그리고 실제로 그렇습니다. 같은 알타이어족이고, 같은 단계의 사회여서 똑같은 방식으로 운영되었습니다. 이제부터는 흉노 사회의 특성을 중심으로 설명하면서 고조선 사회가 어떻게 운영되었는지 알아보겠습니다.

### 흉노의 어원

먼저 이름부터 살펴보겠습니다. 우리는 한나라 때 흉노匈奴라고 불러서 거기에 익숙해졌습니다. 그렇지만 그에 앞선 하은주 때는 험윤獫狁이라고 했습니다. 험윤이라는 한자에 붙은 부수 犭는 이리나 늑대를 나타냅니다. 뭐라고 부르든 이 이름은 소리를 적은 것이고, 그 소리에 '짐승 같은 놈들'이라는 뜻을 추가한 것입니다. 중국 쪽에서 오랑캐를 낮춰보려는 감정이 깃든 말입니다. 흉노와 험윤, 우리는 오늘날의 한자음으로 읽어서 서로 다른 말처럼 느껴지지만, 대상이 같은 말은 같은 소리로 읽어야 합니다. 서양에서는 이들을 훈Hun이라고 했습니다. 따라서 '흉노＝험윤＝훈'의 등식이 성립합니다.

한자 표기에는 반절법이라는 게 있습니다. 한자의 소리를 나타낼 때 정확성을 기하기 위하여 첫음절과 받침이 딸린 모음을 구분하여 적는 것입니다. 이것을 한자에서는 각기 음音과 운韻이라고 하는데, 음운이라는 말은 이 둘을 합친 것입니다. 예를 들면 '東德紅反' 혹은 '東德紅切'과 같이 '동東'의 발음을 표시하기 위하여 '덕德'과 '홍紅'을 나란히 써놓고 '덕德'에서 성모 / ㄷ(t) /만 취하고 '홍紅'에서 운모 / 옹(uŋ) / 만 취하여 그 둘을 합쳐서 / 동(tuŋ) / 이 된다는 뜻으로 '절切'을 밑에 붙여놓은 것입니다.

'험윤'을 이렇게 표시한 말이라고 본다면, 반절법으로 '훈'이 됩니다. 마찬가지로 '흉노'는 '훈'을 2음절 '휴＋ㄴ'으로 표기한 것이죠. 이렇게 보면 서양에서 게르만 민족의 대이동을 촉발한 '훈' 족은 흉노와 험윤과 같은 말임을 알 수 있습니다. 獯獫狁＝獯匈奴＝Hun.

'흉'이 무엇을 뜻하는 말인지는 정확히 할 수 없습니다. 다만 여러 학자의 의견을 들어보면 '사람'을 뜻하는 북방민족의 언어가 아니었을까 짐작하는 정도입니다. 몽골어로 사람을 뜻하는 말은 '훙, 훈hun', 또는 'hümüm'입니다. 이로 보면 흉노 사람들은 스스로를 '사람'이라고 부르고 그렇게 생각한 것 같습니다. 만주어에서도 마찬가지로 사람을 'hun'이라고 하고, 신인新人을 'sinëhun'이라고 합니다.(『金史語解』 권6)* 아이누족의 '아이누'도 아이누말로 사람을 뜻합니다.

---

\* ㄱ(말랑입천장)과 ㅎ(목구멍)은 혀뿌리에서 나는 소리로 자주 넘나든다.(간-칸-한) 그래서 'k'가 붙기도 한다. 몽골어로 'küm'이라고 하는데, 우리말에서도 '장사꾼, 지게꾼, 나무꾼'에서 똑같이 쓰이고, 옛 기록에 '왕검'이나 '니사금, 매금' 같은 말에도

그런데 재미있는 게 있습니다. 흉노의 임금은 '선우單于'라고 부릅니다. 이것도 '흉노'와 같은 소리가 납니다. 우리말에서 ㅅ과 ㅎ은 서로 잘 넘나듭니다. 예컨대 '형님'을 우리는 곧잘 '성님'이라고 부르고, '형아'를 '성아'라고 부릅니다. '선우'가 어떤 말로부터 변화를 입은 소리라고 본다면 '헌우'와 같은 소리로 연상할 수 있습니다. '험윤'은 '훈'의 반절법 표기라고 했습니다. 그러니 '헌우'와 '훈'은 같은 말임을 알 수 있습니다. 우于는 매개모음 'ㅇ'죠. 중국인들에게는 그들의 왕을 부르는 이름이 그들 겨레의 이름으로 기억된 것입니다.

『사기』 흉노 열전 첫머리에는 흉노족의 선조 이름도 나옵니다. 순유淳維입니다. 이것은 한눈에 보기에도 사람 이름이 아니라 '선우'를 소리 그대로 적은 것임을 알 수 있습니다. 그쪽 우두머리 이름을 부를 때 '선우'라고 한 것인데, 그것을 들은 중국인들이 '순유'라고 적은 것이죠. 그것을 사마천은 흉노족의 조상 이름으로 알고 기록한 것입니다. 사실은 조상 이름이 아니라 그들의 왕을 부르는 호칭이었죠.

### 흉노 사회의 구조와 성격

흉노는 제정일치 사회였습니다. 곧 제사장과 통치자가 한 사람이었다는 말입니다. 아마도 이 점은 고조선도 마찬가지였을 것입니다. 하지만 중국은 이미 제사와 정치가 분리되어 왕은 형식으로만 제사장이었고, 그런 기능을 따로 맡은 관리들이 있었습니다. 별자리를 관찰하던 희화羲和 씨가 그런 경우였죠. 우리는 역사의 흐름에 따라 이런

---

'금'이 쓰인다.

쪽으로 사회가 진화한다는 사실을 압니다. 그런 차원에서 보면 중국은 먼저 제정이 분리된 사회로 진입한 것이고, 흉노는 아직도 제정일치에 머문 신정국가입니다. 흉노 열전을 보겠습니다.

(1) 즉, 좌우 현왕賢王, 좌우 녹려왕谷蠡王, 좌우 대장, 좌우 대도위大都尉, 좌우 대당호大當戶, 좌우 골도후骨都侯 등이 설치되어 있었다. 흉노에서는 현명하다는 것을 도기屠耆라고 하였기 때문에 언제나 태자가 좌도기왕이 되었다. 좌우의 현왕 이하 당호에 이르기까지 만 명에서 적게는 몇천 명의 기병을 거느리는 통솔자가 모두 24장이 있었는데, 이들을 통상 '만기萬騎'라고 불렀다. 여러 대신은 그 관직을 세습하였으며 호연呼衍 씨, 난蘭 씨, 뒤의 수복須ㅏ 씨까지의 세 성이 흉노의 귀족이었다. 모든 좌방의 왕과 장들은 상곡군에서부터 동쪽을 맡아 예맥과 조선에 접해있었다. 우방의 왕과 장들은 서쪽에 살고 있어, 상군에서부터 서쪽을 맡아 월지와 저氐 강羌과 접해있었다. 또 선우의 정庭은 대군代郡 운중군雲中郡과 마주 보고 있었다. 그들은 각각 일정한 영역을 점유하고서 물과 풀을 따라 옮겨 살고 있었는데, 좌우 현왕과 좌우 녹려왕의 영역이 가장 크고, 좌우 골도후는 선우의 징치를 보좌하고 있었다. 24장長들은 또 각각 자기들대로 천장, 백장, 십장, 비소왕卑小王, 상방相邦, 도위, 당호, 저거且渠 등의 벼슬을 두고 있었다.

(2) 매년 정월에는 선우가 있는 정庭에서 모든 장(24長)들이 소집회를 열고 제사를 지낸다. 5월에는 용성龍城에서 대집회를 열고 조상과 천지신명과 귀신들에게 제사 지냈다. 가을에 말이 살찔 때는 대림蹛林에서 대회를 열어 백성과 가축의 수효를 조사하였다.

(3) 선우는 아침에 영營을 나와 막 떠오르는 해에 절을 하고 또 저녁

에는 달을 보고 절을 하였다. 앉는 자리의 법도는 왼쪽을 윗자리로 하고 북쪽을 향해 앉았다. 무戊일과 기己일을 길일이라고 하여 소중하게 여겼다.

(4) 선우가 죽게 되면 사랑받던 신하나 애첩들은 순장하였는데, 많을 때는 몇십 명에서 백여 명에 달하였다.

(5) 전쟁을 일으킬 때는 항상 별과 달의 모양을 관찰하고 결정하였다. 달이 커져서 둥글게 되면 공격을 하고 이지러지면 후퇴하였다. 공격이나 싸움을 할 때 적의 목을 베어오는 사람에게는 한 잔 술을 하사하고, 노획품은 노획한 본인에게 주는데, 사람을 생포하였을 경우에는 잡은 사람의 노비로 삼았다.

(6) 싸움이 유리할 때는 나아가고 불리할 때는 후퇴하였는데, 도주하는 것을 수치로 여기지 않았다. 오로지 이익을 위해 일을 꾸밀 뿐 예의는 고려하지 않았다. 임금을 비롯해 모든 사람이 가축의 고기를 먹고 그 가죽이나 털로는 옷을 해 입거나 침구로 썼다. 건장한 사람이 맛있는 음식을 먹고 노약자들은 그 나머지를 먹었다. 아비가 죽으면 아들이 그 후처를 아내로 맞고 형제가 죽으면 남아있는 형이나 아우가 그 아내를 차지하였다. 서로 이름을 부르는 것을 꺼리지 않았으며 성이나 자 같은 것은 아예 없었다.

(7) 중항렬은 선우가 한나라에 글을 보낼 때는 한 자 두 치의 나무쪽을 쓰게 하고 도장과 봉투를 세로나 가로가 다 크게 하며 글투도 거만스럽게 "천지가 낳으시고 일월이 세우신 흉노의 대선우는 삼가 한나라 황제에게 문안하노니 무양하신지? 그리고 보내주는 물건은 …… 용건은 ……"이라고 쓰게 하였다.

(8) 이에 고제高帝가 친히 정벌하고자 (중략) 평성平城에 이르렀을 때

였다. 채 보병이 도착하기도 전에 묵돌의 정예 부대 40만 명이 고제를 백등산白登山 위에 몰아넣고 포위하였다. 한나라군은 7일 동안이나 후진과 단절되어 보급과 구원을 받을 수 없었다. 당시 흉노의 포위진은 서쪽에 백마白馬, 동쪽에 청방마靑駹馬, 북쪽에 오려마烏驪馬, 남쪽에 성마騂馬의 기마대를 배치한 것이었다.

(1)부터 살펴보겠습니다. 우두머리는 선우이고, 그를 보좌하는 좌현왕과 우현왕이 있습니다. 현왕 밑에 녹려왕谷蠡王, 대도위大都尉, 대당호大當戶, 골도후骨都侯가 있습니다. 흉노는 기명 1만~몇 천 명을 기본 단위로 하는데, 이들을 '만기萬騎'라고 합니다. 이들 만기는 24개로 고정입니다. 그래서 24장長이라고 하고, 이들 밑에 각기 천장, 백장, 십장, 비소왕卑小王, 상방相邦, 도위, 당호, 저거且渠 같은 벼슬을 두었습니다.

만기가 24장이라는 것이 눈에 들어오죠? 왜 24일까요? 24절기와 일치한다고 하면 역사학자들은 입을 삐쭉거릴 것입니다. 하지만 24라는 숫자는 단순히 볼 일이 아닙니다. 왜냐하면, 흉노의 선우는 중국을 노략질할 때의 우두머리 노릇만 한 게 아닙니다. (2)와 (3)을 보시기 바랍니다. 선우의 행동 하나하나가 전부 해와 달의 운행과 연관이 있습니다. 이런 상황인데, 24를 단순한 숫자라고 보는 것이 오히려 더 이상한 일입니다.

전쟁터에 나가는 것도 달의 모양을 보고 판단했습니다. 바다에 사는 게가 보름날이면 살이 꽉 차고 그믐날이면 살이 빠진다는 것은 바닷가에 사는 사람들은 모두 아는 일입니다. 그러니 우주의 이치가 사람의 삶에 고스란히 반영된다고 믿는 것은, 단순히 소박한 민간신

앙의 차원을 넘어서 하늘의 이치에 따르고 해와 달의 명령을 받든다고 생각한 것입니다. 그래서 통치 조직도 하늘의 이치에 따라서 24절기에 맞추어 숫자를 정한 것입니다.

우주는 1년이 사계절의 변화로 돌아갑니다. 하늘의 아들로 생각한 선우는 거기에 맞춰 모든 행동을 따릅니다. 아침에 일어나면 해에게 절을 하고, 달이 뜨면 달에게 절을 합니다.* 이것은 하루에 하는 일이지만, 1년도 몇 단위로 나누어 하늘을 섬기는 일을 합니다. 그것이 ⑵입니다. 정월과 5월과 10월에 각기 규모에 맞는 제사를 지내는 것입니다.

정월은 해가 바뀌는 것을 뜻합니다. 우주에서 해가 바뀐다는 것은 새로운 세상이 시작된다는 것을 뜻합니다. 그래서 정월을 중요시하고 하늘의 뜻을 묻는 것입니다. 선우가 있는 정[龍庭]에서 제사를 지낸다고 했는데, 이것은 해가 바뀌는 순간이기 때문에 큰 소란을 일으키지 않고 될수록 조용히 지내는 것입니다. 그렇지만 5월과 10월은 다릅니다.

5월은 우리나라에서도 '수릿날'이라고 해서 설이나 한가위 못지않은 큰 행사로 여겼습니다. 이때는 겨울을 이긴 산천초목이 새로운 기운으로 충만하게 차올라 왕성한 성장을 시작하는 때입니다. 동물도 이때 새끼를 왕성하게 배고 낳습니다. 그래서 농사짓는 사람에게나 유목하는 사람에게나 가장 중요한 때입니다. 그래서 선우가 사는 도읍

---

\* 이슬람교에서 하루 네 차례 메카를 향해 절을 하는데, 이것도 기원을 더듬어가면 우주의 운행과 관련이 있을 것으로 생각한다. 2분(춘분, 추분) 2지(동지, 하지)로 나눈 1년의 마디를 하루에 적용한 것이라고 본다.

용성에서 크게 제사를 지내는 것입니다. 그때 제사의 대상은 조상, 천지신명, 여러 신입니다.

10월은 결실의 달입니다. 초원지대에서는 겨울이 오는 신호를 보내는 달입니다. 그래서 풀이 마르고 날씨가 추워집니다. 여름내 신들의 축복으로 자란 풀밭에서 가축이 번식한 데 감사하고, 다가올 겨울을 대비해서 겨울을 날 준비를 할 때입니다. 그래서 10월에 큰 축제를 하며 가축 수와 인구수를 조사하는 것입니다. 그리고 식량이 모자라면 노략질을 하러 떠나죠. 이들이 노략질을 두려워하지 않는 것은, 노략질한 물건과 노예는 모두 당사자에게 주기 때문입니다.

흉노족과 그 우두머리 선우는 하늘의 아들[天子]이자 해와 달의 자손이라고 여겼고, 우주의 질서와 이법을 따랐습니다. 이렇게 하루는 물론 절기에 맞추어 제사를 주관하는 사람은 '무당'입니다. 이것은 그들 스스로 제사장과 통치자를 겸한 것입니다. 그래서 '하늘의 아들'이라고 말한 것입니다. 흉노 사회가 제정이 분리되기 이전의 단계였음을 잘 보여주는 일입니다. 이들의 이러한 의식은 그들이 사는 고을의 이름에 그대로 드러납니다. 좌현왕은 상곡에 있고, 우현왕은 상군에 있고, 선우는 운중의 용성에 있습니다.

먼저 용성은 말 그대로 용이 사는 성을 뜻합니다. 용은 하늘을 마음대로 오가는 존재입니다. 그래서 왕의 자손을 용으로 표현했습니다. 용안, 용상, 용종, 용포. 그러니 이 용이 사는 곳은 용의 성, 곧 용성이죠. 그런데 용성이 있는 고을 이름을 잘 보시기 바랍니다. 운중雲中입니다. 구름 속이라는 뜻입니다. 왜 운중일까요? 용이 사는 곳에는 구름이 있어야 합니다. 용은 구름을 타고 승천하죠. 그래서 용성이 있는 고을 이름이 운중이 된 것입니다. 땅의 이름마저 앞선 신화의 세계와 어울리게 지어졌습니다. 이 얼마나 아름다운 상상력입니까? 문학을 전공한 저는 입이 떡 벌어질 정도로 아름다운 지명이라고 생각했습니다.

좌현왕과 우현왕은 또 어떻습니까? 상곡과 상군에 삽니다. 상上은 위라는 뜻이니 상곡과 상군은 각기 '위골'과 '위고을'입니다. 높은 분들이 사는 골이요 고을이라는 뜻입니다. 왕이 거처하는 곳이니 위上란 위치의 개념이기보다는 지위의 개념에 더 가까운 말입니다. 마치 춘천 사는 사람이 높이(해발고도)가 더 낮은 서울로 가면서 "서울에 올라간다"고 말하는 것과 같습니다.

왕들도 선우처럼 하늘을 섬기며 우주의 질서를 철저히 따릅니다. 우현왕인 휴도왕의 경우는 제천금인을 모시다가 한나라의 소년장수 곽거병에게 공격을 당하여 그 보물을 빼앗기고, 맏아들 일제마저 한나라에 포로로 잡혀갑니다. 제천금인은 흉노족이 귀중하게 여겨 제사 때마다 모시는 신상입니다.

신을 빼앗겼으니 선우에게 죽임을 당할 것을 직감한 휴도왕은 혼야왕과 함께 중국에 투항하려 마음먹고 술에 잔뜩 취해 횡설수설하다가 혼야왕에게 죽임을 당합니다. 말은 투항한다고 했지만, 이러지도 저러지도 못했던 것이죠. 투항을 모의한 혼야왕은 갈팡질팡하는 휴도왕을 죽이고 그를 따르던 사람들까지 데리고 중국에 투항하죠. 이후 흉노의 세력은 급격히 약해집니다.

(3)에 대해서는 조금 설명이 필요합니다. 심지어 앉는 자리까지 질서가 매겨졌습니다. 앉는 자리의 법도는 왼쪽을 윗자리로 하고 북쪽을 향해 앉았다고 했죠. 이것은 북반구의 특성 때문에 생긴 일입니다. 특히 몽골초원은 북위 45도에 걸쳐있습니다. 90도의 절반입

니다. 밤과 낮의 길이가 같은 춘분과 추분에 햇살이 45도로 기울어서 들어온다는 얘기입니다. 거울이면 훨씬 더 낮은 각도로 들어오죠.

이 각도는 북반구에서 처마의 높이와 길이를 정하는 기준이 됩니다. 동남아시아의 기와집 처마와 한국의 기와집 처마는 길이가 다릅니다. 심지어 베트남 사람이 쓰는 대나무 모자와 한국인이 쓰는 밀짚모자의 차양 길이도 다르죠. 적도로 갈수록 처마도 짧고 차양도 짧아집니다. 그래도 햇빛이 다 가려지기 때문이죠.

북반구에서는 햇살을 마주 보아야 따뜻합니다. 그래서 남쪽을 향해서 집을 짓고 남쪽을 향해서 앉습니다. 만약에 임금이 이렇게 앉으면 신하들은 어떻게 앉아야 할까요? 좌우로 나누어 마주 보고 길게 늘어앉습니다. 그 두 날개 사이에 몸통인 임금이 남쪽을 보고 앉죠. 이것을 남면南面이라고 합니다. 임금을 기준으로 해 뜨는 쪽이 높은 곳입니다. (3)에서 왼쪽이 높은 자리라고 한 것은 그런 까닭입니다.

사람들이 북쪽을 향해 앉는다는 것은 신하들의 얘기입니다. 북쪽에서 남쪽을 향해 선우가 앉았기 때문에 신하들은 선우를 보려고 북쪽을 향해 앉는 것입니다. 이처럼 앉는 자리까지도 질서정연하게 하늘과 자연의 이법을 따르는 세상이 흉노입니다.

우리나라도 똑같습니다. 왕이 남쪽을 보고 앉으면 동쪽에 문반이 서쪽에 무반이 앉죠. 문반을 무반보다 더 높게 여긴 것이 조선입니다. 그래서 문반을 왕의 왼쪽에 앉힌 것입니다. 이렇게 문반과 무반을 합쳐 양반兩班이라고 한 것입니다. 또 세자는 다음에 왕이 될 사람이니, 해가 떠오르는 동쪽에 집을 지었고, 이름을 동궁이라고 했습니다. 그래서 세자를 동궁이라고도 부른 것입니다. 궐의 중앙에 왕의 부인이 사는데, 그곳을 가운데 집이라는 뜻의 중전이라고 한 것과 같습니다. 해가 땅에 만드는 이러한 방향성과 질서는 동양에서 풍수 지리학으로 자리 잡습니다.

무戊일과 기己일을 길일이라고 하여 소중하게 여겼다는 것도 흉노가 우주 자연의 이법을 따르는 데서 나타난 현상입니다. 무와 기는 10천간을 오행으로 나눌 때 중앙에 해당하는 토土에 배속됩니다. 10천간은 갑을 병정 무기 경신 임계라는 것은 누구나 다 아는 상식이죠. 농협이나 수협에서 나눠주는 큰 달력을 받아보면 거기에 다 날짜마다 60갑자가 적혔으니, 아직도 음력은 큰 힘을 발휘하는 셈입니다.

오행은 목 화 토 금 수를 말합니다. 세상 사물을 모두 다섯으로 분류하여 그들의 관계를 살펴 균형을 잡는 방법을 쓰는 원리입니다. 오행의 내면 원리는 상생과 상극입니다. 동양에서는 거의 상식에 해당하는 것이었는데, 이것도 요즘 세상에서는 정말 알 수 없는 세계가 되어버렸죠. 오늘날에는 풍수지리, 사주 명리학, 한의학 같은 일부 영역에서만 쓰이는 이론입니다.

갑을은 목에, 병정은 화에, 무기는 토에, 경신은 금에, 임계는 수에 각기 해당합니다. 방향으로 치면 목은 동방, 화는 남방, 금은 서방, 수는 북방인데, 토가 바로 중앙입니다. 무일과 기일을 소중하게 여겼다는 것은, 흉노가 자신을 세상의 중심이라고 여겼다는 말입니다. 흉노의 오행은 그냥 해보는 게 아닙니다. 그들 사회가 그런 식으로 엄정하게 짜였습니다.

그것은 전쟁터에 나가는 것에도 해당됩니다. 그 증거가 바로 (8)입니다. 백등산에서 고제가 흉노의 군대에 포위되었을 때 흉노는 서쪽에 백마白馬, 동쪽에 청방마靑駹馬, 북쪽에 오려마烏驪馬, 남쪽에 성마騂馬의 기마 부대를 배치했습니다. 말을 색깔별로 나누어 방위를 부여하고 그쪽에서 공격한 것입니다. 그런데 선우가 어떤 말을 탔다는 얘기는 없죠. 선우는 어떤 색깔의 말을 탔을까요? 노랑 말입니다. 노랑은 중앙을 뜻하는 색깔입니다. 그래서 왕의 옷인 곤룡포는 노랑으로 짓는 것입니다.

오행 사상은 제나라의 학자 추연이 춘추전국시대에 만든 학술이론입니다. 그런데 흉노족은 자연의 이법에 따라 움직이는 세상이었기 때문에 추연이 이론화하기 전부터 그들의 생활 속에서 이렇게 실천하며 살았던 것입니다. 추연이 상생상극 이론으로 논리를 정교하게 만들었지만, 동양 사회에서는 그 전부터 이런 발상과 습관이 생활 곳곳에 스며든 것이었음을 알 수 있고, 추연은 그것을 토대로 해서 자신의 이론을 창안한 것입니다.

흉노의 24장이 1년의 24절기와 똑같다는 얘기를 했습니다. 그런데 흉노는 전체를 모두 셋으로 나누어 다스렸습니다. 24를 어떻게 셋으로 나누었을까요? 하나가 더 있으면 셋으로 나누기 딱 좋을 텐데요. 왕이 포함되면 25가 됩니다. 흉노는 전체를 3구역으로 나누어 선우와 좌우 현왕이 다스렸습니다. 이들에게 5장씩 나누면 3×5=15. 나머지가 9인데, 각기 3장씩 배당됩니다. 이들은 선우와 현왕을 보좌하는 대도위, 대당호, 골도후(녹려왕)죠.

흉노는 이들이 각기 일정한 구역을 차지하고 물과 풀을 따라서 옮겨 다니며 삽니다. 초원의 삶이 궁핍하다 보니 노략질을 하게 되고, 그것이 때만 되면 중국을 침략하는 원인입니다. 이동과 침략이 삶의 원리인 셈입니다. 농사짓고 사는 중국의 시각으로 보니 이들이 이상해 보이는 겁니다.

지나는 김에 흉노의 인구가 얼마나 되었는지 한 번 셈해보고

갈까요? 흉노는 좌우 현왕과 선우가 24장을 거느립니다. 각 장長은 휘하에 1만을 거느립니다. 그래서 '만기萬騎'라고 합니다. 그런데 이 만기는 꼭 1만 명을 거느리는 것은 아니고, 그 숫자가 안 될 때도 있습니다. 하지만 기본 단위는 만기입니다. 그래서 가장 많은 인구수는 25만 명이라고 볼 수 있습니다. 이 숫자는 전투력입니다.

곧 성인 남자의 숫자죠. 여자와 아이는 제외된 숫자이니, 한 집에 자식을 하나만 두었다고 해서 3인으로 치면 아무리 적게 잡아도 초원에 퍼져 살던 흉노 인구는 75만 명은 훌쩍 넘었다는 뜻이죠. 한 집에 자식이 둘이면 인구는 125만 명을 넘어갑니다. 설마 이 시대에 자식이 둘 뿐이었을까요? 그러면 150만이 됩니다. 한 집에 식구가 하나씩 늘 때마다 인구는 25만 명씩 늘어납니다.

흉노의 벼슬 이름 중에서 녹려왕과 골도후를 살펴볼 필요가 있습니다. 녹려왕은 군사 행정을 담당하는 벼슬아치인데, 선우의 자제가 맡습니다. 고구려에 '고추가'라는 정체를 알 수 없는 벼슬 이름이 있는데, '고구려 때, 왕족이나 귀족에 대한 호칭의 하나'로 설명하죠. 흉노의 녹려왕에 해당하는 벼슬이라서, 중앙집권제 하의 통치 논리로는 이해하기 쉽지 않았던 것입니다. 이름이 재미있습니다. 谷은 '골'이고, 蠡는 '좀'입니다. '골좀'은 받침을 빼면 '고조'가 되어 '고추'와 비슷합니다. 고조가＝고추가.

흉노는 터키어를 썼으므로 터키어로 '谷蠡'를 찾아보면 조금 더 재미있는 결론을 낼 수 있습니다. 백과사전을 보면 고구려의 '고추가'를 신라의 '갈문왕葛文王'과 같다고 했습니다. 신라의 지배층도 흉노처럼 터키어를 썼죠. '葛'은 칡ararot입니다. 보통 칡은 칡뿌리로 기억하죠. 뿌리는 터키어로 'kök'이고, '文'은 'cümle'이고, '글'은

'Yazı'입니다. '골짜기'는 터키어로 'Koyak'이고, '좀'은 'güve'입니다. 谷蠡와 葛文을 비교하여 터키어에서 비슷한 말을 찾으면 이렇게 됩니다. 谷蠡 Koyakgüve, 葛文 kökcümle. 이 정도면 소리가 서로 비슷하지 않나요? 고구려의 '고추가'에 해당하는 어떤 벼슬 이름을 적은 것입니다.

골도후는 성이 다른 대신이 맡습니다. 흉노는 원시 형태의 통치 구조인데, 선우가 좌우 양쪽의 현왕을 견제하려는 방법으로 녹려왕을 두었고, 또 주먹구구식으로 돌아가는 것을 막기 위해 성이 다른 사람을 벼슬아치로 임명한 방법도 쓴 것입니다. 서로가 서로를 견제하는, 나름대로 조직을 통제하는 그들만의 방법이 있던 셈이고, 그게 고구려에도 흘러든 것입니다. 고구려가 다민족 연합국가이니 어쩌면 당연한 일이겠습니다.

골도후는 선우를 돕는 중요한 신하인데, 터키어에서 중신重臣은 'Gör-cülük'입니다. Gör과 骨, cülük과 侯가 짝을 이룹니다. 都는 우두머리를 뜻하는 말이어서 의미를 보강하는 말로 끼어든 듯합니다.

위에서 도기왕과 현왕이 같은 말인지 문맥상 정확하지 않습니다. '도기'가 흉노의 말로 '현명하다'는 뜻이니, 그것을 그대로 번역하면 '현왕'이 되어서 같은 이름으로 볼 수 있습니다. 그렇다면 '도기'와 비슷한 소리가 나는 낱말을 터키어에서 찾아보면 'Doğru(올바르다)'가 있습니다. '올바르다'와 '현명하다'는 서로 뜻이 조금 어긋납니다만, 비슷하기도 해서 굳이 찾자면 이 말을 골라야 할 것 같습니다. 왕인 선우의 좌우에서 현명한 판단을 도와주는 벼슬이라는 뜻합니다.

흉노의 통치구조는 후대의 유목민 국가에서 거의 그대로 되풀이

됩니다. 몽골(원)이나 여진(청)의 벼슬인 십호, 백호, 천호, 만호 같은 것이 그런 것들입니다. 이것은 중국도 마찬가지입니다. 천자는 수레 만 대를 거느린다고 하여 만승, 제후는 천승, 대부는 백승, 이런 식으로 신분을 갈랐습니다. 이런 것을 보면 동양 사회의 짜임은 우주의 섭리로부터 유추된 것이어서 사회가 달라도 일정한 공통성을 보인다는 것을 알 수 있습니다.

## 고조선의 사회 구조

앞서 흉노와 조선은 쌍둥이 같다고 했습니다. 그런 상황은 사마천의 『사기』에 그대로 나타납니다. 흉노 열전을 읽다가 조선 열전을 펼치면 마치 같은 곳을 설명한 듯한 착각에 빠질 정도로 같은 용어가 나옵니다. 흉노 열전에 나오는 24장의 '장'이 느닷없이 『사기』의 동이 열전에도 나옵니다.

원봉 2년에 한나라에서 우거에게 사신을 보내는데, '섭하'라는 인물입니다. 이 사람이 돌아올 때 호위하여 전송을 나온 조선측 사람이 비왕裨王 장長이었습니다. 섭하가 자신을 호송해준 장을 죽이고 한나라로 도망칩니다. 섭하는 이로 인해 한나라에서 벼슬을 받아서 요동의 동부도위가 되는데, 조선에서 원수를 갚으려고 공격하여 섭하를 죽입니다. 이것이 조선 정벌의 발단이자 명분이 되어 한 무제는 그해 가을에 죄수들로 군대를 만들어 정벌에 나섭니다.

이 대목을 보면 흉노의 제도가 조선에도 그대로 쓰였다는 것을 알 수 있습니다. 장長을 비왕이라고 한 것으로 보아, 조선에서는 24장을 '작은 왕[裨王]'이라고 불렀음을 알 수 있습니다. 또 동이 열전에 우거의 아들 이름이 장항長降이라고 나옵니다. '장'은 이름이 아니라 직책이었을 겁니다. 우거의 아들도 24장 중의 한 명이었다는 얘기죠.

유목 생활을 하는 사람들에게는 아주 간편하고 다스리기 편한 구조가 24장 제도였고, 그것은 부족이 다르다고 해서 쉽게 바뀔 성질의 것이 아님을 말해줍니다. 조선도 흉노처럼 24장을 기본 뼈대로 하여 전체를 세 구역으로 나누어 다스렸음을 쉽게 추측할 수 있고, 그 증거는 한반도로 도망간 준 왕이 삼한을 세운다는 것에서 확인할 수 있습니다.

### 진국과 진한

이상의 흉노 사회에서 확인되는 제정일치의 성격을 살펴보고 나면 고조선도 이와 똑같았을 것이라는 점을 짐작할 수 있고, 이때 선뜻 떠오르는 인물이 있습니다. 박혁거세입니다. 박혁거세는 신라를 세운 첫 번째 임금인데, 이름이 심상찮습니다. 성은 박이고, 이름은 혁거세인데, 불구내라고도 했습니다. 성을 왜 박이라고 했느냐면, 해가 둥글어서 그 모양을 닮은 '박'을 붙인 것입니다. 이 박은 '바가지, 호박' 할 때의 그 박입니다. 아침에 동쪽 산에서 올라오는 해를 보면 그와 똑같은 모습이죠. 그래서 박이라고 한 것입니다. 이것은 선우가 해의 자손, 하늘의 아들이라고 한 것과 똑같습니다. 박씨란, '해의 가문, 해의 자손'을 뜻하는 말입니다.

이름은 더욱 이런 특징을 잘 표현했습니다. 혁거세赫居世는 말 그대로 세상을 밝게 비춘다는 뜻입니다. 이것을 뜻으로 적은 것이 불구내弗矩內인데, 이것을 15세기 훈민정음 표기로 바꾸면 '붉은닉'가 되죠. 세상을 밝게 비친다는 뜻입니다. '거세'는 소리를 가만히 들어보면 연상되는 낱말이 있습니다. '거서간'의 '거서'입니다. '간'은 왕을 뜻하는 말이니 '거서'는 또 다른 뜻을 지닌 말임을 알 수 있죠. 이건 벌써 앞에서 설명했습니다. 퉁구스어로 '거서'는 하늘을 뜻한다고 말했습니다. 혁거세가 퉁구스어를 썼음을 알 수 있고, 퉁구스족임을 알 수 있습니다.

그런데 단군조선의 지배층도 퉁구스어를 썼습니다. 따라서 거서 간의 뜻을 보면 단군과 같은 뜻임을 알 수 있습니다. 거서간은 '하늘 의 왕'을 뜻하는 말입니다. 즉 하늘에서 내린 임금이라는 뜻이니, 흉 노의 선우와 같은 뜻입니다. 즉 하늘의 아들[天子]이죠. 그런데 특이한 것은 신라에서 거서간이라는 이름을 쓴 사람은 박혁거세가 유일하 다는 것입니다. 그의 아들남해왕도 거서간이라는 말을 쓰지 않고 자 충(차차웅)이라는 호칭을 썼습니다. 그 뒤로 니사금, 마립간이라는 말 을 씁니다. 오직 박혁거세만이 거서간이라는 말을 썼습니다.

무슨 까닭일까요? 알 수 없습니다. 짐작해봐야죠. 우선 생각해 볼 수 있는 것은, '거서간'이라는 말을 더는 쓸 수 없는 시대 변화가 왔다는 것입니다. 그 전에는 거서간이 가장 높은 지위를 나타내는 말이었는데, 그 시대가 박혁거세를 끝으로 마무리되었다는 가정입니 다. 도대체 무슨 시대가 끝나고 무슨 시대가 다가온 것일까요? 흉노 열전의 내용에서도 보듯이 흉노 사회는 제정일치 사회였습니다. 하지 만 중국은 벌써 제정이 분리된 사회로 진입했습니다. 모든 사회는 이 런 과정을 거칩니다. 그렇다면 박혁거세가 맞이한 시대 변화가 이런 것이 아니었을까 짐작해봅니다.

말하자면 박혁거세는 제정일치 사회의 마지막 군장이었다는 것이 죠. 그의 아들 차차웅의 시대로 접어들면서 제정이 분리되어 더는 '거 서간'이라는 호칭이 적절하지 않게 되었다는 뜻입니다. '차차웅'은 어른을 뜻하는 말이라고 주석이 달렸습니다. 어른과 무당은 다릅니다. 어른은 지혜의 대명사이지만, 무당은 현세를 판단하고 미래를 예언하는 존재입니다. 신통력이 필요한 존재입니다. 약간 어감이 다릅니다. 이 어감의 차이가 바로 시대를 가르는 기준이 될 수 있습니다.

우리는 지난 과정에서 살펴본 대로 크게 단군을 세 왕조로 나눕니다. 단군조선, 기자조선, 위만조선이죠. 단군조선은 당연히 제정일치 사회라고 볼 수밖에 없습니다. 석기시대이고, 동북아에서 전쟁이 아직 본격화되기 이전의 사회였기 때문입니다. 따라서 신정국가라고 봐도 됩니다. 앞서 살펴본 흉노 사회가 이처럼 돌아갔으니, 단군조선도 이런 식으로 통치되었을 것으로 봅니다.

단군조선의 지배층은 퉁구스어를 썼습니다. 그런데 초기 신라의 지배층도 퉁구스어를 썼습니다. 그러다가 석탈해를 거치고 김알지에 이르면서 터키어로 바뀝니다. 그렇다면 단군조선의 지배층이 초기 신라의 지배층으로 수평 이동했다고 볼 수 있습니다. 이런 배경은 앞서 여러 차례 설명했습니다. 그 첫 번째 변화는 기자조선의 등장입니다. 이 시기는 석기에서 청동기로 변화된 시대였습니다. 청동기를 쓴 우수한 집단이 나타나 단군을 대체하고 왕조를 연 것입니다. 그 주체 세력이 예맥족의 '기자'라고 말했습니다. 기자가 중국으로부터 왔다는 그 사건이 기원전 1,122년에 일어나니, 이 시기가 석기와 청동기의 교체 시기이면서 동시에 단군조선이 기자조선으로 바뀌는 시기라고 말했습니다.

그렇다면 권력을 내준 단군은 어떻게 되었을까요? 완전히 망하여 평민이 되었을까요? 한 왕조가 다른 왕조를 정복하더라도 그 왕조를 망하게 하지는 않습니다. 그 왕조를 떠받들고 지지하는 세력이 있기 때문입니다. 그래서 그 왕조의 조상 제사를 받들 정도의 세력은 남겨두죠. 예컨대 왕의 자리는 내주었지만, 제후 정도의 수준으로 격을 낮추어 그 전의 왕조를 이어가게 합니다. 기자도 장성 밖으로 나온 뒤 주나라로부터 기자후로 봉해지죠.

물론 본격 역사시대로 접어들면, 그 전의 왕조 후손들이 반란을 일으킬까 두려워서 왕족들을 몰살시키는 것이 일반화되지만, 지금은 제사장이 하늘을 떠 받들던 시기입니다. 그렇게 할 수도 없고, 그렇게 할 필요도 없습니다. 그들에게 부족 제사장의 기능을 넘겨주고는 통치자의 기능은 빼앗는 것입니다. 단군과 기자는 그런 식으로 위치를 바꾸었을 것입니다.

우리가 접하는 중국 쪽 고대사 기록에서는 중국에 접한 민족과 나라를 중심으로 나타납니다. 동호와 예맥이 그들이죠. 이들은 중국의 접경에 접한 조선의 구성 부족입니다. 따라서 조선 전체가 중국의 기록에 나타나는 것이 아니라, 조선의 서쪽 변경에 있는 부족의 모습만 나타납니다. 그들에게 조선 서쪽의 나라는 예맥족이고, 이들은 몽골어를 썼으며, 그전에 퉁구스어를 쓰던 단군조선을 밀어내고 새로운 시대의 주인공으로 떠오른 민족입니다. 그래서 단군조선이 아니라 그들 부족의 이름을 딴 기자조선이라 불린 것입니다.

기자는 은나라 현인 기자가 아니라 몽골족 부리야트의 한 일파인 기지족을 말하는 것입니다. 중국과 강력한 투쟁을 하며 나중에 고구려까지 세우는 이 부족의 통치 시절에, 왕의 자리를 내준 단군조선의 후예들은 기자조선의 동쪽에 엄연히 작은 왕국을 이루며 살았습니다. 그 기록이 『위략』에 나옵니다.

처음에 우거가 아직 (한나라에게) 깨지지 않았을 때, 조선상 역계경은 우거에게 간하였으나 우거가 듣지 않으므로 동쪽의 진국으로 갔는데, 그때 그를 따라간 백성들이 2천 호나 되었다. 그들은 또한 위만 조선에 공납하는 번국蕃國들과도 서로 왕래하지 않았다.

진국은 삼한의 진한을 말하는 것이 아닙니다. 위만조선은 대릉하 서쪽의 후한 시절 요동군에 있었으니, 그 동쪽의 한 곳을 말하는 것입니다. 지금의 요하 근처에 진국이 있었다는 증거입니다. 만약에 이 진국이 삼한의 진한을 가리키는 말이었다면 조선상과 역계경은 동쪽으로 갔다고 묘사되지 않았을 것입니다. 남쪽으로 갔다고 묘사되었겠죠. 따라서 이 진국은 요동 지역의 발해만에 있던 어떤 나라입니다. 그런데 그 나라는 대인국이라고도 했습니다. 어른 노릇을 하는 나라였다는 뜻이죠. 바로 이 나라가 기자조선에게 세력을 내주고 동쪽으로 이동하여 대중국 항전에서 한발 물러선 위치에 있던 단군조선입니다.

나중에는 기자조선도 위만조선에게 밀립니다. 위만이 기자가 차지했던 조선을 고스란히 승계하자, 기자조선을 이끌던 세력들이 다시 동쪽으로 밀려듭니다. 거기에 있던 대인국인 진국은 다시 더 동쪽으로 갈 수밖에 없죠. 그런데 동쪽은 만주이고, 큰 산줄기(백두산)가 가로막았습니다. 방향을 남쪽으로 틀 수밖에 없죠. 그래서 구월산 근처에 자리 잡습니다. 이것이 평양 근처 구월산에 단군의 유적이 많이 남은 까닭입니다. 구월은 단군과 관련이 있는 말입니다. 구월九月은 '앗돌'의 향찰식 표기입니다. 이 말은 그대로 '아사달'이고, 곧 '박달'입니다. 구월과 평양平壤은 같은 말이죠. 九月 = 平壤 = 아사달.

기자조선이 망하면서 이렇게 정리가 되었는데, 다시 100년 만에 엄청난 변화가 이 지역에 몰아칩니다. 한나라의 공격으로 위만조선도 망한 것입니다. 위만조선의 유민들이 동쪽으로 물밀 듯이 밀려들고, 기자조선의 유민들은 그들에게 다시 밀려 만주 송화강 쪽으로 올라갑니다. 그리고 곧 고구려로 다시 일어나 요하 동쪽 지역을 회복하죠.

이 난리통에 평양도 조용할 수 없습니다. 구월산에 자리 잡았던 단군조선은 다시 남쪽으로 이동합니다. 그렇게 하여 마지막으로 자리 잡은 곳이 지금의 경주, 즉 신라입니다. 신라의 초기 박씨 왕들은 이런 과정을 통하여 새로운 왕조를 연 것이고, 그것이 진국이 진한으로 재편성되어 삼한의 일부로 편입된 것입니다.

거서간은 '하늘 임금'의 뜻이고 이것을 한문으로 번역하면 천군天君이 되며 똑같은 발음이 나는 한자로 제사장의 뜻을 더하면 단군壇君이 됩니다. 이 단군에 '박달임금'이라는 뜻이 붙으면 한자를 단군檀君으로도 적게 되고, 이것들은 모두 퉁구스어 '거서*kese'를 여러 가지 방법으로 적은 것에 지나지 않습니다.

동북아시아에 가장 강력한 문명을 일으켰던 단군조선은 신시 아사달에 나라를 연 지 2천 3백 년 만에 발해만과 구월산을 차례로 거치며 경주에 와서 마지막 자신의 왕조를 세우고 김씨 왕조 속으로 사라집니다. 이것이 박혁거세만이 유일하게 '거서간'이라는 호칭을 쓴 까닭입니다. 거서간은 단군을 가리키는 말이었습니다. 제사장과 통치자를 겸한 무당, 단군의 시대가 끝났기에 그 이름을 쓴 임금이 더는 나타나지 않은 것입니다.

뒤늦게 한반도에 다다른 석탈해와 김알지 세력은 왜 다른 지역을 놔두고 하필 경주로 흘러들었을까요? 방랑자의 왕 석탈해(스키탈 크랄)가 먼저 다다른 이유도 있겠지만, 김씨 세력은 터키어를 쓰던 사람들이었고, 원래 흉노족의 일부를 구성하던 사람들이었습니다. 따라서 제정일치 사회를 벗어나지 못한 흉노의 습속을 가장 잘 간직한 곳으로 흘러들어 자신들의 꿈을 펼쳤던 것입니다.

고구려와 백제는 이미 제정일치 사회를 벗어나서 고대국가로 발돋움하는 단계였습니다. 바닷길을 통해서 남해안에 이른 가락국도 마찬가지였습니다. 그래서 흉노의 유민들에게는 이들이 낯설었던 것이고, 그래서 아직 신정 사회의 자취가 물씬 남은 신라로 합류한 것입니다. 신라가 가장 늦게까지 왕권 강화는 물론 정치 사회 개혁이 잘 안 된 것도 이런 까닭입니다.


## 05 고조선의 참모습


흉노는 초원지대 북방 민족들의 오랜 전통에 따라 전국을 셋으로 나누어 통치했습니다. 가운데는 선우, 왼쪽에는 좌현왕, 오른쪽에는 우현왕이 있었고, 이들은 긴밀하게 연결되었습니다. 조선도 이와 똑같습니다. 가운데에는 거서간이 있고, 왼쪽에는 좌거서, 오른쪽에는 우거서가 있어서 각기 자기 구역을 다스렸습니다.

거서간은 맨 처음에 기원전 1만 년 무렵 적봉赤峯과 홍산紅山에서 천하를 다스리다가 청동기 시대가 열리는 기원전 1천 2백 년 무렵이면 발해만 근처로 내려옵니다. 농사가 시작되면서 농사짓기 좋은 곳으로 본거지가 옮겨간 것입니다. 거서간은 대릉하 유역에서 복판

조선인 진국辰國을 다스리고, 우거서인 기자와 위만은 난하 유역에서 우조선을 다스립니다. 위만의 손자로 알려진 우거右渠는 사람의 이름이 아니라 벼슬 직책 이름입니다. 좌거서는 백두산 주변과 만주 지역의 동조선을 다스립니다.

중국의 외세 확장으로 전쟁이 시작되면서 그 전쟁을 담당할 주체로 예맥 부족이 떠오릅니다. 중국과 맞닿은 우조선을 다스리던 이들의 모습이 가장 먼저 역사서의 기록에 등장합니다. '발조선, 맥, 북맥, 산융' 같은 고대 기록은 모두 이들을 가리키는 말입니다. 이들의 우두머리인 우거서는 스스로를 기자라고 일컬었는데, 그들의 언어로 왕을 뜻하는 말입니다. 이들은 만리장성을 경계로 중국과 접했는데, 한나라 때 장성 안쪽에 살던 위만이 산해관 밖으로 나와 기자조선을 밀어내고 그 자리를 차지합니다.

조선이 가장 정확하게 알려진 것은 사마천의 『사기』인데, 바로 이때의 조선이 우조선인 위만조선입니다. 그때 중국은 기자와 위만이 다스리던 우조선을 접하고 그것을 조선의 전부로 기록합니다. 그러나 『사기』에 기록된 조선은 우조선입니다.* 복판 조선(진국)과 좌조선(삼한)은 100여 년 뒤에 쓰인 『한서』에서부터 조금씩 그 조각이 남아서 어렵게 그 자취를 찾아볼 수 있습니다.

하지만 중국의 세력 확장으로 조선은 점차 동쪽으로 밀리고, 이렇게 정교하게 나뉜 조선은 뒤죽박죽 섞입니다. 그런 과정에서 중국 측의 기록에 조금씩 우조선 바깥의 복판조선과 좌조선이 드러납니다.

---

\* 우조선의 '우'는 오른쪽인데, 몽골어로 '바라간'이다. 이것이 '밝'으로 읽혀 중국측 역사서에 발조선(發朝鮮)으로 적힌 것이다.

이들이 사는 도읍은 '박달'입니다. 다민족 연합국가인 조선에서는 다양한 언어를 쓰는 사람들이 살았고, 그들이 어떤 언어를 쓰느냐에 따라서 '박달'이라는 말의 뜻도 다양하게 풀이되었습니다. 그래서 거서간을 '박달 임금[檀君]'이라고도 불렀고, '하늘 임금[天君]'이라고도 불렀습니다.

'박달'을 소리 나는 대로 적으면 '朴達'인데, 이 말뜻을 한자로 번역하면 적봉赤峯이나 홍산紅山이 됩니다. 백산白山, 백악白岳, 평양平壤, 류경柳京, 해성海城, 개평蓋平, 북평北平, 북경北京도 마찬가지 이름입니다. 신의 자손이 사는 뜻으로 쓰면 신시神市나 가마달今彌達이 되고, 해의 자손이 사는 뜻으로 쓰면 용성龍城이 되고, 해의 자손이 사는 환한 곳이라는 뜻으로 쓰면 조선朝鮮과 아사달阿斯達이 됩니다.

거서간은 무당이어서 하늘의 뜻을 묻고 그것을 인간 세상에 전하는 노릇을 맡았습니다. 마당에 장대를 꽂아 우주가 돌아가는 법칙을 읽고 거기에 맞추어 세상 사람들이 살아가야 할 질서를 알려주었습니다. 이러한 질서를 알려주는 마지막 거서간을 역사는 기억합니다. 신라의 박혁거세가 그입니다. 박혁거세는 마지막 단군으로 홍산, 진국, 구월산을 거쳐 신라에 이릅니다. 박혁거세를 마지막으로 거서간의 시대는 끝나고 임금이 다스리는 새로운 시대가 펼쳐집니다.

이상이 간단히 알아본 기원전 1만 년 전부터 삼국시대가 열리는 기원 전후 무렵까지 우리 역사에서 벌어진 이야기입니다.

# 고대국가의
# 언어

3장
# 고대국가의 언어

고조선은 수많은 거레가 연합된 나라입니다. 따라서 언어도 풍속도 모두 달라서 아주 복잡한 세계입니다. 그런데 가장 중요한 언어를 모르면 그 거레의 특성을 알 수 없습니다. 여기서는 각 나라의 지배층이 썼던 언어를 추적하여 그 나라의 비밀을 벗겨보도록 하겠습니다.

## 01 고조선

고조선이라는 말은 일연이 『삼국유사』에서 한 말입니다. 기자조선이 나타나면서 그 전의 조선을 '고조선'이라고 한 것입니다. 『삼국유사』는 고려 때 지어진 책이고, 거기에 실린 단군신화는 그 이전의 다른 어떤 책에서도 볼 수 없는 내용이었습니다. 그래서 그 신화가 생긴 시대와 그것이 기록된 시대가 너무나 많이 차이 나서 사실성을 의심받아왔습니다. 특히 역사를 연구하는 사람들이 그런 의심을 했고, 일제강점기의 역사학에서는 아예 설화로 취급받아서 역사의 연구 대상에서 제외되었습니다.

### 단군신화와 어원학

하지만 신화는 문학의 갈래라고 하더라도 역사가 드리우면 일정한 사실성이 있습니다. 이것은 문학에서 기본으로 여기는 관점입니다. 그 관점을 무시한다고 하여 역사가 더욱 또렷해지는 것도 아닙니다. 그래서 이런 점을 강조한 연구가 그 뒤로 나왔습니다. 그래서 여기서는 신화가 암시하는 바를 어원학의 지식으로 읽어보고자 합니다. 먼저 『삼국유사』의 글을 그대로 옮깁니다.

• 고조선 – 왕검조선

위서魏書에 이르되, 지금으로부터 2천 년 전에 단군왕검壇君王儉이 있어 도읍을 아사달[경經에는 무엽산無葉山이라고 하고, 또한 백악白岳이라고도 하니, 백주白州에 있다. 혹은 개성의 동쪽에 있다고 하니, 지금의 백악궁白岳宮이 그것이다]에 정하고 나라를 열었다 하여 조선이라 일컬으니 고高와 같은 때라 하였다. 고기에 이르되, 옛날 환인桓因[제석을 이름]의 서자 환웅桓雄이 있어, 항상 천하에 뜻을 두고 사람 세상을 탐내거늘, 아버지가 아들의 뜻을 알고 삼위태백三危太伯을 내려다보매, 인간을 널리 이롭게 할 만한지라, 이에 천부인天符印 셋을 주어 가서 다스리게 하였다. 웅이 무리 3천을 거느리고 태백산 꼭대기[태백은 지금의 묘향산] 신단수神壇樹 밑에 내려와 신시神市라 이르니 이 이가 환웅천왕이다. 풍백, 운사, 우사를 거느리고 곡식, 목숨, 병, 형벌, 선과 악 등 무릇 세상의 360여 가지 일을 다스리고 가르쳤다. 그때 곰 한 마리와 범 한 마리가 굴에서 살며 늘상 신웅에게 빌되, 원컨대 사람이 되게 해 주소서 하거늘, 한 번은 웅이 신령스러운 쑥과 마늘 12개를 주고 이르 기를, 너희가 이것을 먹고 100일 동안 햇빛을 보지 아니하면 곧 사 람이 되리라, 하였다. 곰과 범이 이를 받아서 먹고 금기하기를 37일 만에 곰은 여자의 몸이 되고 범은 건디지 뭇하여 사람이 되지 못하 였다. 웅녀는 그와 혼인하여주는 이가 없어 항상 단수 아래서 기도 하기를, 아이를 배게 해주소서 하였다. 웅이 이에 잠시 변하여 혼인 하여 아들을 낳으니, 이름을 단군왕검壇君王儉이라 하였다. 당고(요)가 즉위한 지 50년인 경인[당고의 즉위 원년은 무진인즉, 50년은 정사요 경인 이 아니어서, 아마 틀린 듯하다]에 평양성[지금 서경]에 도읍하고 비로소 조선이라 일컫고, 또 도읍을 백악산 아사달에 옮기었는데, 그곳을 또 궁홀(혹은 方자로 됨) 홀산忽山 또는 금미달今彌達이라고도 하니, 나라 다스리기 1500년이다. 주周의 무왕 즉위 기묘에 기자를 조선에 봉하 매, 단군은 장당경으로 옮기었다가 뒤에 아사달로 돌아와 숨어서 산 신이 되니, 나이가 1908세였다고 한다. 당의 배구전에는 고려는 본 시 고죽국[지금 해주]인데 주나라가 기자를 봉하여 조선이라 하였고, 한은 삼군을 나누어 설치하여 현도, 낙랑, 대방[북대방]이라 하였으며, 통전에도 이 설과 같다.[한서에는 진번, 임둔, 낙랑, 현도의 4군으로 되어있 는데, 여기에는 3군이라고 하고 또 이름도 같지 아니하니 무슨 까닭일까?]

단군조선의 지배층은 퉁구스어를 썼습니다. 단군은 소리로 적을 때와 뜻으로 적을 때가 조금 다릅니다. 소리를 적은 말이면 '壇君'은

'tanjun'이어서 중국어 발음으로 '天君'의 발음인 'tianjun'과 거의 같습니다. 삼한의 소도에서 제사장은 '천군'이라고 불렸습니다. 뜻을 적으면 '檀君'은 '박달-가간'이어서 박달족의 임금을 뜻하는 말이 됩니다.

그런데 퉁구스어를 쓴 민족은 단군조선 말고 또 있습니다. 신라를 세운 박혁거세가 그입니다. 호칭이 거서간이었죠. '거서간'은 'kese+khan'으로, '*kese'는 하늘을 뜻하고, 'khan'은 왕을 뜻합니다. 거서간은 '하늘 임금'입니다. 이것을 한자로 번역하면 '천군'이 되죠. 삼한의 그 천군입니다. 단군은 하늘에서 내려온 환웅의 아들로, 제정일치 시대의 무당입니다. 따라서 단군도 원래는 거서간이라고 불렀을 것인데, 후대에 지배층이 갈리면서 기자(몽골어)와 위만(터키어) 시대에 '박달임금'으로 자리 잡고, 거서간은 안 쓰이다가 신라에 와서 다시 쓰인 것으로 보입니다. 아니면, 통치력을 잃은 단군이 대륙을 떠돌다가 마지막에 경주에 와서 자리 잡은 것일 것입니다.

'왕검王儉'은 통치자를 뜻하는 말인데, 만주어로 '임, 임자'는 'niŋgu'이고, '왕, 신'은 'kum'이어서, 임금이라는 뜻입니다. 반면에 '왕험성王險城'은 왕의 도시를 뜻하는 말인데, 만주어로 서울을 'gemun'이라고 하는데 이것이 '險'으로 적힌 것입니다. 왕험성은 아사달인데, 만주어로 궁궐이나 누각을 'asari'라고 합니다. 아사달은 왕궁이 있는 도시라는 뜻입니다. '금미달'도 아사달과 똑같죠. 아사달은 왕궁이 있는 도시라는 뜻이고, 금미달은 왕이 사는 도시를 말합니다. 범어로 박달나무는 'caṇḍana'인데, 여기에 도시를 뜻하는 'gemun'이 붙어서 장당경藏唐京이 됩니다. 진단震檀이라는 범어에서 보듯 『삼국유사』의 지은이 일연이 중이니, 충분히 범어로 적을 수 있는 일입니다.

　단군신화를 보면 환웅은 하느님 환인의 서자였습니다. 신화가 아니고 현실이라고 본다면 '서자'란 본국을 떠나서 신천지를 떠도는 존재의 성격이었다는 말입니다. 떠돌이 부족 환웅이 웅녀와 혼인을 하는데, 웅녀를 곰으로 보는 것은 민간어원설, 또는 통속어원설에 불과합니다. 터키어로 '첩, 후실'은 'koma'이고, 몽골어로 'qomsa'는 '작다'이며, 만주어로 'kamso'는 '작다'입니다. 결혼할 때 정실에 견주면 이 수식어는 후실, 곧 첩을 말하는 것입니다. 따라서 '곰'은 '첩, 후실'이라는 뜻으로 볼 수 있습니다. 우리가 아이들을 말하는 '꼬마'는 바로 몽골어와 만주어에서 온 말임을 알 수 있죠.

　우리말에서 자취를 찾아보면 '곰배님배, (배)고물'에 있습니다. '곰'은 우리말에서도 뒤를 뜻하는 말입니다. 이로 보아 곰으로 표현된 여인은 북방 출신이었을 것입니다. 결혼해서 자식까지 둔 고주몽이 낯선 곳에 와서 이미 아들이 둘이나 있던 소서노를 만나 결혼으로 새로운 왕조를 열었듯이, 끝없이 초원지대를 떠돌던 단군도 그런 식으로 외부의 토박이 부족 여인을 만나서 결혼했고, 그것을 토대로 왕조를 열었을 것입니다. 이것이 곰 토템과 결합하며 동물이 사람으로 바뀌는 신화의 형태로 자리 잡은 것입니다.

　'단군'을 보면 퉁구스어의 자취가 더욱 확실해집니다. 만주어로 존장자는 'dangga'이고, 올차어로는 'danggi'이며, 길랴크어로 귀인이나 고관은 'dʒangki'입니다. 단군은 존장자를 뜻하는 말임을 알 수 있습니다. 이것은 단군을 음차로 보는 관점인데, 만약 뜻을 적은 훈차로 본다면 '단군'은 '박달-가간'이 될 것입니다. 박달은 겨레를 뜻하는 말이고, '가간, 간, 칸, 한'은 동북아시아에서 공통으로 왕을 가리키던 말입니다.

단군이 살던 곳이 '신단수神壇樹, 단수檀樹, 백악白岳'인데, 이게 모두 같은 말을 달리 적은 것입니다. '백악'은 '박달'의 표기임이 한 눈에 들어옵니다. '白山'이라고도 표기되는데, 동북아 여러 민족의 말에서 '달'은 모두 산을 뜻하는 말이고, 우리말에서도 '양달, 음달'에서 보듯이 자취가 또렷합니다.

단군과 연관된 뜻으로 우리나라를 가리키는 말에 '진단震檀'이 있습니다. 1934년에 결성된 역사학회 이름이 '진단학회'였는데, 바로 이 '진단'입니다. 이것은 동방의 단군 나라라는 뜻입니다. 이것은 박달[檀]이 불교의식에서 쓰이는 향목이어서 범어로 'caṇḍana'라고 하는데, 이것을 한자로 적은 것입니다. 震檀이라고도 적고, 神檀이라고도 적습니다. 따라서 '神檀'이나 '檀'은 모두 '박달'을 적은 것입니다.

뒤에 붙은 수樹는 나무의 뜻이 아니라 마을이나 성을 뜻하는 말입니다. 몽골어로 '마을'은 'küi'이고, 일본어로 '성城'은 'kï'이고, 터키어로 '마을(村)'은 'köv'이며, 백제어로 마을이나 성은 'kü'입니다. 따라서 '樹'는 나무가 아니라 마을을 뜻하는 표기임을 알 수 있습니다. '신단수'나 '단수'는 모두 '박달성' 또는 '박달촌'을 적은 말입니다.

삼위三危는 방홀方忽이라고 한 것으로 보아, 三과 方이 짝을 이루는데, 『삼국사기』지리지에서 볼 수 있습니다.

帶方州本竹軍城

軍那縣本屈奈

三嶺縣今方山縣

三과 方이 짝을 이루죠. 윷말의 '걸'에서 보듯이 우리말에서도 셋을 뜻합니다. 만주어로 군대의 행렬[軍伍]은 'kuren'입니다. 또 만주어로 '나라'는 'gurun'이고, 몽골어로는 'gürün'이며, 고구려어로도 '구루溝婁'가 성을 뜻하니, 三과 方은 모두 'kur'이고, 危의 옛소리는 'ŋiüe'여서, 성을 뜻하는 'kü, ki'와 비슷합니다. 궁홀과 삼위 모두 국성國城, 곧 수도를 뜻하는 말입니다.

무엽산無葉山은 박달의 다른 말인데, 나무 하나 없는 황무지를 뜻하는 만주어입니다. 나무 한 그루 없는 민둥산을 'hulahūn, *pulk-tar(赤地)'라고 하는데, 박달이 황폐화한 뒤에 붙은 이름이죠. ㅎ과 ㅂ은 넘나듭니다.

옛날에는 '평양平壤'에 대한 한자 기록이 여럿이었습니다. 가장 먼저 평양을 '백악白岳'이라고 했습니다. 평양은 '박달'이었다는 말입니다. 따라서 평양이란 도시는 이들 세력의 이동에 따라서 함께 옮겨다니는 이름이었습니다. 『삼국사기』 지리지에서는 평양을 '양주楊州, 류경柳京'이라고도 했습니다. 楊과 柳는 모두 '버들'을 뜻하는 말입니다. '박달'과 발음이 거의 같죠. 그래서 우리를 '배달겨레'라고 합니다. '배달, 버들, 박달' 모두 같은 말입니다. 같은 지리지에 보면 이런 구절이 나옵니다.

'白烏縣元高句麗郁烏縣今平昌縣：北原京本高句麗平原郡'

여기서 보면 '白pak=北pək=平'이 짝을 이루었습니다. 만주어로 '平'은 'balha'여서 나머지와 거의 같은 소리를 내기에 이렇게 대조시킨 것입니다. '평양'의 '평'은 '박'이고, '양'은 '달'입니다. 알타이어(만주, 몽골, 터키)에서 '달'은 모두 너른 들판을 가리키는 말입니다. '평양'이 '박달'임은 의심의 여지가 없습니다.

그런데 이들 퉁구스의 말이 지배층에서 밀려남에 따라 나중에는 몽골어로 대체됩니다. 평양은 '박달'인데, 이것을 대체한 몽골어가 바로 낙랑樂浪입니다. 몽골어로 '즐거움, 기쁨'은 'baxadal'인데, 이것을 뜻으로 번역하여 '樂浪'이라고 적은 것입니다. 樂은 '즐거울 락'이죠. 浪은 끝소리 첨가 현상입니다. 이런 현상은 신라에서도 한바탕 소란을 일으켰습니다. 『고려사』 지리지를 보면 원래 경주의 계림은 '樂浪'이었습니다. 박씨 왕조가 석탈해와 김알지 연합 세력에게 밀리면서 '서라벌, 사로'로 바뀐 것입니다. 몽골족들은 '樂浪'이라고 쓰고 '박달'이라고 읽은 것입니다. 계림은 '새鷄＋수블林'로 '서라벌, 새벌'을 표기한 것입니다.

이상을 종합하면 퉁구스어를 쓰던 사람들은 '조선'이라는 나라를 세워서 단군(박달가간, 당간)을 왕으로 모시고 '아사달, 금미달, 장당경'으로 표기되는 왕성에서 살면서 조상신으로 환인을 섬기는데, 그들의 수도인 박달(평양)은 이들의 이동에 따라 몇 차례 옮겨갑니다. 그것이 단군신화에 나타난 여러 이름씨의 상황입니다. 단군조선의 주인공들은 퉁구스어를 썼음이 드러납니다.

### • 단군신화와 숫자의 속뜻

단군신화에는 숫자가 나타납니다. 정리해보면 이렇습니다.

천부인天符印 셋을 주어 가서 다스리게 하였다.

웅이 무리 3천을 거느리고.

풍백 운사 우사를 거느리고.

세상의 360여 가지 일을 다스리고 가르쳤다.

쑥과 마늘 12개를 주고.

100일 동안 햇빛을 보지 아니하면.

금기하기를 37일 만에 곰은 여자의 몸이 되고.


해와 달과 지구는 서로 밀고 당기면서 무한 허공인 우주를 떠돕니다. 지구에서 바라보면 몇 가지 특징이 나타나죠. 그 특징은 반드시 숫자로 구현됩니다. 해가 한 번 떴다 사라지면 하루가 가고, 달이 차고 기울기를 한 번 하면 1달이 지나갑니다. 그렇게 12번을 하면 1년이 가죠. 그래서 이런 자연 현상에 나타난 숫자를 동양에서는 상수학象數學이라고 합니다. 자연의 이미지[象]를 숫자로 확인하는 것입니다. 그래서 숫자는 그냥 숫자가 아니라 우주가 자신의 켯속을 드러내는 상징으로 보았습니다.

우주가 보여주는 어떤 모습을 象이라고 하는데, 象은 '코끼리 상'입니다. 이것은 시에서 말하는 이미지와 비슷합니다. 중국에는 코끼리가 없습니다. 그래서 인도에서 코끼리를 가져와야 하는데, 길이 험해서 어렵고 덩치가 커서 데려오기도 어렵죠. 그래서 상인들이 코끼리의 뼈를 추려서 말에 싣고 중국으로 와서 보여줍니다. 이게 코끼리다! 중국 사람들은 뼈를 보고서 코끼리의 모습을 재구성해내죠. 이렇게 재구성한 모습이 바로 시에서 말하는 이미지입니다. 그래서 심상心象이라고 번역합니다.

숫자에는 반드시 이런 상이 숨어있습니다. 그것을 찾아내는 것이 동양 성현들의 일이고 슬기였습니다. 단군신화에 나타나는 숫자도 이런 것과 관련이 있습니다. 왜냐하면, 무당은 하늘을 섬기는 사람이고, 자연의 이법을 탐구하는 사람이며, 우주의 법칙에 따라 삶의 마디를 정해주는 사람이기 때문입니다. 흉노의 선우가 날마다 해와 달에 절하고, 달이 이지러지면 공격을 멈추고 철수한다고 했습니다. 행동 하나하나에 금기가 생기고, 우주 법칙의 당위성이 따라붙습니다. 이러니 '신화'에 나타난 숫자는 우주의 상을 드리운 메시지가 됩니다.

지금까지 우리는 흉노를 비롯하여 동북아시아, 곧 만리장성 밖에서 벌어지는 여러 민족의 행태를 살펴봤습니다. 이들은 천하를 셋으로 나누어 다스렸고, 각기 무리를 이루어 살다가 큰일을 앞두고 뭉치는 방식이었습니다. 천부인 셋, 무리 삼 천, 풍백 운사 우사라는 구절에 이르면 머리가 확 깨죠.

흉노의 휴도왕이 제천금인을 갖고 있었다는 얘기를 했습니다. 그게 바로 천부인이 아닐까요? 천부인이 무엇이냐를 놓고 무당의 거울이다, 방울이다, 칼이다, 말들이 많지만, 그런 물건은 상징에 불과합니다. 게다가 방울이나 거울 같은 것은 청동기 시대의 일인데, 이 신화는 석기시대의 일입니다. 우주의 이법이 반영된 사회의 어떤 면을 나타낸 말입니다. 세상을 관찰하는 무당들의 통찰력 같은 지혜를 말합니다.

무리 삼천은요? 간단합니다. 천하를 셋으로 나누었으니, 각기 거기에 사는 사람 숫자를 나타낸 말입니다. 즉 1천 명씩 3부로 나눈 것이죠. 선비족 단석괴(137~81)가 동부와 서부를 만들어 통치구역을 셋으로 했다는 기록과 같습니다. 풍사, 운사, 우사는? 그건 그 지역의 우두머리를 가리키는 말입니다. 바람이니 구름이니 하는 것은 그 시절의 중요한 자연 상태를 나타내는 말입니다. 천지 만물이 이런 요소들에 따라서 자라죠. 따라서 만물을 자라게 하는 자연의 구성요소처럼 백성을 살아가게 하는 지배자를 가리키는 말입니다.

참고로 선비족 단석괴는 신화가 있는데, 그 어머니가 우렛소리에 놀라 하늘을 보는 순간 우박이 입으로 들어가 임신해서 그를 낳았다고 합니다. 하늘의 기운에 감응하여 잉태했다는 주몽의 신화와 똑같습니다. 단석檀石의 뜻은 '박달의 아이'입니다. 우리말에서 사내아이들을 '똘이, 돌이'라고 하는데, 그게 石이고, 터키어로 자손을 뜻합니다.

단석괴의 나라도 그렇고, 그 뒤에 초원지대에서 나타난 여러 겨레에게 공통으로 쓰이는 말이 있습니다. 우두머리를 대인大人이라고 했다는 것입니다. 대인은 '큰 사람'입니다. 순 우리 말로 하면 '한'이 되죠. 곧 '칸, 간'입니다. 초원지대의 우두머리를 대인으로 썼다가, 나중에 이들의 세력이 끝없이 커지면서 그들을 가리키는 우두머리도 그들의 언어로 표기되어 '칸, 가간'으로 중국의 기록에 나타납니다. 대인은 '칸'이고, 그 대인을 통솔하는 왕은 '대칸'입니다.

세상사가 360여 일이라는 것은 지구의 1년을 360일로 나누는 것과 같습니다. 정확히 1년은 365일쯤 되지만, 끝자리 5를 떼고 360가지 정도로 말하는 것은, 사람의 일이 날마다 일어나는 사건이라는 뜻입니다. 360여 세상사를 다스렸다는 것은, 날마다 일어나는 일을 처리했다는 뜻입니다. 세상일이 360가지뿐이겠어요? 무수히 일어나는 많은 일을 날마다 처리했다는 뜻이죠.

쑥과 마늘 12개를 주었다고 할 때 12가 눈에 들어오죠. 지지와 같은 숫자입니다. 지지는 한 해에 달이 차고 기우는 숫자를 말합니다. 1년이 12개월인 이유입니다. 달이 한 번 차고 기울 때마다 밤하늘의 배경에 나타나는 별자리는 달라집니다. 달의 되풀이가 별의 운행과 맞물려 돌아갑니다. 쑥과 마늘이 영약이기보다는, 이런 자연의 이치를 관찰할 수 있는 슬기가 바로 인간의 조건이니, 미개한 짐승과 같은 상태로부터 새로운 문명으로 한 단계 올라서는 시대의 사람을 말한 것이라고 봅니다.

100일을 참으라고 했는데, 실제로는 37일 만에 곰이 사람으로 변합니다. 37일은 3×7=21일입니다. 실제의 사실이기보다는 금기와 관련된 전통 사회의 관습입니다. 예컨대 옛날에 아기가 태어나면 금줄을 두르죠. 왼 새끼를 꼬아서 숯과 빨간 고추를 꿰어 문간에 달아놓고, 문지방 바깥에는 황토를 퍼다가 놓습니다. 이런 기간이 3×7일입니다. 모두 잡신을 금하는 주술입니다. 성서에서는 문마다 양의 피를 바르죠. 동짓날 붉은 팥죽을 먹는 것도 그런 것입니다. 100은 한계점을 뜻하는 숫자입니다. 한계점은 꼭 채워야 하는 것이기보다는 가야 할 끝을 헤아리게 해주는 숫자죠.

대체로 이런 숫자와 연관된 단군신화의 세계는 새로운 세상이 열렸다는 것입니다. 지상에 새로운 세상이 열리는 데 필요한 숫자를 상징으로 보여준 것입니다. 난폭한 자연 속에서 그 불규칙성을 헤아릴 수 있는 것이 그 시대의 가장 중요한 지혜입니다. 그런 지혜를 무당들은 대를 물려 이어갑니다. 그럼으로써 인류는 새로운 문명의 시대를 맞이합니다. 그런 시대의 새벽에 잠시 나타났던 기억을 신화로 아로새긴 것입니다.

### 대체 불가 '단군'

단군이 역사 교과서에서 우리의 실제 조상으로 기록된 것은 1980년대입니다. 그 전에는 식민지 시절 일본 학자들의 주장대로 설화에 불과했습니다. 이렇게 단군을 실체로 인정하게 된 것을 두고 대학에 둥지 튼 국사학계에서는 아직도 불평불만이 많습니다. 실증주의 식민사학이 만든 후유증이죠.

단군을 다른 것으로 대체할 수 없는 데는 두 가지 이유가 있습니다. 현재 살아있는 한겨레의 기원 때문입니다. 오늘날 우리 겨레가 살아있으니, 이 핏줄을 한없이 거슬러 올라가면 누군가는 시조 노릇을 해야 합니다. 그 시조에게 단군이라는 이름을 붙인 것이고, 그래서 실제가 아닌 신화의 형태로 존재해온 것입니다.

다른 까닭은 중국의 역사기록입니다. 중국이 자신의 존재를 입증하기 위하여 기록을 남겼는데, 그들의 동쪽에 사는 누군가에 대해서도 기록하게 된 것입니다. 그 '누군가'는 결국 우리 조상일 수밖에 없습니다. 그 기록이 엉성하여 흐리멍덩하다고 해서 부인할 성질의 것은 아닙니다. 그러다 보니 중국 기록에 있어야 할 그 누군가를 '단군'이 차지한 것입니다.

따라서 단군이 실재냐 허구냐를 두고 따질 일은 아닙니다. 그런 왈가왈부는 유치원생만도 못한 투정에 지나지 않습니다. 존재의 근원을 찾는 방법은 다양할 수 있지만, 존재의 시작을 부인하는 것은 현재를 부인하는 행위이기 때문입니다. 우주의 나이가 149억 년이라는 것은 의심해볼 일이지만, 우주가 언젠가는 시작되었다는 것에 대해서는 의심의 여지가 없습니다. 바로 '단군'이 그렇습니다.

이런 자명한 사실을 부인하는 데는 그런 행위 뒤에 무언가 도사린 것이 있기 때문입니다. 그게 바로 오늘날 대학 강단의 학자들을 먹여 살리는 '신'의 얼굴입니다. 그러니 저는 이 말이 하고 싶은 겁니다. "신이여, 장난질 그만하고 이제 그 뻔뻔스러운 낯짝을 드러내렷다!"

그러자마자 역사학자의 바짓가랑이 뒤로 대가리 처박고 머리카락 보일라, 꽁꽁 숨는 저 신의 꼬락서니를 좀 보십시오.

## 편협한 신의 후유증

이렇게 얄궂은 숨바꼭질을 좋아하는 신의 저지레는 유아독존설입니다. 곧 다른 학설을 용납지 않는 것이죠. 자료나 근거가 확실한 중세사나 근대사조차 학자의 주장이나 학설에 따라 의견이 다릅니다. 그래서 어떤 주의를 기반으로 하여 사실을 조명하죠. 학설에 따라 똑같은 사실도 달리 해석된다는 것은 세상의 모든 일이 그러하니, 당연한 결과입니다.

그런데 자료가 정말로 모자라서 사실을 재구성하기조차 어려운 상고사에서, 학설이나 주장이 달랑 하나뿐이라는 사실은 놀라움을 넘어서 말이 안 되는 일입니다. 싹수가 노랗다 못해 발전 가능성이 아예 없다는 뜻이죠. 우리나라 대학 강단에서 말하는 고조선에 관한 학설은 대동강 가 평양설 하나밖에 없습니다. 다른 학설이 존재할 수 없도록 학계에서 갖은 수단을 동원하여 주둥이를 꽁꽁 묶어버립니다. 그리고 적이 없는 광야에서 혼자서 선구자처럼 떠들어대죠. 듣는 사람 보는 사람도 없는 인터넷에서 망상으로 가득 찬 자료를 쓰레기처럼 뿌려대는 종교 사학과 다를 게 하나도 없습니다. 우리나라 고대사는 광신도들이 점령하여 송곳 끝이 들어갈 틈조차 없습니다.

인터넷의 종교 사학 이외에 국사학계와 다른 주장을 하는 유일한 인물이 윤내현인데, 이 분은 국사학 교수가 아니라 상·주사를 전공한 중국사 교수입니다. 한국사 교수가 아니기에 고조선에 관해서 국사학계와는 다른 말을 할 수가 있었던 것입니다. 말하자면 신에게 돌을 던진 것이죠. 그 부메랑이 만만찮습니다. 그 부메랑 때문에 꼭두각시들을 먹여 살리느라 코가 석 자인 신의 낯짝을 보게 된 것입니다.

## 삼한 다시 보기

고조선을 마치면서, 망설이던 말을 마저 할까 합니다. 삼한 문제입니다. 후대의 역사가들, 예컨대 김부식의 경우는 동북아에서 벌어진 지난 세월의 자취를 '삼국'으로 정리하려는 의도와 의지가 아주 또렷합니다. 한반도 남쪽에는 가야라는 거대한 세력이 있어서 신라를 능가했고, 나라의 이력이 500년이나 되는데, 이런 나라를 굳이 빼놓고 3국으로 정리한 게 정말 거슬리기도 하고 이상하기도 합니다.

이런 이상한 현상을 이해할 방법은, 김부식을 비롯하여 우리나라의 옛날 역사가들이 '3'에 미친 듯이 집착했다는 것입니다. 바로 이런 심리의 밑바탕에 드리운 역사의식이 저는 궁금했고, 그 실마리라도 털고 가야 할 듯하여 이렇게 말밥을 던져보는 겁니다.

제도권의 역사학에서는 삼한을 한반도 남쪽에 몰아놓았지만, 어원을 따라서 추적한 저의 눈에는 삼한이 원래 요동 반도에서 한반도 북부에 걸친 영역에 있었던 것으로 보입니다. 기자조선의 마지막 왕 준이 난하 언저리에서 배를 타고 도망간 곳은 한반도가 아니라 요동 반도이어야 맞습니다.

그러면 요동 반도 남쪽의 바닷가에 서한西韓 즉 마한이 있어야 하고, 압록강과 대동강 언저리에 변한이, 그 이남에 진한이 있는 구도입니다. 서-복판-동의 위치 구도는 이래야 맞습니다. 중국의 팽창에 이들이 밀리고 밀리면서 점차 남쪽으로 내려온 것이 우리가 교과서에서 배운 그 삼한의 모습입니다. 한반도 안으로 온 삼한은 이 위치

(서-복판-동)가 약간 왜곡된 모양이죠.

어찌하여 가야는 역사가들에게 이토록 철저히 무시당했을까요? 가야는 '왜'로 기록된 사람들입니다. 이들은 처음에 발해만에서 나타나다가 가야라는 이름으로 한반도 전역에서 활발하게 등장하고, 마침내 일본으로 건너가 왜倭가 됩니다. 드라비다에서 온 가야의 세력과 정확히 일치합니다. 이러한 특징이 분명한데도 삼국의 구도에서 밀려난 것은, 그들의 존재가 이상해서라기보다는 그들을 제외하려는 역사학자들의 심리 때문으로 보입니다.

이 무의식의 정체가 과연 무엇일까요? 고조선을 이끌던 주 세력 때문입니다. 즉 이들 왜는 고조선을 이끌던 주 세력과도 다른 제3의 세력이기 때문입니다. 중국의 팽창 시기에 고조선을 이끌던 세력은 구다라, 발구진, 고리 세 부족이었습니다. 이들이 나중에 고구려, 백제, 신라를 세우는데, 왜로 나타나는 해상세력인 가야는 이들에게도 불편한 관계였던 것입니다. 게다가 나중에 일본으로 건너가서 정식 왕조를 세우고 나니, 굳이 한반도의 정치 지형을 정리한 역사책에서 이들을 다룰 필요가 없었던 것이죠. 그래서 김부식이 『삼국사기』를 편찬할 때 이들을 제외한 것입니다. 곧 가야를 일본의 역사라고 본 것이죠. 그나마 다행인 것은 일연이 『삼국유사』에서 조금이라도 정리해놓았다는 것입니다. 가락국기.

부리야트의 고리족은 고구려를 세우고, 구다라는 백제를 세웁니다. 발구진은 이들 두 세력으로 흩어지기도 하지만, 끝까지 남은 세력은 단군을 앞세워 새로운 나라 '신라'를 세웁니다. 이 신라가 나중에 터키어를 쓰는 김알지 세력으로 바뀌기는 하지만, 초기 국가는 퉁구스어(거서간)와 터키어(석탈해)를 쓴 사람들의 연합국가였습니다. 이

속에 몽골족의 일부가 섞였죠. 소서노를 따라나섰다가 이탈하여 신라로 간 석탈해가 그런 세력을 이끌었습니다.

고구려, 백제, 신라는 원래 발해만에 있었습니다. 백제와 신라는 말갈의 공격을 자주 받았는데, 말갈은 당시 고구려의 동쪽에 있었고 고구려의 통제를 받았습니다. 따라서 고구려와 말갈의 남쪽에 백제와 신라가 있는 형국입니다. 고구려는 난하와 대릉하 사이 내륙에 있었고, 백제는 고구려 남쪽의 바닷가에, 신라는 백제의 동쪽(요하와 요동 반도 안쪽의 발해만)에 있었습니다.

그렇기에 그 북동쪽의 말갈로부터 계속 공격을 받은 것이고 그것이 『삼국사기』 초기 기록으로 나타난 것입니다. 특히 백제는 옛 요동(난하 하류)과 대릉하 하류에 걸쳐 바닷가를 끼고 있었기에, 고구려가 중국을 칠 때 요서와 진평을 차지할 수 있었던 것입니다. 488년 북위가 군대를 보냈으나 백제에게 깨졌다는 『자치통감』 기록은 그래야 이해할 수 있습니다.

발해만 근처에 있던 고구려, 백제, 신라 세력을 '삼한'이라고 부른 것입니다. 이들이 서기 200년 무렵(고국천왕, 초고왕 때)에 한반도로 옮겨온 뒤에 비로소 우리에게 익숙한 한반도의 삼한이 된 것입니다.[*] 삼한은 한반도에 있던 것이 아니라 원래 발해만에서도 그렇게 불렸던 것인데, 한반도로 옮긴 뒤에야 역사기록에 남게 된 것입니다. 『삼국사기』 초기 기록의 이상한 기사들도 대륙에서 있었던 일을 한반도로 이주한 뒤의 일로 정리해놓으니, 방향이나 위치가 잘 안 맞는

---

[*] 신라는 내해 니사금 때에 해당하는데, 『삼국사기』의 기사로 보아 신라는 고구려와 백제보다 조금 더 일찍 한반도로 이동한 것으로 보인다.

이상한 글이 된 것입니다.

우리가 조선이라는 나라에서 한국으로 이름을 바꾸었는데, 이 땅에 사는 어떤 사람도 이의를 달지 않은 까닭도 바로 이것입니다. '예맥조선(고구려, 백제, 신라)=삼한'이었기에 이름을 바꿔도 그게 그거였던 것입니다. 우리말 '한'은 크다는 뜻이고, 북방어에서 '가리, 가라'는 크다는 뜻입니다. 부리야트의 한 일파인 '고리, 코리'나 고구려의 '계루'나 마찬가지입니다. '한=칸=간'입니다. '3한=3가리'죠.

신채호가 조선을 흉노와 같이 세 구역을 나누어 통치했다고 처음 주장했는데, 그의 의도와 맞지 않을지는 몰라도 '조선=삼한'이라는 등식은 신채호의 주장과 정확히 일치합니다. '서조선, 복판조선, 동조선=서기자, 복판기자, 동기자=마한, 변한, 진한'의 구도입니다.

'가리'는 '갈래'의 뜻입니다. 한 핏줄이 세 갈래로 나뉘었다는 뜻입니다. 고구려, 백제, 신라가 그렇습니다. 그렇기에 인도에서 온 '가야' 세력이 이들 갈래에서 제외된 것입니다. 우리 고대사를 정리한 책이 『사국사기』이어야 하는데도, 굳이 가야를 빼고 『삼국사기』로 정리된 이유입니다.

삼한은 한반도에만 있던 것이 아니고, 상고사의 처음부터 있던 말입니다. 이 세 갈래 피붙이와는 다른 겨레들이 그 뒤로 끊임없이 우리 역사에서 제외되는데, 그렇게 정리되는 과정이 우리가 배운 역사입니다. 돌궐, 선비, 오환, 말갈, 거란, 여진…. 모두 조선의 구성원이었으나, 삼한 중심의 고대사로부터 차례로 제외된 세력들입니다. 이들이 중국의 변방(만리장성 밖)에서 나라를 세워 중국으로 들어가 중국에 동화됩니다. 고려 이후 이들은 우리 역사에서 완전히 제외되죠.

## 고죽국과 백이 숙제

재미있는 것은 고죽국입니다. 백이 숙제가 이 나라의 왕자였죠. 은나라를 정벌하러 나서는 무왕을, 아버지의 장사를 치르기도 전에 전쟁하는 것은 효가 아니라고 말리다가 수양산에 들어가 고사리를 먹고 살다가 죽죠. 은나라는 동이족이고, 고죽국의 백이 숙제도 동이족입니다. 그리고 고죽孤竹은 'kokulu'로, 고구려와 같은 말이라고 했습니다. 고죽국의 위치를 찾으면 고구려의 첫 번째 근거지를 알 수 있습니다.

고죽국은 산서성 영제시에 있습니다. 황하가 ㄷ자처럼 구부러진 그 안쪽에 수양산이 있고, 거기에 백이 숙제의 무덤이 있습니다. 주장을 바꿀 수는 있어도, 이 무덤을 퍼 옮길 수는 없습니다. 그런데 오늘날 중국에서는 고죽국을 만리장성 밖 요동 지역으로 옮겨놓았습니다. 다음 기록을 보면 의미심장합니다.

제나라 환공이 북쪽 오랑캐를 고죽국에서 쳤는데, 고죽은 성부의 서쪽 시오리에 있다.(齊桓公北伐山戎至於孤竹國⋯孤竹城府西十五里)
― 『독사방여기요(讀史方輿紀要)』 직예(直隷) 영평부(永平府) 노룡현(盧龍縣) 조

그리고 그 근처에 '조선현'도 있습니다. 그러니까 '고죽국＝조선'의 등식이 성립합니다. 예맥조선이죠. 예맥조선의 주도 세력이 고죽국 사람들이고, 그들은 '고구려' 족임은 앞서 설명했습니다. 무덤은 그대로 두고 지명만 옮겼습니다. 뜻밖에도 이런 주장이 고구려의 이동 과정을 아주 잘 보여줍니다. 고구려는 처음에 산서성에 있다가 만리장성 근처의 영평부로 옮겼고, 『한서』가 쓰이던 시절에는 대릉하(요동으로부터 1천 리인 곳)에 있다가, 마침내 압록강으로 와서 자리 잡은 셈

입니다. 고구려가 이렇게 이동했으면 백제와 신라도 마찬가지입니다.

이상을 정리하면 중국 화하족의 팽창에 따라 동이족은 그리로 흡수되거나 이동을 하였는데, 그 출발지가 바로 고죽국인 산서성 황하이고, 예맥족은 끝내 흡수되기를 거부한 채 끝없이 동쪽으로 이동하였다는 것입니다. 그 중간 기착지는 만리장성 밖의 '말썽 많은 요동'이고, 마지막 근거지가 압록강입니다.

고구려가 만리장성 밖으로 나왔을 때 그곳에는 퉁구스족인 단군이 다스리는 '조선＝박달'이 있었고, 단군의 통치 아래 있다가 결국은 부리야트 고리qori족의 기징가 부족이 1,122년에 단군을 밀어내고 대 중국항쟁의 주도권을 쥡니다. 이것이 기자조선, 예맥조선입니다.

사마천의 『사기』는 이런 초기 과정을 생략한 채 고구려가 만리장성 밖으로 밀려난 이후의 상황을 간략하게 기록한 것입니다. '동이→조선→삼국' 시대에 이르는 기간에 이런 거대한 흐름이 있었으니, 이를 '열국이동설'이라고 정리해봅니다.

### 열국의 이동 시기

열국 이동설에서 가장 논란이 되는 것은 이동 시기일 것입니다. 위에서 보았듯이 동이족 시절의 고구려는 고죽국이었고, 전국시대에는 이 고구려가 산융이라는 이름으로 북경 근처 영평부에 있다가, 진나라 때에는 만리장성 밖 위만조선의 동북쪽에 있었고, 한 무제의 공격으로 촉발된 위만조선 멸망 직후에는 송화강으로 옮겨왔다가 신라의 거서간이 나라를 세우자마자 곧바로 고구려를 세웁니다.

부여사람들이 쓰는 사투리는 크게 고리, 구다라, 발구진 세 방언으로 분류됩니다. 고리어를 쓰는 사람들이 세운 나라가 고구려입니다. 구다라(예)어와 발구진(맥)어를 쓰는 부족은 고구려 밑에서 나라를 세우지 못하고 머뭇거리다가 주몽이 나라를 세운 직후에 스스로 서죠. 그것이 백제인데, 제濟는 '다라'의 향찰식 표기입니다. 발구진은 구다라 밑에 있다가 터키어를 쓰는 일파와 함께 비류를 앞세워 주도권을 쥐려다가 온조에게 밀리죠.

고구려가 고죽국에 있을 때 신라는 적봉과 홍산에서 거서간 노릇을 하다가, 고구려가 만리장성 밖(영평부)으로 나올 때쯤에는 혼란기를 맞아서 발해만의 대릉하 언저리로 옮겨옵니다. 거서간은 기자조선이 위만에게 밀릴 때 한반도의 구월산으로 이동하였고, 위만조선이 망하고 고구려가 송화강으로 밀려올 때 근거지를 경주로 옮깁니다.

열국 이동의 정확한 시기를 가늠하는 일은 어렵습니다. 하지만 사건별로 벌어진 상황을 따라가 보면 이렇게 정리할 수 있을 것 같습니다. 맨 먼저 한반도로 이동한 신라가 가장 먼저 나라를 세우고, 그 뒤를 따라서 고구려와 백제가 연달아 나라를 세운 것입니다. 그 소용돌이 속에서 북방의 여러 민족(돌궐, 선비, 오환, 말갈, 숙신)은 따로 유목국가를 세우고, 현도, 낙랑, 대방 같은 소국들은 이들에게 휩쓸리다가 사라지고 말죠.


## '난하'의 어원

한국 상고사의 열쇳말 같은 지명이 바로 난하灤河입니다. 이름은 괜히 붙지 않습니다. 그곳에 살던 사람들이 붙이고, 그것이 세대를 달리하면서 이름을 바꾸어 오늘에 이릅니다. 난하도 마찬가지입니다. 난하로 불리기 이전의 옛 이름은 유수濡水였습니다. '하'는 중국인들이 붙이는 이름이고, '수'는 조선인들이 붙이는 이름입니다. 왜 하필

이 물줄기에 '濡＝젖을 유'라는 이름을 붙였을까요? 조선인들이 '젖은 물'이라는 뜻으로 붙인 이름을, 중국인들은 또 왜 '灤＝새어 흐를 란'이라는 이상한 한자를 붙였을까요?

　우리 속담에 '밑 빠진 독에 물 붓기'라는 말이 있습니다. 밑 빠진 독에 물을 부으면 물은 밑으로 저절로 새어 어디론가 흐르죠. 이처럼 밑이 빠진 물건[無底物]에 붙이는 낱말이 있습니다. 퉁구스어로는 'fodoho'입니다. 'fodoho'에는 또 다른 뜻이 있습니다. 즉 동음이의어죠. 다른 뜻은 '버들'입니다. '버들'은 '박달'과 같은 뜻입니다. 박달을 평양平壤이라고 옮겼는데, 평양은 또 다른 한자표기로 류경柳京이라고 합니다. '박달'은 원래 '밝달'이었기에, 발음에 따라 한자로 '박달平壤, 버들柳京, 붉달紅山, 赤峯'이라고 다양하게 적은 것입니다.

　따라서 그 지역에 살던 퉁구스족들(단군조선의 지배층)이 자기네 말(퉁구스어)로 물줄기를 'fodoho'라고 했는데, 이것을 들은 중국측 기록자가 동음이의어 중에서 '박달수, 발수, 패수'라고 하지 않고, 하필 고약하게도 '밑 빠진 물건'이라는 또 다른 동음이의어의 뜻으로 번역한 것입니다. 따라서 중국인들이 '밑 빠진 물건처럼 물이 새는 물길'을 뜻하는 말 유수濡水로 번역한 것입니다. '유수'는 '패수'이고, '발수'입니다. 박달족이 사는 고을에 흐르는 물길을 뜻합니다.

　그런데 단군조선에서 기자조선으로 바뀝니다. 기원전 1,122년의 일이죠. 그러자 몽골어를 쓰는 기자조선에서는 같은 강을 달리 부릅니다. 'fodoho'를 몽골어로는 'coqorahai'라고 합니다. 이렇게 되면 뜻이 더욱 또렷해지죠. 퉁구스어를 쓰던 박달족들이 '발수, 패수(박달수)'라고 부르던 물줄기 이름을, 몽골어를 쓰는 기자족들은 '고코라하이'라고 부른 것입니다. '고코라'가 뭐겠습니까? '고구리,

고구려'입니다.

그리하여 고조선 땅의 한복판을 질러 흐르던 물줄기는 처음에 퉁구스어로 'fodoho'라고 불렸다가, 몽골어로 'coqorahai'라고 불리고, 이것이 한문으로 오역되어 '유수濡水'라고 적혔다가, 마침내 '난하灤河'라고 또 한 번 오역되어 오늘에 이르는 것입니다. '패수'라고 적혔던 이름은 말의 주인을 따라서 끝없이 이동하다가 대동강에 다다라서야 고단한 행군을 겨우 멈춥니다.

'난하'의 어원은 '박달수, 고구려하'이고, 원래 그 주인들의 말로는 'fodoho'와 'coqorahai'입니다. 이것을 조선에서는 '패수, 발수'라고 적었습니다.

## 02 고구려

송나라 때 사신으로 고려에 온 서긍이 『고려도경』이라는 책을 남깁니다. 거기에 보면 이런 이야기가 나옵니다.

고려의 선조는 대개 주나라 무왕이 조선에 봉한 기자 서여胥餘이니, 성은 자子이다. 주周·진秦을 지나 한漢의 고조 12년(기원전 195)에 이르러 연인燕人 위만이 망명할 때 무리를 모아 추결椎結(상투)하고 와서 오랑캐를 복속시켜 차차 조선 땅을 차지하고 왕 노릇을 하였다. 자 성子姓이 나라를 차지한 지 8백여 년 만에 위씨衛氏의 나라가 되었고, 위씨가 나라를 차지함이 80여 년이었다.

위만이 나라를 빼앗기 전에 고구려가 800년을 이어왔다는 뜻입니다. 위만이 빼앗은 나라는 기자조선이었습니다. 기자조선이 고구려였다는 뜻입니다. 기자조선은 기원전 1,122년에 단군조선의 뒤를 이었습니다. 1,122-195＝927. 서긍이 말한 800년과는 조금 차이가 나지만, 우리의 지식으로 찾을 수 있는 것은 기자조선밖에 없습니다. 기자조선은 몽골어를 썼고, 고구려, 백제도 지배층이 몽골어를 썼습니다. 그러니 『고려도경』에서 말한 고구려 800년이란 기자조선을 뜻합니다.

### 건국 신화

고구려는 기원전 37년 북부여의 왕자였던 주몽이 남쪽으로 내려와서 소서노召西奴라는 뛰어난 여인을 만나서 세운 나라입니다. 이 과정은 『삼국사기』와 『삼국유사』를 비롯한 여러 사서에 아주 자세하게 기록으로 남았습니다. 두 책의 기록이 비슷한데 『삼국유사』가 더 자세하여 소개하려 합니다. 그런데 이 신화에 등장하는 부여가 모두 셋입니다. 북부여, 동부여, 졸본부여(고구려). 이 셋의 관계가 정리되어야 고구려가 또렷해집니다. 그래서 『삼국유사』의 관련 기록을 소개하겠습니다.

소개하기 전에 알아 두어야 할 게 있습니다. '부여'는 부리야트 말이라는 것과 '구려'는 부리야트 방언의 하나인 '고리'라는 것입니다. 그래서 주몽 신화가 고리국 신화와 똑같은 것입니다. '졸본'은 냇물 이름인 졸본천에 있어서 붙은 이름인데, 한자 표기로는 살수薩水이고, 원래의 이름은 '살미'입니다. '졸＝살, 本＝미'. '졸'은 '수리, 솔, 살'처럼 높다[高]는 뜻입니다. 그래서 이름이 '고구려'가 된 것입니다. 졸본부여=고구려.

• 북부여

고기에 이르기를, 전한서에 선제 신작 3년 임술 4월 8일에 천제가 흘
승골성訖升骨城에 내려와서 오룡거를 타고 도읍을 정하여 왕을 일컫
고 나라 이름을 북부여라 하고 자칭 해모수解慕漱라 이름하였으며,
아들을 낳아 부루扶婁라 하고 해解로 성씨를 삼았다. 왕이 뒤에 상제
의 명으로 도읍을 동부여에 옮겨가고 동명제가 북부여를 이어 일어
나 도읍을 졸본주州에 정하여 졸본부여가 되었으니, 곧 고구려의 시
조이다.

• 동부여

북부여왕 해부루의 상相 아란불阿蘭弗의 꿈에 천제가 내려와 이르기
를, "내 자손으로 이곳에 나라를 세우려 하니 너는 피하라.[동명이 장
차 일어날 조짐을 이름이래 동해 가에 가섭원迦葉原이란 곳이 있어 땅이
기름지니, 왕도를 세울 만하다" 하였다. 아란불이 왕을 권하여 도읍
을 그곳에 옮기고 국호를 동부여라 하였다. 부루가 늙고 아들이 없
어서 하루는 산천에 제사하고 후사를 구할새, 탔던 말이 곤연鯤淵에
이르러 큰 돌을 보고 마주 대하여 눈물을 흘리었다. 왕이 이상히 여
겨 사람을 시켜 그 돌을 들치니 금색 개구리 모양의 어린아이가 있
는지라, 왕이 기뻐하여 이것은 하늘이 나에게 아들을 주심이라 하고
거두어 기르고, 이름을 금와金蛙라 하였다. 금와가 장성하매 태자를
삼고 부루가 돌아간 후 금와가 위를 이어 왕이 되었다. 다음에 위를
태자 대소帶素에게 전하였던 바, 지황 3년 임오에 고려왕 무휼(대무신

왕)에 쳐서 대소를 죽이니 나라가 없어졌다.

• 고구려

고구려는 곧 졸본부여다. 혹은 지금 화주和州 또는 성주成州 등이라 하나, 모두 잘못이다. 졸본주는 요동 방면에 있다. 국사 고려 본기에 시조 동명성제의 성은 고씨요 휘는 주모이니, 이 앞서 북부여왕 해부루가 동부여로 피하고 부루가 돌아간 후 금와가 뒤를 이었다. 이때 태백산 남쪽 우발수에서 한 여자를 만나 물으니, 대답하되, 나는 본시 하백의 딸로 이름은 유화인데, 아우들과 나와 놀고 있을 때, 한 남자가 있어 자신은 천제의 아들 해부루라 하고 나를 웅신산熊神山 아래 압록鴨淥 가 발수渤水의 집안으로 꾀어 사통하고 가서 돌아오지 않으므로[단군기壇君記에는 서하西河 하백의 딸과 친하여 아들을 낳아 부루라 이름하였다고 하였는데, 지금 이 기사에는 해모수가 하백의 딸을 사통하여 뒤에 주몽을 낳았다 한다. 단군기에 아들을 낳아 부루라 이름하였다 하니, 부루와 주몽은 이복형제일 것이다] 부모가 중매 없이 나 혼자 혼인한 것을 꾸짖어 이곳으로 귀양보낸 것이라 하였다. 금와가 이상히 여겨 방에 가두었더니 햇빛이 비쳤다. 그가 몸을 피하매 그리로 쫓아와 비치며 인하여 태기가 있더니 알 하나를 낳았다. 크기가 닷 되 들이만 하였다. (중략)

졸본주에 이르러 도읍을 하였으나, 미처 궁실을 지을 여가가 없고 다만 집을 비류수 위에 짓고 거기에 거하여 국호를 고구려라 하고, 고로서 씨를 삼았다.[본래 성은 해解였는데 지금 천제의 아들로 햇빛을 받고 낳았다 하여 스스로 고씨로 하였다] 이때 나이 12세였으니, 한 효원제 건소 2년 갑신에 즉위하여 왕이라 일컬었다. 고구려가 전성하던 때는 22만 580호가 되었다. 주림전珠琳傳 제21권에 쓰였으되, 옛날 녕품리寧禀離 왕의 시비가 임신하였는데 관상쟁이가 점쳐서 가로되, "귀히 되어 왕이 되겠다" 하였다. 왕이 말하기를, "나의 자식이 아니니 죽이는 것이 마땅하다" 하였다. 시비가 아뢰되 하늘로부터 기운이 내려와 임신한 것이라 하였다. 그 아이가 나매 상스럽지 못하다 하여 도야지 우리에 버리니 도야지가 입김을 넣어주고, 마굿간에 버리니 말이 젖을 먹이어서 죽지 않게 하여 마침내 부여왕이 되었다.[이것은 동명제가 졸본부여의 왕이 될 것을 말한 것이다. 졸본부여는 또한 북부여의 별도이므로 부여왕이라 한 것이다. 녕품리寧禀離는 부루 왕의 이칭이다]

졸본부여는 북부여의 별도라고 했습니다. 북부여의 일파라는 뜻입니다. '졸본'은 '수리' 쯤으로 발음되는 고구려어를 적은 것입니다. 부여는 부리야트어로 적은 것이죠. '수리 부리야트'를 달리 적으면 고구려가 됩니다. '고'는 높다는 뜻이고, '구리, 계루'는 주몽이 나온 부족 명입니다. 따라서 졸본부여는 부리야트의 일파임을 나타내는 종족 명이고, 고구리는 주몽의 출신 부족을 강조한 이름입니다. 주몽이 왕권을 쥐면서 부리야트 전체를 대표하게 되었지만, 자신의 종족 명으로 나라 이름을 정한 것입니다.

이 이름에 대한 갈등은 백제에서도 그대로 재현됩니다. 고구리의 뜻을 강조하여 나라 이름을 정한 것이 온조(몽골어 öndür)이고, 성씨인 부여를 강조하여 나라 이름을 정한 것이 '비류(부리야트)'입니다. 이 갈등에서 온조가 이기고 비류가 패하죠. 그래서 나라 이름도 십제에서 백제로 바뀝니다.

원래 부리야트는 은주 교체기에 황하 하류와 북경 근처에 살던 부족이었습니다. 이들이 중국의 팽창에 밀려 점차 만리장성 바깥으로 밀려남에 따라, 이들은 발해만을 따라서 동북쪽으로 계속 이동했습니다. 사마천의 『사기』가 기록될 즈음에는 위만조선 밑에 있다가 위만조선이 망하자 스스로 나라를 세운 것입니다. 위만조선은 만리장성 바깥에 있는 나라였고, 고구려도 그 근처에 있었습니다. 그러다가 위만조선이 망하자 이들은 위험을 느끼고 동쪽으로 이동합니다.

　　한 나라가 근거지를 옮기면 모든 사람이 다 따라가지 않습니다. 살던 곳에 살고자 하는 사람이 있고, 떠나는 지도자를 따라가는 사람이 있죠. 부여는 위만조선의 멸망으로 이런 상황을 맞이한 것입니다. 그래서 위험이 덜한 동쪽으로 더 옮겨가는 세력이 생기는데, 이들이 바로 동부여입니다. 그렇다면 남은 사람들은 어찌할까요? 남은 자들 가운데서 지도자를 뽑기 마련입니다. 이가 부여의 왕이 될 것입니다. 하지만 동쪽으로 떠나서 나라를 세운 사람들과는 구분해야 합니다. 그래서 북부여라고 한 것입니다. 부여가 위만조선의 멸망으로 북부여, 동부여 둘로 나뉜 것입니다. 이 상황이 아란불과 해모수라는 두 인물을 신격화하여 신화로 묘사된 것입니다.

　　졸본부여는 북부여라고 했습니다. 남아있는 자들 가운데서 또 한 나라가 선 것인데, 주몽이 소서노와 결혼하여 나라를 세웠으니, 부리야트 부족 가운데서 주몽은 코리족이고 소서노는 구다라 족이어서 코리와 구다라 두 부족의 연합으로 나라를 세운 것입니다. 그렇다면 나머지 북부여와 동부여의 주체세력은 발구진일 수밖에 없습니다. 곧 발구진이 북부여와 동부여로 갈라지면서 힘이 분산되자, 그 밑에 있던 부족인 코리와 구다라가 연합하여 새로운 부여인 졸본부어를 세우고, 곧바로 나라 이름을 '고구리[高句麗]'로 바꾼 것입니다.

고구려가 자리를 잡자 주몽의 아들 유리가 와서 태자가 되는데, 이것이 갈등의 씨앗이 되어 결국 코리족의 국가 수립을 도왔던 구다라족은 한반도로 남하하여 그들만의 나라를 세웁니다. 그것이 백제입니다.

위 신화에서 우발수는 '우'만 빼면 '발수'인데, 이것은 '패수'와 같죠. 두 나라의 국경이 맞닿는 곳에 있는 물줄기임을 알 수 있습니다. 서하西河라고 이름 붙인 것을 봐도 그렇습니다. 몽골어로 '바라간 baragvn'이 서쪽을 뜻하는데, 이것을 '발'로 줄이면 '서하'는 '발수'가 됩니다. 역사서에 자주 등장하는 패수는 중국이 아니라 조선 민족이 붙인 이름인 것도 이런 데서 확인됩니다. 아울러 『삼국사기』에 나오는 비류수沸流水도 발수와 같은 말입니다. '우발'을 한자의 음운 표기 반절법으로 보면 '알'이 되어 '아리수'가 됩니다. '서하, 발수, 비류, 압록, 압자'는 모두 같은 말을 달리 적은 것입니다.

하백은 중국의 신화에 따라서 물의 신이라고 설명하는데, 부여의 신화에 중국의 신이라니 가당치도 않습니다. 몽골어로 강江은 'ike gool'이고, 시내溪는 'goroha'이고, 도랑溝渠은 'goo subak'입니다. 이것을 하백河伯으로 적은 것입니다. 강이나 냇물을 뜻하는 말을 한자로 옮길 때 맏이[伯]라는 뜻으로 옮겼으니, 하백은 패수를 지배하던 우두머리를 가리키는 말입니다. 몽골어로 '스승'을 'baksi'라고 하니, 이 의미가 저절로 따라붙었을 것입니다.

우발수의 '우'는 그의 딸 이름인 유화에 있습니다. 몽골어로 버들을 'uda'라고 합니다. 꽃송이는 'kuis'입니다. 따라서 유화는 'uda-kuis'이니, 딸을 꽃송이에 빗대는 것은 동서고금에 흔한 일입니다. 심지어 'kuis'는 꽃의 옛말 '고지'와도 비슷한 발음이 나네요. '고지'는 꽃[花]의 뜻도 있지만, '갈래, 가지, 가시, 아지'의 뜻도 있습니다. 박달의 아가씨라는 뜻입니다. 고조선이 통치하던 시절에 하백이 예맥족의 한 부족장이었다는 뜻입니다.

버드나무[柳]는 몽골어로 'uda'이고, 만주어로는 'fodo'이고, 우리말로는 'bədï(버드)'입니다. ㅂ(b)이 약화되면 'f'가 되었다가, 더 약화되면 아예 탈락해버립니다. 우리말의 발음(bədï)이 가장 강하고, 만주어(fodo)에서 첫 음이 점차 흐리멍덩해졌다가 몽골어(uda)에서 아예 사라집니다. 그래서 몽골어와 만주어와 우리말은 서로 비슷하면서 다른 발음이 나는 것입니다. 말의 뿌리는 세 겨레가 모두 같습니다.

이상을 종합하면 우발수의 하백은 'uda(박달)-baragvn(서쪽)-goo subak(강물)'이니, 박달 도읍의 서쪽 지역을 다스리는 우두머리를 뜻합니다. 부여에서 발수-패수는 아마도 송화강일 것입니다. 예맥족이 난하 근처에서 살다가 중국에 밀려나면서 차례로 패수 동쪽으로 옮기다가 이 무렵에는 송화강까지 떠밀려 왔음을 볼 수 있습니다. 송화松花의 경우, 몽골어로 소나무는 'narasu'입니다. ㄴ(n)이 탈락하면 소나무는 '아라수'가 됩니다. 말 그대로 '발수渤水'이고, '압자, 압록'이죠. 물론 만주어인 퉁구스어로는 '솔松'이 높다는 뜻이죠. 고려高麗를 'solho'라고 했으니, 高의 뜻을 볼 수 있습니다. 같은 강을 두고 서로 다르게 불렀음을 알 수 있습니다. 몽골어와 퉁구스어가 뒤섞여서 쓰이던 시절의 이름이라서 복잡합니다.

금와金蛙는 소리로 보면 신을 뜻하는 고대어 '고마'인데, 뜻으로 보면 황금 알타이[金山]를 뜻하는 '알, 아라'입니다. 金은 만주어로 'asi'이고, 터키어로는 'altï', 몽골어로는 'alti'입니다. 이 아라는 '아리수, 압록수, 압자하'로 기록됩니다. 우발수가 서쪽 패수를 말한다면, '아라'는 패수(발수)를 전부 지배하는 우두머리가 되겠죠. 금와와 유화의 관계는 권력자에게 딸을 볼모로 보낸 구도입니다. 이른바 정략결혼이죠. 유화가 '아라'라는 우두머리에게 시집갔다면 '알'을 낳는 게 당연하죠. 알타이족 출신의 우두머리가 알을 낳았다는 구도이니, 앞뒤가 딱딱 맞습니다.

'금와'를 뜻이 아니라 소리를 적은 말로 본다면, 금와의 '금'은 'čin'이기도 합니다. '금'이 'čin'이면, 와蛙는 개구리가 아니라 2음절어를 만들어주는 모음 'ㅇ'입니다. 따라서 '金蛙'는 'čina'나 'čino'의 소리베낌입니다. 이것은 중국을 뜻하는 말 'china'와 같은 말이죠.

여기까지 설명하는 것은 어렵지 않습니다. 이제 우리나라 상고사의 가장 큰 숙제 하나가 남았습니다. 이 신화에 나오는 복잡다단한 이야기입니다. 그 중심에 해모수解慕漱가 있죠. 유화를 꼬드겨 바람피우고 달아난 놈이 누구냐를 밝히는 것이 고대사의 한 장을 풀어내는 중대한 일이 될 것입니다. 이게 얼마나 복잡하고 정리가 잘 안 되는 이야기인지『삼국유사』편찬자인 일연도 이렇게 할주를 달았습니다.

단군기壇君記에는 서하西河 하백의 딸과 친하여 아들을 낳아 부루라 이름하였다고 하였는데, 지금 이 기사에는 해모수가 하백의 딸을 사통하여 뒤에 주몽을 낳았다 한다. 단군기에 아들을 낳아 부루라 이름하였다 하니, 부루와 주몽은 이복형제일 것이다.

먼저 족보를 좀 정리해보겠습니다. 해모수는 두 군데에 등장합니다. 북부여에서 부루를 낳을 때는 부루의 아버지로 등장하고, 부루가 동부여로 옮겨간 뒤에 나타난 또 다른 북부여에서는 주몽의 아버지로 등장합니다. 이런 상황 때문에 일연은 부루와 주몽을 이복형제로 본 것인데, 나이 차이가 너무 납니다. 곧 동부여로 옮아간 북부여에서는 해모수-해부루-금와-대소로 왕의 계보가 이어지는데, 주몽은 금와의 아들 대소와 함께 살다가 남쪽으로 도망갑니다. 해부루의 손자 대에 태어난 것입니다. 그러니 일연이 파악한 이 계보는 혈통만을 따지려다 보니 나타난 결과이지 실제 사실이라고 보기 어렵습니다.

문제는 '해모수'라는 존재입니다. 3대가 차이 나는 긴 시간에 동일 인물이 나타난다는 것은 생각하기 어려운 일입니다. 그렇다면 해모수는 사람의 이름이 아니라, 어떤 직책이나 왕을 뜻하는 말이 아닐까 짐작해볼 수 있습니다. 그런 차원에서 한 번 이름을 분석해 보겠습니다.

'해모수'는 '해+모수'의 짜임일 것입니다. 해解로 씨를 삼았다 하니, 성씨가 분명합니다. 이제 모수慕漱가 남았죠. 慕는 '그릴 모'입니다. '그리다'의 기본형은 '긋다'이고, 어근은 '긋'입니다. 그러면 '모수'는 '긋수'가 되겠죠. 이제 우리는 닮은 말을 찾아낼 수 있습니다. 퉁구스어에 '*kese'가 있습니다. 이것을 한자로 적은 것이 거서居西, 거세居世임을 우리는 압니다. 또 거수渠帥도 있죠.

그 아득한 옛날에 오룡거를 타고 당당히 돌아다니며 여자를 제멋대로 후릴 만한 사람은 거서간 같은 왕뿐입니다. 해모수 스스로 '천제의 아들'이라고 말했습니다. 천자天子라는 말입니다. 조선에서 천자는 단군과 천군밖에 없고, 단군과 천군은 퉁구스어로 '거서간'이라고 한다고 제가 여러 차례 말했습니다. 거서간은 퉁구스어인데, 해모수는 몽골어입니다. '해'가 그것을 말합니다. 『삼국유사』에서는 거서간을 거슬한居瑟邯이라고도 했습니다. 고구려 계통의 사람 이름 중에 '해'가 많습니다.

거서간은 신라 시조 박혁거세를 가리키는 말입니다. 박은 성이니, 혁거세를 보시기 바랍니다. 赫居世. 거세居世는 거서居西와 똑같습니다. 그러면 해모수의 '해'와 혁거세의 '혁'이 짝을 이룹니다. 한눈에도 같은 말로 보이죠? 赫은 '밝을 혁'입니다. '해'를 뜻하는 말이죠. 거서간과 같은 말이 혁거세입니다. 그러니 '박'과 '혁'은 같은 말을 되풀이한 것이죠. '박거세'나 '혁거세'라고 하면 될 것을, 뜻을 잘 모르는 후세 사람들이 박과 거세 사이에 안 넣어도 될 '혁'을 집어넣은 것입니다. '모찌 떡'이나, '역전 앞'처럼 말이죠. 박혁거세는 사람 이름이 아니라 천군(단군)을 가리키는 보통명사입니다. 해모수도 그렇습니다. 퉁구스어로 발음하느냐 몽골어로 발음하느냐 그 차이일 따름입니다.

그렇다면 이제 한 가지 의문이 풀립니다. 『삼국유사』맨 앞부분 왕력王曆에 보면 주몽을 단군의 아들[壇君之子]라고 한 구절입니다. 주몽의 아버지가 해모수이기 때문에 단군이라고 적은 것입니다. 따라서 해모수는 단군을 몽골어로 적은 말이라는 것을 알 수 있고, 앞서 '모수'가 '거서', 곧 단군임을 입증했습니다.

특이한 건 단군 앞에 성이 붙었다는 것이죠. '해'. 해모수는 '해거서'이고 '해단군'이라는 뜻인데, '해'가 바로 몽골족을 뜻하는 증거이니, 퉁구스족 단군조선이 몽골족 기자조선으로 바뀌었고, 따라서 호칭에도 변화가 생겨 기자조선의 단군을 그전의 단군과 구별하여 '해단군'이라고 했다는 증거입니다. 따라서 주몽이 단군의 아들이라고 할 만한 충분한 증거가 있는 셈입니다. 그리고 이런 정당성이 있기에 신라의 거서간이 경주에서 나라를 세우자마자 주몽도 기다렸다는 듯이 단군의 적통이라고 주장하고 나라를 세운 것입니다.

　　이렇게 하려고 위와 같은 신화를 만들어 낸 것이죠. 주몽 신화는 탁리국橐離國, 또는 고리국藁離國 신화로 알려졌고, 내용은 똑같습니다. 그런데 윗글에 보면 할주로 처리된 문장이 있습니다.


　　녕품리寧稟離는 부루 왕을 달리 칭하는 말이다.


　　'寧稟離'를 세로로 써놓고 보면 탁리橐離나 고리藁離의 오타로 보입니다. 그런데 오타가 아닙니다. '부루' 왕을 가리키는 말이라고 설명해놓았기 때문입니다. '녕품리=해부루'라는 말이죠. 녕寧은 '편안할 녕, 어찌 녕'입니다. '어찌'의 어근 '엇'을 적은 말입니다. '품리'는 받침을 떼고 읽으면 '푸리, 풀'이 될 것이고, 이것은 한 눈에도 '부루'와 같은 말로 보입니다. '녕'으로 표기한 '어찌, 엇'은 '앗'인데, 이것이 '얼, 알'로 음운 변화합니다. '해'와 '알'은 같죠. 이틀 사흘 할 때의 '을, 흘'이 바로 해를 뜻하는 '알'입니다. 그래서 해모수의 여인들이 자꾸 '알'을 낳는 것입니다. 옆구리로 말이죠. '녕품리는 '앗불, 알불, 아라불'이 되는데, 이것을 보면 재상 '아란불'과 똑같습니다. 어원을 보면 해부루와 아란불은 같은 사람인 것 같습니다. 동일인을 표기가 달라서 다른 사람으로 알고 해부루와 아란불로 달리 적는 통에, 달라진 두 이름을 연결하려다 보니 이야기 전개가 이렇게 된 게 아닌가 싶습니다.

알타이어족의 '알타이'는 한자표기로 금산金山입니다. 알＝金, 타이＝山. 그렇다면 금와金蛙가 금개구리라는 것은 민간어원설일 뿐이고, 실제로 '금와'는 '알ㅇ'를 적은 것이고 '와'는 'ㅇ'를 적은 것에 불과합니다. 이어서 발음하면 '아라'가 되죠. 이름이 아니라 성씨이죠. 존자를 뜻하는 몽골어가 'erege'인 것은 벌써 몇 차례 말씀드렸습니다. 금와는 성이나 직책 이름이지 사람의 이름이 아닙니다. 'ere'가 남자를 뜻하는 말이니, 그냥 아이라는 뜻이기도 합니다. 친자식이 아니라 업둥이를 길렀다는 뜻입니다.

역사학계에서는 금와를 신을 뜻하는 '고마'라고 그대로 읽는데, 이것은 어원에 대한 이해가 전혀 없다시피 한 수준의 볼품 없는 견해입니다. 지금 이 이야기는 고구려를 세운 사람들의 입에서 전해오는 말이기 때문에 몽골어로 봐야 합니다. 퉁구스어인 '고마'를 갖다 댈일이 아닙니다. 이런 이야기는 제가 맨 처음 재밋거리로 하는 것이지만, 역사를 보는 또 다른 눈이 될 수 있으니, 너무 나무라지 마시기를 바랍니다. 알 수 없는 세계를 풀어가는데 접근 방법이야 많을수록 좋은 것 아닙니까?

### 고구려의 사회 구조

『삼국지』에는 고구려를 구성하는 5부족이 나옵니다. 계루부桂婁部, 소노부消奴部, 절노부絶奴部, 관노부灌奴部, 순노부順奴部가 그것입니다. 『후한서』 동이전 고구려 조에 이렇게 나옵니다.

一曰内部 一名 黃部 卽 桂婁部也
二曰北部 一名 後部 卽 灌奴部也

三曰東部 一名 左部 卽 順奴部也

四曰南部 一名 前部 卽 絶奴部也

五曰西部 一名 右部 卽 涓奴部也


물론 『삼국사기』 같은 국내의 기록과 대조해보면 한자를 조금 다른 것으로 쓴 경우도 있습니다만, 대체로 그 소리는 비슷합니다. 한자 기록이 다르다는 것부터가 심상치 않습니다. 꼭 그 한자로 쓰지 않아도 된다는 것은, 어떤 소리를 한자의 음을 빌어서 적었다는 증거입니다. 훈차가 아니라 음차라는 것이죠. 하나씩 살펴보겠습니다.

계루桂婁, kyölu는 윷말 '걸'에서도 보셨지만, 중앙을 뜻하는 말로 몽골어에 'gool'이 있습니다. 똑같습니다.

순노順奴, jiuəno는 몽골어에 'jegün'이 있는데, 이게 '왼쪽, 동쪽'을 뜻하는 'jün'이고, 만주어로는 '왼쪽'을 뜻하는 'jun'이 됩니다.

연노涓奴, ueno는 '서쪽, 오른쪽'을 뜻하는 몽골어 'örne'와 같습니다.

절노絶奴, jueno는 '위'를 뜻하는 몽골어 'degere'이고, '남쪽'은 'jule-rgi'입니다.

관노灌奴, kuanno는 '뒤'를 뜻하는 몽골어 'qoyina'이고, '북쪽'은 'qoyitu'입니다.


이들은 지배층입니다. 만주와 한반도의 토착 부족은 길랴크와 아이누입니다. 길랴크는 러시아 아무르강 하구 주변에 극소수만이 있고, 아이누는 일본 홋카이도에 몇천 명이 사는데, 아이누어를 구사하는 노인은 100명이 채 안 된다고 합니다. 이 두 민족이 원래의 토착 부족이었는데, 한반도의 서북쪽 초원지대에서 청동기와 철기로 무장한 세력이 밀려들면서 그들과 연합국가를 만듭니다.

주몽이 남쪽으로 내려와서 송양과 한판 붙습니다. 그런데 송양 松壤은 말 그대로 '소노'입니다. 송양이 활쏘기로 주몽과 대결해서 지는 바람에 순순히 그곳 땅을 내주는데, 이것이 바로 왕권 교체의 과정을 짧은 신화로 표현한 것이 아닌가 짐작됩니다. 松의 뜻은 '솔'이고, '솔'은 북방어에서 높다는 뜻입니다. 壤은 '누리, 나라'에서 보는 '나'입니다. 그러니 송양은 그냥 '소나'죠. 소노부에서 계루부로 왕권이 넘어갔으니, 송양이 고조선 치하에서 중국과 항전하는 주 세력이었던 것으로 보입니다.

### 고구려의 언어

말이 나온 김에 고구려어 몇 가지를 더 살펴보겠습니다. 먼저 시조 동명성왕의 이름이 '주몽'입니다. '성왕'은 거룩한 임금님이라는 뜻이니 존칭입니다. '동명'이 무슨 말인지가 문제죠. 저 유명한 『삼국지』 위서 동이전에 '其俗言朱蒙者善射也'라고 나옵니다. '주몽'의 말뜻이 '활을 잘 쏜다'라는 거죠. 주몽은 어릴 때부터 활을 잘 쏴서 임금의 자리에 오른 사람입니다. 조선의 태조 이성계도 그렇죠.

몽골어로 '화살'은 'sumun'입니다. 오늘날 발음으로 '쑤문'쯤 될 텐데, 이 정도면 '주몽'과 비슷하지 않나요? 고구려 호태왕비에 시조 이름이 '추모鄒牟'로 적힌 것을 보면 발음이 'sumun'에 훨씬 더 가까워지죠. 활을 잘 쏘니까 어릴 적부터 '화살'이라고 부른 건데, 그럴듯합니다. 이게 만주어로 건너오면 'maŋga(善射)'가 됩니다. '동명東明'은 동쪽을 뜻하는 몽골어 'jegun〉jun(東)'과 만주어

'maŋga(善射)'이 만나서 이루어진 말입니다. 몽골족의 지도자 이야기를 퉁구스족이 말하게 되면서 두 말이 섞인 것이죠. 'sumun'과 'maŋga'가 만나면 더욱 '주몽'에 가까운 발음이 납니다. '쑤문망가'가 줄어들면 충분히 '주몽'으로 발음될 수 있습니다.

『위지』에 보면 고구려에서는 왕의 종족을 고추가古鄒加라고 했다는데, 만주어로 '시중侍中'을 'gočika'라고 합니다. 똑같은 발음이죠. 고구려의 귀족을 같은 지배층이던 퉁구스족이 부른 이름임을 알 수 있습니다. 고구려에서는 지방 장관을 욕살褥薩이라고 불렀습니다. 몽골어로 '날개, 옆'은 'jigür'이고, 만주어로 '대신, 귀인'은 'said'입니다. 서로 다른 민족이 지배층으로 섞여 살면서 생긴 말입니다.

고구려 멸망의 씨앗이 된 연개소문의 벼슬 이름은 대막리지莫離호였습니다. 터키어로 '대왕'은 'maqarač'입니다.(『비교언어학적 어원사전』) 'č'는 '벼슬아치, 다루가치, 누루하치'에서 보듯 사람을 뜻하는 말입니다. 여기에 '대'가 붙었으니, 왕 이상의 권력을 행사했다는 뜻이겠지요. 실제로 연개소문은 왕을 허수아비로 만들고 자신이 전권을 행사했습니다. 그 권력을 잡으려고 아들 형제가 싸우는 바람에 고구려가 망하는 계기를 만들죠. 권력을 한 군데로 몰빵한 것이 오히려 고구려의 아킬레스건이 되었습니다. 독재는 예나 이제나 위험한 것임을 이런 데서 봅니다.

예맥족은 앞서 살펴본 대로 중국의 북동부에서 움직이기 시작해서 여러 자취를 남깁니다. 『삼국유사』 고조선 조에는 '고려'를 '고죽孤竹'이라고도 했는데, 이것도 고구려의 뜻입니다. 대나무나 갈대를 몽골어로는 'qusulu'라고 하는데, 우리말에서도 '갈대'를 '갈'이라고 한 것을 볼 수 있죠. 그러니 孤竹은 'kokulu'라고 읽으면 되죠.

고구려를 적은 말입니다. 중산국中山國도 마찬가지입니다. 몽골어로 가운데를 'kogoro'라고 하고, 산을 'agula'라고 합니다. 이 둘을 합치면 'kogura'가 되죠. 이처럼 고구려의 자취가 중국 땅 여기저기에 남았습니다.

근래에 중국 오지 여행을 하고 온 분들의 얘기를 보면 묘족, 장족이 사는 서남쪽도 그렇고, 중국의 오지에 '꺼우리'라는 말을 하는 사람들이 많다고 합니다. 그들의 사는 모습을 보면 맷돌을 쓴다든지, 절구를 쓴다든지 하여 우리나라와 비슷한 습관이 많다고 하니, 예맥족은 동북쪽으로만 간 것이 아니라 사방으로 흩어진 것으로 보입니다.

중국으로 좀처럼 동화되지 않고 자신의 정체성을 끝까지 지키려는 고집이 보입니다. 2천 년이 넘도록 그 자취가 남아있다는 것은 정말 대단한 일입니다. 위에서 보이는 '고죽'이니 '중산'이니 하는 말들도 그런 자취들이라고 봅니다. 심지어 태국의 치앙마이에 다녀온 사람들도 거기서 맷돌을 비롯하여 지게처럼 우리와 비슷한 풍속을 보았다고 합니다.

### 고구려의 기원

마지막으로 고구려의 기원에 대해 정리하고 가겠습니다. 주몽이 왕위에 오른 것을 고구려의 건국으로 보는 게 역사학계의 정설입니다. 그렇다면 문제가 당장 생깁니다. 즉 역대로 왕을 배출한 부족은 고구려의 5부족 중에서 소노부였다는 것입니다. 이게 뭔 소립니까? 그러면 이 기록은 고구려의 역사와 완전히 모순입니다. 이 모순을 해결하는 것은 고구려가 주몽부터 시작되지 않았다는 것입니다. 고구려가 아닌 다른 이름으로 이어져 오다가 주몽부터 이름을 고구려라고 했다는 것이죠. 그렇다면 그 전에는 무엇이었을까요?

앞서 간단히 말하고 지나온 적이 있습니다. 원래 주몽 이전의 고구려는 다민족 연합국가였고, 그것을 주도한 세력은 소노부였습니다. 이때의 이름은 무엇이었을까요? 소노부가 세운 부족국가 이름은 기자조선이었을 것으로 짐작됩니다. 기자조선의 마지막 왕 준은 위만에게 속아서 밀려났고, 남쪽으로 도망가서 삼한의 우두머리가 됩니다.

그런데 한참 뒤 백제 세력이 고구려에서 벗어나 한강 가에 왔을 때 그곳 세력에게 큰 저항을 받지 않고 나라를 세웁니다. 이게 정말 이상하죠. 먼저 가서 살던 준 왕의 세력이 호응하지 않으면 안 될 일입니다. 준 왕의 세력과 소서노 세력이 같은 혈족이었다는 증거입니다. 준 왕이 한반도 남쪽으로 도망간 뒤 100여 년 만에 다시 같은 피붙이 거레가 남쪽으로 우르르 내려온 것입니다. 그러니 원래 있던 사람들은 이들을 환영할 수밖에 없죠.

우리 고대사를 훑어보면 중국의 침략에 가장 강하게 맞서 싸운 부족이 예맥족이고, 이들의 언어는 몽골어임을 보여줍니다. 터키계 흉노족들이 밀려난 틈에 이들의 강한 전투력 밑으로 다른 동이족들이 합류한 것이고, 그것이 기자조선의 뼈대입니다. '기자조선'이라는 기치 아래서 중국과 맞서 싸우며 끝없는 세력 재편이 이루어진 것이고, 기자조선이라는 이름을 더는 유지하기 어렵게 되자 그 밑에서 각기 독립한 것이 기원전 무렵의 동북아시아 상황입니다.

그 선두주자가 고구려이고, 이들은 북으로 부여를. 서남쪽으로 한사군을 물리치면서 당당히 새로운 시대의 주인공으로 등장합니다. 기자조선의 이름을 새 이름으로 바꾼 사람이 주몽이고, 그것이 고구려입니다. 『삼국유사』 왕력에 주몽을 '壇君之子'라고 적은 것은 그것을 뜻합니다. 주몽은 단군을 잇는 사람이었던 것입니다. 단군은 대대로 조선의 임금을 가리키는 말이었습니다. 주몽이 그 노릇을 새로 맡게 되었다는 뜻입니다.

여기서 잠깐 생각해볼 것이 고구려와 백제를 세운 여인 '소서노 召西奴'입니다. 아무리 봐도 사람 이름 같지가 않습니다. 특히 여인의 이름이라는 게 믿기지 않습니다. 고구려 이전에 왕족을 배출하던 '소 노부'를 너무 닮았습니다. 여기에다가 방향을 나타내는 서西가 붙었 습니다. '노奴'는 고구려의 부족을 나타내는 '나那'와 같은 말이죠.

이것을 사람 이름이 아닌 부족의 이름으로 본다면, 왕위 계승을 계루부에게 빼앗긴 소노부가 남쪽으로 내려와서 따로 세운 왕국이 백제가 됩니다. 소서노가 주몽을 왕으로 만들었으니, 원래는 소서노 가 왕족이었다는 말도 됩니다. 소노부 일파인 소서노가 남쪽으로 내 려와서 백제를 만들었다는 것이죠. 이렇게 봐도 매끄럽습니다.

위만조선이 망할 때의 상황은 이 글의 첫머리에서 자세히 알아 봤습니다. 당시의 평양은 서기자의 영역이었고, 망한 그곳 근처에 한 사군을 설치하는 건 너무나 당연한 일입니다. 그러면 한사군을 받아 들이기 힘든 예맥족으로서는 어디로 가야 할까요? 당연히 더 동쪽인 요동 지역입니다. 그러다가 조선이 완전히 망한 뒤에는 만주까지 밀 렸겠죠. 중국과 국경을 맞댄 서기자에서 출발하여 발해만 복판에 있 는 복판기자를 거쳐서 만주까지 밀립니다. 그래서 부여가 송화강에 자리 잡는 것입니다. 그래서 '북'이 수식어로 붙었죠. 원래는 북쪽에 있지 않았고, 흉노의 남쪽이자 중국의 동쪽에 붙어서 중국과 늘 싸 움을 하던 겨레였죠. 그러다가 위만조선의 멸망과 함께 동쪽으로 천 리나 떠밀려 송화강 상류로 온 것입니다.

주몽은 북부여를 떠나 남쪽으로 내려오면서 수많은 사람을 만납니다. 재사, 무골, 묵거는 물론이고, 환인에 와서는 송양과 소서노를 만나 나라를 세우죠. 이들은 다 누구일까요? 위만조선이 망하면서 그 둘레에 흩어진 여러 부족입니다. 주몽이 큰 뜻을 품고 패잔병처럼 웅크린 북부여를 떠나자 마치 자석에 쇠붙이가 달라붙듯이 주몽의 곁으로 수많은 사람과 세력이 모여든 것입니다.

그리하여 주몽이 몇 년 지나 나라를 세울 때쯤이면 고구려의 지배 세력을 구성하는 5부족이 모두 모입니다. 순식간의 일입니다. 이런 빠르기는 누가 힘이 세서 억지로 시킨다고 되는 일이 아닙니다. 그곳에 사는 사람들의 숙원을 이루어줄 수 있기에, 너도나도 모여든 것입니다. 그 숙원이란 위만조선의 멸망으로 지리멸렬한 자신들의 처지를 옛날의 영광으로 되돌리는 일입니다. 소노부에서 왕이 나왔던 관례를 깨고 계루부 출신인 주몽이 왕이 되는 것도 그런 까닭입니다.

이런 기록과 과정을 보면 예맥족 내부에서 중국과 투쟁하는 사람들에게 권력의 중심이 옮겨갔음을 또렷이 볼 수 있습니다. 새로운 세력으로 중국과 싸우기 위하여 거기에 걸맞은 사람과 부족이 역사의 전면으로 드러난 것입니다. 그것이 고구려입니다. 그렇다면 소노부의 성격은 간단합니다. 기자조선 시절의 대중국 항쟁을 이끈 세력입니다. 하지만 조선이 망함으로써 이들의 목적은 실패했고, 그에 대한 책임 때문에 계루부에서 새로운 왕을 세운 것입니다.

고구려의 수도 위치를 잘 살펴볼 필요가 있습니다. 처음에는 혼강의 환인에 수도를 정했다가, 몇 년 안 되어 유리왕이 압록강의 집안으로 옮깁니다. 집안은 아주 독특합니다. 평지에 국내성이 있고, 산꼭대기에 위나암성이 있는 이중 구조입니다. 즉 평시의 수도 노릇을 하는 성과 전쟁 시의 지휘소 노릇을 하는 성을 따로 쌓은 것입니다. 위나암성은 오녀산성으로, 깎아지른 바위 벼랑 위에 있는 성입니다. 난공불락이죠. 고구려가 위만조선 시절의 영역을 모두 되찾은 뒤에도 수도는 내내 이런 험한 골짜기에 있었습니다.

그것은 지키기 위한 계산입니다. 즉 위만조선이 망한 과정을 익히 알기에 고구려로서는 교통이 좀 불편해도 어느 방향으로 적이 들어와도 쉽게 지킬 수 있는 험한 골짜기를 택하여 도읍을 정한 것입니다. 장정 몇 명만 제대로 지켜도 공격할 수 없는 성이 위나암성입니다. 그래서 실제로 요동 태수가 공격해서 국내성까지 함락했지만, 위나암성은 결국 함락하지 못하고 되돌아간 사례도 있습니다. 고구려가 수도를 함락당하는 것은 모구검에게 당한 그 한 번뿐입니다. 장수왕 때 대동강의 평양으로 수도를 옮김으로써 결국은 망하게 되는 것을 보면 고구려가 위만조선이 망하는 과정에서 수도의 위치에 대해 얼마나 철저하게 학습했는지 알 수 있습니다.

### 고구려 건국 신화와 관련한 새로운 이야기

저는 문학 시간에 신화를 공부할 때 동명성왕과 주몽이 같은 사람의 이야기가 아니라 서로 다른 사람의 이야기라는 얘기를 들으며 대학을 다녔습니다. 당시에는 특별한 자료가 없어서 그런가 보다 하고 지냈는데, 이번에 어원 공부를 하는 중에 역사 연구서를 읽다 보니 이에 관한 중요한 언급이 나오더군요. 그래서 한마디 합니다.

중국의 동북공정이 시작된 뒤에 만시지탄 운운하며 동북아역사재단이 출범하였고, 적지 않은 책을 낸다는 소식을 가끔 신문에서 보았습니다. 이름만 보면 중국의 동북공정에 대항하는 것일 텐데,

막상 거기서 나온 책을 읽어보니, 중국의 동북공정을 오히려 정당화해주려는 국내의 '박수부대'가 아닌가 하는 의심이 절로 납니다.

늦깎이로 대학원 다니는 마누라 따라서 충북대학교에 놀러 갔다가 중앙도서관에 들렀는데, 동북아역사재단에서 냈다기에 혹시나 뭐좀 새로운 내용이 있을까, 하여 꺼내든 책이 『요동군과 현도군 연구』(2008)입니다. 그런데 우리가 12년 동안 학교에서 신물 나게 배운 그 교과서의 내용을 더 정당화해주는 내용으로 가득 찬 책인데, 거기에 이런 내용이 나옵니다.

> 『염철론』과 『한서』 지리지에서 보듯이 전한 말기부터 요동의 패수를 대동강 유역의 고조선 중심지에 가까운 조선계 지명인 패수浿水와 구별하기 위해 패수沛水(『염철론』, 『한서』), 또는 패수溴水(『위략』)로 고쳐서 부른 것으로 생각된다.(47쪽)

단재 신채호가 역사상의 기록을 언어학에 의존하여 문제를 풀려는 갸륵한 시도를 한 지가 벌써 100년이 지났는데, 정작 그 후배들이 이끄는 100년 뒤 오늘날의 역사학계가 이 지경입니다. 역사에서 사실을 다루는 사람이 '고쳐서 부른 것으로 생각된다'고 제 상상과 짐작으로 결론을 냅니다.

요동의 패수와 한반도의 패수를 구별하기 위하여 중국의 옛날 사가들이 한자를 달리 썼다는 것인데, 어림 반 푼어치도 없는 일입니다. 실제로 그랬다면 그렇게 한 역사기록의 전례나 관행 같은 증거를 대야 합니다. 역사 기록자들이 그런 적이 없는데, 연구자가 자기 생각이 그럴 것이라고 하여 그것을 이런 식으로 대놓고 써놓으면 그게 상상력으로 역사소설을 쓰는 것과 뭐가 다를까요?

　앞서 본 것처럼 浿水니 沛水니 한 것은, 중국의 사가들이 남의 거레가 쓰는 말의 소리를 듣고 적은 것이기 때문에 듣는 사람마다 달라서 제멋대로 적힌 탓입니다. 우리가 'Newyork'을 '뉴요크, 뉴욕, 뉴욕, 뉴요오크, 뉴요올크, 뉴요르크'라고 듣는 사람마다 다 달리 적는 것과 같은 이치입니다. 한반도 밖의 물줄기와 한반도 안의 물줄기를 가르려고 한자를 달리 선택했다는 것은 말도 안 되는 주장입니다.

　그럴 만큼 중국의 옛 사가들이 사려 깊지도 않습니다. 남의 일에 대해서는 자기들 멋대로 휘갈겨대는 것이 중국 역대 사가들의 못 돼 먹은 버릇입니다. 사방의 오랑캐를 짐승에 빗대어 이름 붙이는 꼬락서니를 보십시오. 남만, 북적, 서융, 동이. 모르면 소설 쓰지 말고 제발 국어학자들에게 물으십시오. 그게 망신당하지 않는 지름길입니다.

　이상한 건 또 있습니다. 『위략』에 '패수'를 '溴水'라고 적었다는데, 溴는 음이 '패'가 아니라 '호'입니다. 溴水를 왜 '패수'라고 읽었을까요? 이상한 한자는 또 있습니다. 최근 발견된 천남산泉男産 묘지를 소개하면서 호천滹川의 滹를 각주에서는 옥편에도 없는 이상한 글자(遞의 辶이 떨어진 글자)로 적어놨습니다. 이것도 오타일까요? 한문에 지식이 얕은 저로서는 잘 모르겠습니다.

　이 책을 읽으면서 뜻밖의 수확도 얻었습니다. 천남산은 아버지 연개소문이 죽은 뒤 천남생과 권력투쟁을 하다가 쫓겨난 사람이죠. 이들 때문에 고구려가 망하는데, 백과사전에서 천남산을 찾으니 이렇습니다.

연남산淵男産(639~701)은 고구려의 귀족으로 연개소문(617~66)의 셋째 아들이다. 선인先人으로 시작해 소형小兄, 대형大兄, 위두대형位頭大兄, 그리고 중군주활中軍主活을 지냈다. 666년 아버지 연개소문이 죽자 연남산은 그의 형인 연남건과 연합하여 정변을 일으켜 연남생을 몰아내고 정권을 장악한다. 그러나 668년 당나라가 고구려를 침략하고 고구려가 멸망의 위기에 처하자 당나라에 항복한다. 이후 당나라에서 연남산은 사재소경司宰少卿이라는 벼슬에 봉해진다. 연남산은 낙양에서 병사하였는데, 이후에 그의 비석은 그의 형 연남생의 것과 함께 낙양의 동부에서 발견되었다.

연남산을 천남산이라고 적은 것은, 피휘避諱입니다. 당 고종 이연의 이름이 연淵 자이기 때문에 그것을 피하느라고 뜻이 같은 천泉으로 바꿔쓴 것입니다. 심지어 불교 염불도 피휘를 하느라고 '나무아미타불 관세음보살'을 '나무아미타불 관음보살'이라고 하여 세世자를 빼버렸습니다. 당 태종의 이름이 이세민이기 때문입니다. 천남산의 묘지에 적힌 내용을 위의 책에서 인용했습니다. 다음입니다.

옛날에 동명은 하늘의 기에 감응하여 태어나 淲川을 건너 나라를 세웠으며, 주몽은 해를 품어 태어나 패수를 건너 나라를 열었다.

고구려인이 스스로 자기네 개국 신화를 전하는 것은 호태왕비에 이어 이것이 두 번째입니다. 이것을 보면 동명과 주몽은 다른 사람입니다. 이 둘이 같은 사람이라면 굳이 되풀이하여 넣을 필요가 없죠. 주몽이 건넌 강물은, 우리가 알기론 송화강입니다. 그런데 여기에서 패수라고 했습니다. 그러니 고구려가 설 때쯤에는 발해만 근처 요동에 있던 패수가 송화강으로 옮겨왔음을 알 수 있습니다. 패수가 계속 이동했다는 사실이 확인됩니다.

천남산을 기리는 비석에 동명을 넣었다면 동명도 고구려와 관련이 있는 것이 분명합니다. 그러면 이 기록을 어떻게 이해해야 할까요? 방법은 하나뿐입니다. 동명 신화도 사실이고 주몽 신화도 사실인데, 동명과 주몽이 다른 사람이라면, 뒷날의 주몽이 앞선 시대의 동명신화를 베꼈다고 봐야 합니다. 주몽은 고구려의 창시자이고, 동명은 고구려 이전의 왕조를 창시한 사람이라고 보는 것이죠.

앞서 살펴본 대로 고구려 이전의 왕조는 예맥족입니다. 예맥족의 창시자 신화가 바로 동명 신화이니, 예맥 국가를 만든 왕이 동명이고, 한참 후대에 고구려를 새로 연 임금이 주몽이라는 말입니다. 후대의 주몽에 권위를 부여하려고 그 당시에 유행했던 옛날의 건국 신화를 주몽에게 입힌 것이죠. 동명이 건넜다는 '호천'이 어디인지 알아보면 됩니다. 옥편을 찾으면 이렇게 나옵니다.

溥 - 강 이름 호. 산서성 번치현繁峙縣에서 발원, 백하白河로 흐르는 강. 澔와 동자.

백하는 만리장성 바로 옆에 있는 강입니다. 그러니까 예맥족의 나라를 개창한 사람이 건넌 강이 백하라면, 그가 세운 나라는 만리장성 근처에 있어야 합니다. 그리고 지금까지 내내 예맥족은 중국과 국경을 맞대고 그들과 싸웠다고 설명했습니다. 동명은 고구려를 세운 주몽이 아니라, 그 이전의 예맥족이 세운 나라의 첫 임금이었다는 말입니다. 위치도 이렇게 확정되었죠. 위만이 차지했던 중국 접경지역의 예맥조선이 바로 그들입니다.

그런데 조금 더 이전의 시기에 나온 중국 설화에도 이와 똑같은 난생신화가 나옵니다. 즉 동이족의 신화 중에 서언왕徐偃王 이야기가 그것이죠. 이름만 다를 뿐, 주몽 신화와 똑같습니다. 서언왕 이야기는 동이족의 이야기이고, 동이족들은 당시 만리장성 안의 황하 지역에 살았습니다. 서언왕, 동명, 주몽의 세 신화를 살펴보면 황하에서 송화강에 이르는 동이족의 고단한 행군이 엿보입니다.

고구려 주몽 신화를 읽으면서 도저히 이해가 안 가던 이름이 엄체수淹遞水입니다. 『삼국사기』에는 이렇게 나오는데, 광개토왕비에는 엄리대수奄利大水, 『양서梁書』 고려전에는 엄체수淹滯水로 나와서 기록도 일정하지 않습니다. 게다가 동명 신화에서는 이름도 달라서 엄호수奄㴲水, 시엄수施掩水, 엄사수掩㴲水로 나옵니다.

만주어로 황금은 아신asin, 愛新인데, 이것이 중국 주변의 여러 오랑캐 나라에서 아주 다양하게 표기된다는 것을 우연히 알게 되었습니다.* 곧 아십阿什, 아선阿鮮, 오신烏新, 오손烏孫 같은 말은 그 유사성을 쉽게 알아볼 수 있는데, 안차安車, 안출按出, 안춘按春, 아이태阿爾泰(알타이), 아륵적阿勒赤(알치), 아륵탄阿勒坦(알탕), 안대按臺(안타이), 안진按陳(안친), 안동按童, 이잔乙㫋, 아룬阿侖으로 기록되면 이것들을 같은 말로 알아보긴 어렵습니다.

『사기』 대완 열전에 엄채국奄蔡國은 『후한서』에서 아란료阿蘭聊로

---

* 주학연, 『진시황은 몽골어를 하는 여진족이었다 - 비교언어학으로 밝혀낸 중국 북방 민족들의 원류』(문성재 옮김), 우리역사연구재단, 2020. 299쪽.

나오는데, 이게 바로 아룬阿侖, 아라니阿蘭尼를 적은 것입니다. 곧 퉁구스어 지명이죠. 흑룡강에 아성阿城이라는 도시가 있는데, 옛 이름이 알추阿勒楚이고 이 강을 아식하阿什河라고도 부르는데, 옛날에는 안칙수按襯水라고 했고, 『금사』에는 안추후按出虎 수라고 적었습니다. 주몽 신화에 나오는 엄체수도 이런 말들의 동의어임을 한눈에 알아볼 수 있습니다. 이 말들은 금수金水를 뜻하는 퉁구스어입니다. 동명이 건넌 엄체수를 천남산 묘비에서는 호천이라고 했으니 백하白河가 분명하고, 백하는 패수(밝수)이니 고구려는 이때쯤 만리장성 바깥에 있었음을 알 수 있습니다.

이런 상황을 살펴보면 고구려를 주몽이 세운 것은 뒷날의 일이고, 그보다 한 참 더 전인 예맥족 시절에 처음으로 예맥족을 이끌며 중국과 항쟁을 한 나라가 예맥 조선이었는데, 그 나라를 처음 세운 사람이 동명이었다는 것입니다. 그렇다면 예맥 조선의 동명과 동이족 서徐 나라의 서언왕은 같은 사람이었을 것입니다. 서언왕의 신화가 동명의 개국 신화와 주몽의 개국 신화와 똑같기 때문입니다.

신화가 똑같다면 같은 사람의 이야기이고, 그렇다면 서언왕과 동명왕은 같은 사람이며, 그렇다면 서언과 동명은 같은 말일 것임을 짐작할 수 있습니다. 서언=동명. 모르겠다고요? 여러분이 아무리 고개를 흔들어도 지금까지 한국 상고사의 어원을 다루어온 제 눈에는 똑같은 말로 보입니다. '서언'은 음절을 줄이면 '선'인데, 조선과 숙신처럼 동이족을 가리키는 말에 음가가 그대로 살아있습니다. 게다가 같은 시절의 산융山戎도 이들과 한통속입니다.

서언을 우리말의 자취에서 찾는다면 더욱 또렷해집니다. 동쪽의 왕이라는 뜻입니다. 즉 '서언'은 '시(東)+한(王) 〉 새안 〉 서언'

이죠. 이것을 한문으로 번역하면 동명東明이 됩니다. 동명은 순우리말로는 새벽이고, 뜻으로는 동쪽이 훤히 밝아온다는 말 '새한'입니다. 그러니 신화의 내용으로 보나, 왕의 이름으로 보나 서언과 동명은 같은 사람임을 알 수 있습니다. 새한을 더 옛날의 중국식으로 쓰면 조이鳥夷가 되겠죠.

서언왕 이야기는 단채 신채호가 『조선상고사』에서 중국과 대항한 왕으로 아주 특별하게 취급했던 내용입니다. 일본 제국주의에 맞서 가슴속에서 민족주의의 불길이 활활 타오르던 시절의 단재에게는 이보다 더 즐겁고 또렷한 자긍심을 주는 이야기가 없었을 것입니다. 그때는 그 논리가 좀 무리라고 생각했는데, 이제 패수를 따지다가 천남산 묘지의 설명을 보니, 신채호의 주장이 한결 신빙성이 있는 것임을 확인하게 되었습니다. 남 욕하려다가 횡재를 한 기분입니다.

비교언어학으로 좀 달리 보겠습니다. '서언'에서 '서徐'는 중국의 동쪽에 있는 나라 이름이니, 나라 이름을 빼면 '언偃'이 왕의 이름입니다. 언은 옆으로 눕거나 길게 늘어선 둑을 가리키는 말입니다. 창 중에서도 날이 크고 길어서 언월도라고 합니다. 삼국지의 맹장 관우가 잘 썼다는 그 창이 바로 청룡언월도입니다. 앞서 동명과 주몽은 고구려 족으로 몽골어를 썼다고 했습니다. 몽골어로 언월도는 뭐라고 할까요? 'tumoge'입니다. 'ge'는 사람을 뜻하는 접미사이기도 하니, 'tumo'만 읽으면 될 것 같습니다. '언'이라는 귀인 존자ge를 말하는 것입니다.

주몽을 호태왕비에서는 '추모鄒牟'라고 적었습니다. 't'는 발음할 때 ㅊ과 ㅈ으로 넘나듭니다. '투모, 추모, 주모'로 모두 발음될 수 있다는 말입니다. 기록마다 다른 한자 표기는 모두 그것입니다. 어원을 더듬어보면 결국 서언왕도 '추모'였고, 주몽도 '추모'였고 동명도 '추모'였음을 알 수 있습니다. 시대를 달리해서 같은 영웅 이야기로 위기에 처한 민족의 단결을 도모한 자취겠지요.

동이족의 서언왕 이야기, 예맥 조선을 세운 동명왕 이야기, 고구려를 세운 주몽 이야기가 똑같은 줄거리를 갖는다는 것은, 이들이 이런 이야기를 중심으로 거레의 자긍심을 높여왔다는 것입니다. 시대를 달리해서 똑같은 이야기로 제 거레의 정체성을 확립하려던 것으로 보입니다. 알에서 태어난 사람이 왕이 된다는 것은 동이족을 대표하는 신화로 자리 잡았습니다. 서언왕의 이야기를 남의 나라 이야기라고 생각할 필요가 없게 되었습니다. 우리 역사가 동이족의 역사에 잇닿아 있다는 사실을 이 신화를 통해서 새삼 깨달으며, 아무래도 저는 신채호 선생을 넘어서기 어렵겠다는 즐거운 절망도 기꺼이 하게 됩니다.

### 고구려와 대방군

고조선이 망한 뒤에 중국에서 이름 붙인 한사군 말고, 고구려와 관련하여 중국에서 붙인 군현 이름 중에는 대방군이 있습니다. 『삼국유사』 북대방 조에 보면 대방은 죽담성竹覃城이라고 나옵니다. 대방帶方=죽담竹覃이죠. 帶와 竹의 짝은 쉽게 알 수 있습니다. 帶는 소리를, 竹은 뜻을 고른 것이죠. 둘 다 '대'를 표현한 말입니다. 그런데 方과 覃의 짝은 알 수 없습니다. '모 방方'과 '미칠 담覃'이니, 이 둘의 공통점을 보면 '모=및'인데, 뜻이 정확히 드러나지 않습니다.

그런데 『삼국사기』 지리지를 보면 다른 대조가 나옵니다. '帶方州本竹軍城'이 그것입니다. 이것을 보면 方은 軍과 짝을 이룹니다.

『삼국유사』의 罤은 軍의 오자일 것 같습니다. 이렇게 보면 다시 눈에 보이는 게 있습니다. 같은 지리지에 '三嶺縣今方山縣'이라는 말이 나옵니다. 三과 方이 짝을 이루죠. 三은 윷말의 '걸'에서 보듯이 우리말에서도 셋을 뜻합니다.

따라서 이 대조어에서 보면 方은 '모'가 아니라 '걸'에 비슷한 말과 대응합니다. '모'는 모서리를 뜻하는데, 이와 같은 뜻을 가진 우리말로는 '귀, 귀퉁이, 구석, 가장자리, 가생이' 같은 말이 있습니다. 어근을 '굿, 굳, 굴, 갓'으로 재구할 수 있죠. 만주어로 군대[軍伍]는 'kuren'이고, 몽골어로는 'kure'입니다. '나라'는 만주어로 'gurun'이고, 몽골어로는 'gürün'이며, 고구려어로도 '구루溝婁'가 성을 뜻하니, 『삼국사기』의 軍과 『삼국유사』의 罤이 나타내려는 말은 '구루'일 것입니다.

띠帶는 만주어로 'umiyesun'이고 몽골어로 'buse'입니다. '구루'가 고구려에서 쓰는 말이므로, 만주어보다는 아무래도 몽골어가 더 어울릴 것 같습니다. 따라서 대방帶方은 'buse-gürün'을 번역한 것이 분명합니다. 이와 관련된 자료를 찾아보니, 고구려에 '책구루'라는 게 있었다고 나오네요. 이 책구루가 바로 'buse-gürün'을 표기한 것이고, 그 한문식 번역어가 '대방'입니다. 『삼국지』 동이전 고구려 조 보면 이런 구절이 나옵니다.

한나라 때에는 북과 피리와 악공을 내려주었으며, (동이의 부족들은) 항상 현도군에 나아가 (한나라의) 조복朝服과 옷과 머리쓰개[衣幘]를 받아갔는데, (현도군의) 고구려 령이 그에 따른 문서를 관장하였다. 그 뒤에 차츰 교만 방자해져서 다시는 (현도)군에 오지 않았다. 이에

(현도군의) 동쪽 경계상에 작은 성을 쌓고서 조복과 의책을 그곳에 두어, 해마다 (고구려)인이 그 성에 와서 그것을 가져가게 하였다. 지금도 오랑캐들은 이 성을 책구루幘溝漊라 부른다. '溝漊'란 [고구려 사람들이 성을 부르는 말이다.

'幘'은 현대 중국어 발음으로 'zé'입니다. 'buse'에서 'bu'가 생략되고 'se'만남은 모양이죠. zé=se. 한자로 우리말을 표기할 때 한 음절로 줄이는 버릇이 적용된 것입니다. 'b'는 순경음화(ㅸ)를 거쳐서 단순 모음으로 바뀌었다가 발음이 사라지는 경우가 많습니다.

위의 설명을 보면 중국 측에서 내리는 조복과 옷 머리쓰개를 주고받는 곳을 가리키는 말이 책구루입니다. 책을 주고받는 성이라는 뜻이죠. 幘은 머리에 쓰는 것을 말하는데, 오늘날 우리 사회에서 이 것을 볼 수 있는 것은 상갓집의 상주가 머리에 쓰는 삼베 두건(巾)입니다. 띠 같은 것이 길고 높게 붙었죠. '巾'은 '뚫을 곤 ㅣ' 획이 그 띠를 나타내는 상형 글자입니다. 그래서 그것을 帶(띠 대)로 번역한 것입니다. 고구려의 '부쎄구루 〉 후쎄구루 〉 우쎄구루'를 액센트 넣어서 '체구루'라고 읽고, 원문으로는 '책구루幘溝漊' 한문 번역어로는 '대방帶方'이라고 한 것이죠. '衣, 服, 幘' 중에서 幘을 골라 쓴 것은, 몽골어와 비슷한 발음이 나는 말을 고르느라고 그랬을 것입니다.

그렇다면 대방군의 위치도 어느 정도 가늠할 수 있네요! 책구루인 대방군은 현도군과 고구려의 접경지역에 있는 곳이고, 그것도 고구려가 가기를 꺼린 곳입니다. 즉 대방군은 현도군 쪽에 훨씬 더 가까운 곳이라는 말입니다. 현도군의 동쪽 경계라고 나오네요. 따라서 현도군의 위치만 결정되면 대방군의 위치도 저절로 정해집니다.

한나라 때의 일이니, 대방군은 만리장성 밖이고, 만리장성에서 그렇게 멀지 않은 곳임을 알 수 있습니다. 아무리 멀게 잡아도 난하와 대릉하 사이의 어느 곳일 것입니다. 오늘날 역사학에서 말하는 대방군은 황해도 언저리라고 하는데, 황당무계할 따름입니다. 한사군을 한반도 안에서 찾으려는 사람들로서는 어쩔 수 없는 일이기는 하겠습니다만, 설령 요동군이 대릉하에 있었다고 해도 대방군이 황해도에 있을 수는 없습니다.

그런데 인터넷을 뒤적거리다 보니 또 책구루를 중국과 고구려가 조공 무역하는 장소라고 풀이하는 학자도 있는 모양입니다. 그건 어원이 가리키는 상황을 무시하고 사건만을 바라보려고 하는 학자들의 안쓰러운 망상에 불과합니다. 어원으로 보면, 책구루란 중국과 고구려가 틈이 벌어져서 서로 소 닭 보듯이 하는 상황에서 마지막 관계를 서로 놓지 않으려고 택한 궁여지책에 지나지 않습니다.

서로 얼마나 꼴 보기 싫었으면 한쪽에서 먼저 물건을 갖다 놓고, 다른 쪽에서 나중에 와서 그걸 가져가겠어요? 그저 전쟁만 피하겠다는 서로 간의 암묵이죠. 수틀리면 언제라도 한판 붙겠다는 뜻입니다. 이런 상황을 조공무역이 이루어지는 장소라고 해석하다니, 그 상상력이 참 놀라울 따름입니다. 소설을 한 편 써도 이보다는 더 나을 듯합니다.

한사군의 명칭이 왜 그렇게 붙었을까 생각해보면 좀 더 의미심장한 결론을 낼 수 있습니다. 만리장성 바깥의 동쪽 세계는 '조선'이었습니다. 그런데 그 조선이 위만조선을 마지막으로 사라집니다. 그러자 그 밑에 있던 여러 부족이 핵분열하듯이 쪼개집니다. 그러면서 '조선'의 권위를 되찾으려고 저마다 나라를 세우려 들죠. 이런 세력들을 하나로 뭉치게 놔두면 중국으로서는 다시 '조선' 같은 거대한

나라와 싸워야 합니다. 그래서 이들이 하나로 합치지 못하도록 쪼개어 각기 그들에게 권위를 부여합니다. 즉 중국의 벼슬을 주는 것이죠. 그러면 각 부족은 제가 우두머리인 줄 알고 그렇게 행세하려고 합니다.

이렇게 각기 우두머리가 된 부족들은 조선이라는 몸통에서 메두사처럼 수많은 대가리를 쳐들고 서로를 물어뜯는 아귀다툼을 하게 되죠. 자기들끼리 다투느라 바쁜 저들은 중국 쪽을 돌아볼 틈이 없게 됩니다. 중국으로서는 손가락 하나 까닥 않고 변방의 걱정을 덜게 되는 것입니다. 이것이 한사군에다가 각기 '낙랑(조선 본토), 진번(예맥조선), 타타르(임둔), 거란(현도)'이라는 이름을 붙인 것입니다.

이들이 얼마 못 가 흐지부지 끝나자, 이제는 '대방군'을 설치합니다. 고구려가 중국의 벼슬을 받아가는 일조차도 귀찮아하자, 중국으로서는 애걸복걸할 수가 없어 슬그머니 조복만을 갖다주고, 고구려로서는 모르는 척 받아주는 시늉만 남은 형식으로 바뀐 것이죠. 이것이 '책구루'로 표기된 대방군의 실체입니다. 책구루, 곧 대방군의 위치는『진서晉書』에 또렷이 나옵니다.

> 평주는 생각건대 우공의 기주 지역이며, 주나라의 유주이며, 한나라의 우북평군에 속했다. 후한 말에 공손도가 스스로 평주목을 칭했다. 그의 아들 공손강과 강의 아들 공손연이 모두 제멋대로 요동에 의거하니 동이 9종이 모두 복속하였다. 위나라는 동이교위를 설치하여 양평에 거하였고, 요동·창려·현토·대방·낙랑 등 5개 군을 나누어 평주로 삼았다. 후에 도로 유주에 합하였다. 공손연을 멸한 후에 호동이교위를 두어 양평에 거했다. 함녕 2년(AD 276) 10월,

창려·요동·현토·대방·낙랑 등 5군국을 나누어 평주를 설치했다. 26현 18,100호이다. (平州. 按, 禹貢冀州之域, 於周爲幽州界, 漢屬右北平郡. 後漢末, 公孫度自號平州牧. 及其子康 康子文懿竝擅據遼東, 東夷九種皆服事焉. 魏置東夷校尉, 居襄平, 而分遼東 昌黎 玄菟 帶方 樂浪 五郡爲平州, 後還合爲幽州. 及文懿滅後, 有護東夷校尉, 居襄平. 咸寧二年十月, 分 昌黎 遼東 玄菟 帶方 樂浪 等郡國五置平州. 統縣二十六, 戶一萬八千一百.『晉書』卷一十四, 志四, 地理 上, 平州)

제가 임둔을 타타르라고 했는데, 사마천의 『사기』 조선 열전에 보면 이런 말이 나옵니다.

그때가 마침 효혜孝惠, 고후高后의 시기로서 천하가 처음 평정되었다. 요동 태수는 곧 만과 약속하기를 "외신外臣이 되어 만이를 보호하고 변경을 침범하는 일이 없도록 하라. 여러 만이의 군장이 들어와 황제를 뵙고자 하거든 금하지 말라"고 하였다. 요동 태수가 이를 보고하니 황제가 허락하였다. 이런 까닭에 만은 병위兵威와 재물을 얻어 그 주위의 작은 나라를 침략하여 항복시키니 <u>진번과 임둔臨屯이 다 복속하였고,</u> 그 땅이 사방 수천 리가 되었다.

밑줄 친 부분을 잘 보시기 바랍니다. 여기에 임둔이 나옵니다. 그런데 이 임둔은 한사군의 그 임둔과 이름만 같을 뿐 실제는 다릅니다. 만약에 이 임둔이 한사군의 그 임둔이라면, 위만조선이 망한 뒤에 붙인 이름이어야 합니다. 그런데 이 구절을 보면 위만조선이 망하기 전의 일입니다. 한사군의 이름이 붙기 전부터 사용된 이름이라는 말입니다.

『사기』에는 북적 흉노 외에도 동이 조선의 이야기가 나오는데, 조선에 포함된 동이족에 관한 기록이 나옵니다. 흉노 열전에 나오는 동호도 조선의 구성원입니다. 여기의 진번과 임둔도 조선의 구성원이죠. 따라서 『사기』에 나타난 조선은 모두 셋입니다. 즉 '동호조선, 진번조선, 임둔조선'이죠. 위만조선까지 합하면 모두 넷입니다.

이 중에서 동호조선은 선비 오환족이고, 진번조선은 예맥족이고, 위만조선은 한족과 터키족이 연합하여 구성된 종족입니다. 그렇다면 임둔조선은 어떤 부족일까요? 임臨은 '다다를 림'입니다. '다다를'에서 연상되는 부족 이름이 있나요? 저는 있습니다. 바로 타타르[韃靼]이죠. 말갈족의 다른 이름입니다. '임'은 뜻을 적고, '둔'은 소리를 적은 향찰식 표기가 '임둔'이죠. '낙랑'의 경우처럼.

한사군은 조선이라는 연합국가 밑에 소속된 여러 부족 이름을 따라서 붙인 것임을 알 수 있습니다. 그러기에 한사군이 생기기도 전에 '진번, 임둔'이라는 이름이 나타나는 것입니다. 낙랑, 진번, 임둔, 현도는 조선이라는 나라 밑에 있던 가장 큰 부족의 이름을 나타내는 명칭입니다. 그것을 한 무제가 한사군에 재활용한 것입니다.

## 03 백제

### 백제의 건국 신화 1
백제의 건국 설화는 사서에 몇 군데 조금씩 다른 버전으로 나타납니다. 우선『삼국사기』의 백제 본기 시조 온조왕 조를 보겠습니다.

백제의 시조 온조왕은 그 아비가 추모鄒牟이니 혹은 주몽이라고도 한다. 북부여에서 도망하여 졸본부여로 왔는데, 부여의 왕은 아들이 없고 세 딸만 있었다. 주몽이 보통 인물이 아님을 알고 그의 둘째 딸로 아내를 삼았다. 얼마 아니하여 부여왕이 돌아가매 주몽이 그 뒤를 이었다. 두 아들을 낳았는데, 맏이는 비류沸流라고 하고 둘째는 온조溫祚라고 하였다.

주몽이 북부여에 있을 때 낳은 아들이 와서 태자가 되자, 비류와 온조는 태자에게 용납되지 못할까 두려워하여 마침내 오간烏干, 마려馬黎 등 열 명의 신하와 함께 남쪽으로 왔는데, 따라오는 백성이 많았다. 드디어 한산漢山에 이르러 부아악負兒嶽에 올라 가히 살 만한 곳을 바라볼새 비류는 바닷가에 살기를 원하였다. 열 신하가 간하기를, "생각건대 이 하남 땅은 북으로 한수를 띠고 동으로는 높은 산을 의지하였으며, 남으로는 비옥한 땅과 연못을 바라보고, 서로는 큰 바다로 끊기었으니, 그 천험지리가 얻기 어려운 지세라, 여기에 도읍을 이루는 것이 좋겠습니다" 하였다.

비류는 그 말을 듣지 않고 백성을 나누어 미추홀로 가서 살았다. 이에 온조는 하남 위례성에 도읍을 정하고 열 신하로 날개를 삼아 국호를 십제十濟라고 하니 이때가 전한 성제의 홍가 3년이었다. 비류는 미추홀의 땅이 습하고 물이 짜서 편안히 살 수 없어 돌아와 위례를 보매 도읍이 안정되고 백성이 편안한지라 뉘우치며 죽으니, 그 신하와 백성이 모두 위례로 돌아왔다. 올 때에 백성이 즐겨 좇았으므로 후에 국호를 백제百濟라고 고쳤다. 그 세계世系가 고구려와 한가지로 부여에서 나왔기 때문에 부여로 성씨를 삼았다.

백제의 지배층은 몽골어를 썼습니다. 알타이어족 중에서 몽골어의 지역 사투리 중에 부리야트가 있는데, 부리야트를 한자로 적으면 '부여扶餘'가 됩니다. 부리야트어 중에서 다시 세 갈래로 갈라지는데, '발구진, 구다라, 고리'가 그것입니다. 이 기록에서 보듯이 고구려와 백제의 지배층은 뿌리가 같습니다. '구려'는 '고리'와 같고, 백제는 '구다라'와 같습니다. 일본에서 백제를 부를 때 '구다라'라고 불렀습니다.

국호가 십제에서 백제로 바뀌었다는 설명이 장황합니다. 내막을 잘 모르니 그럴 수밖에 없습니다. 두 형제 온조와 비류가 갈라졌다는 것은, 그 둘을 지지한 세력이 달랐다는 것입니다. 그리고 이것은 백제나 고구려나 여러 민족이 연합한 형태의 국가였기 때문에 당연한 일입니다. 개국 초기의 권력투쟁 양상이 이 두 국명 속에 숨어있습니다. 이제부터 그 비밀을 파헤치겠습니다.

먼저 온조부터 보겠습니다. '온조'는 '백제'와 사실상 같은 말(이음동의어)입니다. 온조와 비류는 주몽의 아들이었고, 주몽은 나라를 세우면서 성을 고高씨로 삼았습니다. 그렇다면 고주몽의 아들 온조와 비류가 세운 나라는 '고高의 나라'가 될 것입니다. 고구려와 백제의 지배층은 몽골족이었습니다. 몽골어에서 '높다[高]'는 말을 찾아 견주어보면 답이 나올 듯합니다.

몽골어로 '높다[高]'는 'öndör(〉undur)'입니다. '온조'와 거의 같죠. 'öndör 〉 önder 〉 onjer 〉 onje 〉 onjo'의 음운변화 과정을 거칩니다. '온조'를 향찰 표기로 바꾸면 '백제'가 됩니다. 'ön=백百 dör=다라, 돌[濟]'. 이렇게 보면 일본에서 백제를 왜 '구다라'라고 발음하는지 알 수 있습니다. '다라, 돌[濟]'에 고高가 붙은 것입니다. 부리야트의 세 종족 중에 구다라족이 있는데, 이들이 그 주인공입니다.

'온'은 우리말에서 100을 가리키는데, 원래 몽골어에서 온 말(jagun 〉yaun 〉yön 〉on)입니다. 똑같은 '온'이 터키어에서는 10을 뜻합니다. 그렇다면 백제의 원래 처음 이름이 '십제'였다는 말은, '온'이 10을 뜻하는 겨레에서 100을 뜻하는 겨레로 바뀌었음을 보여주는 일입니다. 즉 백제가 막 섰을 때의 상황을 주도한 겨레는 터키어를 쓰는 사람들이었다는 겁니다. '온'이 10을 뜻한다는 것은 당나라 때의 서돌궐이 세운 나라 이름이 '온 오크'였다는 것에서도 볼 수 있습니다. 화살 10개라는 뜻입니다.[*] 그러다가 몽골어를 쓰는 사람들이 권력을 잡았다는 뜻이죠.

이렇게 보면 결과는 간단히 정리됩니다. 비류를 지지하는 세력과 온조를 지지하는 세력이 달랐던 것이고, 각자 자신의 상황에 따라서 판단이 달랐던 것입니다. 결과는 온조를 지지한 세력의 승리로 끝났죠. 이렇게 된 것이 나라 이름이 달랐던 것으로 신화에 남은 것입니다. 이 건국 신화에서 오리, 마려 등 10명의 신하를 유달리 강조한 것도 초기의 권력 변화 과정을 드러내려는 까닭입니다.

주몽이 남하할 때 따라온 벗은 오이烏伊, 마리馬離, 협보陜父인데, 온조가 남하할 때 따라온 일행은 오간烏干, 마려馬黎 등 열 명의 신하였습니다. 유난히 10을 강조한 게 보입니다. 이것은 나중에 국명을 바꾼 사연을 설명하기 위한 포석입니다. 10명의 신하에서 온 백성이

---

[*]  정진명, 『활쏘기의 나침반』, 학민사, 2013.

지지했다는 뜻으로 오해한 거죠. 내막은 언어가 다른 민족 간의 갈등이 정리되고 봉합되는 상황을 반영한 신화입니다.

이상한 건 주몽이 남하할 때도 온조가 남하할 때도 비슷한 이름을 지닌 인물들이 따라왔다는 것입니다. 오이와 오간, 마리와 마려, 한눈에 봐도 똑같습니다. 이것은 사람 이름이 아니라 직책 이름이기에 이렇습니다. 단군 시대는 제정일치였지만 고조선이 끝나면서 제정이 분리되고, 우리는 지금 삼국시대가 열리는 상황을 보는 중입니다. 당연히 제정이 분리된 이후의 세계죠.

그렇다면 한 사람은 알 수 있겠습니다. '까마귀 烏'자를 쓴 인물들은 제사장일 것입니다. 새 분장을 하고 제사를 주관하는 무당이죠. 제정이 분리되면 제사는 무당이 맡지만, 현실 정치는 임금이 맡습니다. 그렇다고 임금이 직접 나서지는 않죠. 그래서 통치를 위임할 신하를 뽑아 세웁니다. 그런 인물에게 '크다'는 뜻의 '말'이 붙는 것은 당연하죠. 그래서 '마려, 마리'가 따라붙는 것입니다. 무당과 장수는 임금을 보좌하는 양 날개입니다. 그래서 비슷한 이름을 한 사람들이 임금을 따라서 남하하는 것입니다.

하남 위례성에 대해 알아보겠습니다. 하남 위례성은 서울시의 바람들이[風納洞]입니다. 그런데 왜 이름이 위례성일까요? 두 가지 정도의 풀이를 할 수 있습니다. 먼저, 위례성은 왕이 산 곳이기 때문에 왕이 사는 도시라는 뜻이 담기면 뜻풀이가 완벽할 것입니다. 그런 이름을 찾아보겠습니다. 백제의 피지배층인 토착민들은 왕을 '건길지鞬吉支'라고 했고, 지배층은 '어라하於羅瑕'라고 했다고 『주서周書』는 말합니다.

王姓夫餘氏, 號於羅瑕, 民呼爲鞬吉支, 夏言幷王也

'어라하'는 남자를 뜻하는 몽골어 'ere'와 존자를 뜻하는 접미사 'ge'가 만나서 이루어진 말입니다. '건'은 몽골어로 '크다'는 뜻의 'kən'이고, '길지'는 'kiʒi'의 음차 기록입니다. 이것이 기자조선의 '기자'와 겹치면서 왕의 뜻으로 쓰여 숙종 때의 천자문에는 '王 : 긔자 왕'이라고 적었습니다. 아울러 '어륙<sup>於陸</sup>'이라는 말도 나오는데, 몽골어로 결혼을 해서 맺어진 친족을 가리키는 말이 'urug'이어서 똑같습니다. 백제의 지배층이 몽골어를 썼음을 또렷이 보여주는 말입니다. 반면에 '건길지'의 '건'은 '큰'의 뜻이고, '길지'는 광주 천자문에 나오는 '긔자[王]'입니다.

'어라하'가 왕이므로 어라하가 사는 성은 무엇이어야 할까요? '어라성'이 되어야 하지 않을까요? '어라'를 '위례'로 적는 일은 낯설지 않습니다. '어라, 위례'는 몽골어 'erege'를 향찰 표기로 적은 것입니다. 따라서 위례성은 '임금, 존자가 사는 성'을 뜻합니다. 다음으로, 좀 복잡한 변화를 거치는 과정을 살펴보겠습니다.

백제의 지배층은 몽골어를 썼습니다. 몽골어로 나라는 'ulusu'이고, 성은 'koto'입니다. 위례성은 이 말의 변화형인 'urē-kor(國都)'을 적은 것입니다. 백제가 망하고 신라가 이 지역을 통치하게 됩니다. 이곳을 '국도'라고 할 수 없으니, 비슷한 다른 이름으로 바꿉니다. 그게 사산<sup>蛇山</sup>이고, 이것을 고려는 직산<sup>稷山</sup>으로 바꿉니다. 신라 지배층은 터키어를 썼습니다. 터키어 중에서 뱀을 뜻하는 말이 'yïra(n)'입니다. 그래서 그것을 뱀산이라는 뜻의 한자로 적은 것입니다. 굳이 뱀이라는 징그러운 동물을 택한 것은 벌써 망한 백제를 낮추려는 뜻도 있는 것이라고 봐야죠.

고려는 또 고구려의 후예라고 자처한 나라입니다. 그러니 고려는 또 기장(穄 : 붉은 조, ulagan qonog)을 뜻하는 'ulaan(붉다)'을 골라서 직산稷山이라고 옮긴 것입니다. 몽골의 수도가 울란바토르인데, '붉은 영웅'의 뜻입니다. '울란'은 '붉은'의 ㅂ이 순경음화를 거쳐서 떨어져 나간 형태입니다. 몽골어 '부여'를 만주어로 '위요 〉 휘요'로 발음하는 것과 같습니다.

첫 번째로 풀면 위례는 '왕이 사는 도시'이고, 두 번째로 풀면 '수도 서울'을 뜻하니 결론은 같습니다. '위례'와 '사산, 직산'은 같은 말을 달리 표기한 것입니다.

『삼국유사』 남부여 조에 보면, 남부여를 '사비泗沘, 소부리所夫里, 여주餘州'라고 불렀습니다. 한강 가에 있을 때의 백제와 견주어 남쪽으로 수도를 옮긴 뒤의 백제를 가리키는 말입니다. 소부리는 남부여를 달리 표기한 말입니다. 所는 몽골어로 'or'이고, 또 남쪽은 '*öburi'입니다. 『금양잡록衿陽雜錄』이라는 책에 보면 '소노적소리所老狄所里'를 '외노되오리'라고 적었습니다. 所가 '오'로 읽혔다는 뜻이고, 'or'나 '*öburi(남쪽)'에 가깝게 발음되었다는 뜻입니다.

'사비'도 '*sanubu'를 적은 것인데, 터키어로 남쪽을 뜻하는 말(jenub)입니다. 몽골족과 터키족이 같은 소리로 읽은 것입니다. 여주餘州는 '남은 고을'의 뜻인데, 몽골어로 'üle-'가 '남은'의 뜻이어서, 여주는 '위레고토üle-koto, 慰禮城'를 적은 것임을 알 수 있습니다.

『삼국사기』에 나오는 '한산漢山'을 역사학자들은 북한산으로 이해하는데, 이보다 더 큰 착각이 없습니다. 어림도 없는 일입니다. '漢山'은 한수漢水와 짝을 이루는 말로, '한수'가 '큰가람, 큰물'을 뜻한다면 '한산'은 큰 들판을 가리키는 말입니다. '한들, 한다라'를 번역한 말이죠. '한'은 크다는 뜻의 우리말의 소리를 적은 것[漢]이고,

고구려어로 달達은 산이나 땅을 뜻하는 말이어서 '산'으로 번역한 것입니다. 우두머리가 사는 곳이기에 한산과 한수가 된 것입니다. 이들이 한산에 와서 부아악에 올랐다는 기록을 보면 이는 분명해집니다. 산에 와서 또 악에 올랐으니, 산을 두 단계나 오른 셈입니다. 말이 안되죠. 따라서 한산은 산을 가리키는 말이 아닙니다. '한밭'을 大田으로 옮겼듯이 한들을 漢山으로 옮긴 겁니다.

하남 위례성으로 지목되는 곳은 토성이 발견된 서울 풍납동입니다. '풍납동'은 우리말로 '바람들이'이고 실제로 현지에서도 그렇게 부릅니다. '바람들이'는 바람이 들어온다는 뜻으로 알고 풍납風納이라 번역한 것이지만, 실상과는 전혀 다릅니다. 그곳에만 바람이 들어올 리는 없습니다. '바람'은 '바라, 벌, 불'의 뜻으로, 큰 도읍이나 들판을 가리키는 고어입니다. '들이'는 '다라, 다리, 들, 돌'로 너른 들판(達, 月, 那)을 뜻하거나 물을 건너는 장소, 예컨대 '울돌목'이나, 강화도 '손돌'의 '돌'과 같습니다.(손돌은 물길이 좁은 목을 가리키는 순우리 말) 향찰 시대에는 주로 '濟'로 번역되었죠. 거제巨濟, 제주濟州의 '제'가 그것입니다.

백제의 '제'도 이것입니다. 일본에서 백제를 '구다라'라고 부르는데, '다라'가 바로 濟입니다. 풍납동 바람들이는 '바루다라'쯤으로 발음되었을 백제의 언어이고, 이것은 '비류백제'와도 비슷한 소리입니다. '위례다라[城]'는 온조를 지지한 몽골족들이 붙인 이름이고, '바람다라(들이)'는 비류를 지지한 터키족이 붙인 이름일 것으로 짐작됩니다. 아마 이 때문에 비류가 바다로 갔다는 이야기가 생겨 신화로 자리 잡은 듯합니다. '바람'과 '바롤[海]'은 구별하기 힘들 만큼 소리가 닮았기 때문입니다.

온조 백제는 일본어 식으로 읽으면 온다라가 되는데, 비류백제
는 발다라가 됩니다. 이렇게 되면 또 떠오르는 낱말이 있죠. 부리야
트 방언 중에 발구진이 있습니다. 그러니 온조와 백제를 민 지지자들
은 부리야트 방언 중에서 발구진 방언과 구다라 방언을 쓰는 부족들
로 마치 전라도 말과 경상도 말을 쓰는 사람들처럼 서로 성격이 달랐
을 것입니다.

순전히 어원만으로 본다면 비류는 인천 미추홀로 간 게 아니라
서울 바람들이에 온 것이고, 원래 소서노가 두 아들을 데리고 온 첫
장소는 한들[漢山]이니, 현재의 광주廣州, 고려 때의 직산稷山이었을 것
으로 보입니다. 미추홀(밑골)과 솔골이죠. 따라서 위례성으로 지목되
는 풍납동의 토성은 비류백제의 미추홀 성이었을 것으로 짐작됩니
다. 온조의 성은 광주 어디서 한 번 더 찾아보십시오. 물론 어원만으
로 볼 때의 상황을 말한 것입니다. 『삼국유사』 왕력에 보면 이런 기
록이 있습니다.

온조왕은 동명의 셋째 아들로, 위례성에 도읍했는데, 또 다른 말로
사천虵川이라고 한다. 지금의 직산稷山이다. 병진년에 도읍을 한산漢山
으로 옮겼다. 지금의 광주廣州이다.

사천은 앞서 본 것처럼 위례성을 표기한 것이고, 고려 때 직산稷
山이라고 옮긴 것입니다. 직산을 오늘날에는 광주라고 하는데, 넓은
땅 큰 땅을 뜻하는 말입니다. 따라서 광주는 '한들'을 번역한 말입
니다. '광주'와 '한산'과 '위례'는 같은 말입니다. 큰 땅이란 높은 사
람이 사는 곳을 뜻하는 말입니다. 춘천에서 서울 갈 때 '올라간다'고

표현하는 것과 같은, 심리상의 표현법이죠.

초기 백제의 수도는 둘이었습니다. 하남 위례성과 하북 위례성이죠. 근초고왕 때 하남으로 천도합니다. 위례성은 같은데, 하남과 하북이라는 것만 다릅니다. 하남은 오늘날의 풍납동 토성이라고 보는데, 하북은 말 그대로 한강의 북쪽 어디선가 찾으려고 합니다. 이 또한 말을 무시한 역사학자들의 업보입니다. 하북과 하남은 방위상 남북을 말한 것이 아닙니다. 높이를 말하는 것입니다. 즉 물줄기의 상류가 북이고, 하류가 남입니다. 따라서 하북 위례성이란, 한강의 상류 쪽에 있는 위례성을 말합니다. 풍납동의 상류로 가면 광주가 있습니다. 결국, 하북 위례성이란, 북한산 밑 어디가 아니라 한강 상류 쪽의 한 장소인 '한산, 한들, 사천, 직산', 곧 오늘날의 광주를 말하는 것입니다.

온조는 광주 위례성에 자리 잡았고, 비류는 풍납동 위례성에 자리 잡았는데, 비류는 망하고 온조는 번창했습니다. 근초고왕 때에 이르러 하북인 광주의 위례성을 버리고 더 넓고 지키기 좋은 하남의 위례성, 지금의 바람들이[風納洞]으로 수도를 옮깁니다. 비류가 갔던 곳으로 한참 뒤에 다시 옮겨온 것이죠. 그것이 하남 위례성, 곧 한산漢山입니다.

지나는 김에 한 가지 더 얘기하죠. 충남의 음봉陰峯은 백제 때 아술牙述이었습니다. 높은 산이 별로 없는 지역인데도 '엄수리(陰峯=牙述)'라는 이름이 붙었습니다. 실제로 지명의 특성 때문에 붙었다기보다는 옛날에 지체 높은 분이 살았다는 뜻으로 쓴 게 아닌가 하는 생각이 부쩍 듭니다. '엄'은 '엄지' 같은 말에서 보듯이 만주어로 크다는 뜻이고, 이와 짝을 맺는 어금니[牙]는 몽골어로 '아라가araga'입니다.

재미있는 것은 주변에 그런 상황을 짐작할 수 있는 이름이 많다는 것입니다. 나라의 스승이라는 국사봉國師峰은 물론이고, 어른 존자가 살았다는 뜻의 어라산於羅山, 그리고 성인이 거처했다는 성거산聖居山이 있습니다. 더 놀라운 건 멀지 않은 용인에 부아산負兒山이 있고, 바로 옆의 천안에 위례성이 있던 곳으로 지목한 이름 직산稷山이 있으며, 미추홀의 개정 지명인 인주仁州도 있습니다.

요컨대 백제 초기에 거론된 지명이 이 근처에서 모두 고스란히 확인된다는 것입니다. 『비류백제와 일본의 국가 기원』을 쓴 김성호의 말마따나 온조 세력은 평택의 넓은 들을 배경으로 하여 이곳에 도읍을 세웠던 것은 아닐까요? 아니면 백제가 한강에서 부여로 수도를 옮기는 과정에서 중간에 한 번 더 쉬었다가 간 것일까요? 그렇다면 서울 바람들이가 하북 위례성이고, 이곳이 하남 위례성일까요?

비류백제와 온조백제의 갈등은, 터키어를 쓰는 부족과 몽골어를 쓰는 부족 간의 권력투쟁에서 나온 것입니다. 여기서 패한 비류백제 지지층은 어떻게 되었을까요? 건국 신화에서는 이들이 위례로 돌아온 것처럼 묘사되었지만, 이들 중 일부 세력은 더 남하하여, 남쪽에서 올라오는 가야의 세력으로 합류합니다. 그러다가 백제가 후기에 남쪽으로 더 내려오면서 이들과 다시 만나죠. 이 이야기는 나중에 석탈해를 얘기할 때 다시 다루겠습니다.

얘기 나온 김에, 10 신하에 관해서도 잠시 다루고 가겠습니다. 당나라 때 서돌궐의 나라 이름이 온 오크On Oq였습니다. 화살 열 개라는 뜻입니다. 다른 말로 십설十說이라고도 했는데, 고대 터키어 '온 샤드On shad'를 적은 것입니다. '샤드'가 '설'로 옮겨진 것이죠. '샤드'는 앞서 본 대로 날개를 뜻하는데, 지방 장관을 가리키는 말입니다. 고구려의 '욕살'도 이것이죠.

이들 지방의 통치자들에게 왕인 가한可汗이 통치자를 인정하는 징표로 화살을 하나씩 내려준 것입니다. 요즘도 대통령이 3군의 참모총장을 임명할 때 칼을 상징물로 내려주는데, 그와 비슷한 것입니다. 돌궐족에게는 화살이 대수령을 나타내는 징표였습니다. 조선 시대에는 영전令箭이라는 게 있었습니다. 군대에서 왕의 명령을 전달할 때 앞세우고 가는 화살입니다. 화살이 곧 명령을 상징하기 때문에 이름을 '令箭'이라고 한 것입니다. 청나라 만주족의 팔기군에서도 볼 수 있습니다. 팔기군은 300명을 한 단위로 했는데, 이름이 '니루[牛錄]'입니다. 니루는 만주어로 큰 화살이라는 뜻입니다.*

서돌궐을 온 오크라고 한 것은 한 부족에서부터 시작하여 세력이 늘어가면서 화살 숫자가 하나씩 늘어났기 때문입니다. '잇한(3) 오크'에서 시작하여 '투구스(9) 오크'에 마지막에 위구르족이 가세하면서 '온(10) 오크'가 됩니다. 유목민족의 이런 사회 체제와 특성 때문에 백제의 성립과정에서도 이것이 그대로 나타난 것입니다. 10명의 신하란 이와 같은 특성을 반영한 것입니다. 아마도 10여 개 씨족부락이 소서노를 따라서 한강으로 내려왔을 것입니다. 여기서 분열이 잠시 일어났던 것이 이렇게 건국 신화의 꼬리뼈처럼 남은 것입니다.

### 백제의 건국 신화 2

백제의 건국 신화는 이것만이 아닙니다. 『삼국사기』의 백제 본기 온조왕 조에 위의 건국 신화가 나오는데, 그 끝에 할주로 또 다른 건국

---

* 주학연, 『진시황은 몽골어를 하는 여진족이었다』

신화가 달렸습니다. 할주割註란, 옛날에 추가설명을 할 때 주석을 다는 방법입니다. 옛날에는 글씨를 세로로 썼죠. 글이 마치 발처럼 드리웠다고 해서 '글발'이라고 했는데, ㅂ이 순경음(ㅸ)화를 거치면서 '글월'이 된 것입니다. 세로로 써나가다가 추가 설명할 일이 있으면 본문 밑에다가 다시 두 줄로 갈라서 작은 글씨로 씁니다. 그러니 글씨가 아주 작아지죠. 한눈에 설명임을 알 수 있습니다. 이렇게 할주로 처리된 내용이 있는데, 다음입니다.

혹은 이르기를, 시조는 비류왕으로서 아비는 우태優台이니, 북부여왕 해부루解夫婁의 서손庶孫이다. 어미는 소서노召西奴니, 졸본부여 연타발延陀勃의 딸이었다. 처음 우태에게 시집가서 두 아들을 낳았는데, 맏이는 비류요 둘째는 온조였다. 우태가 죽자 졸본에서 홀몸으로 지내다가 뒤에 주몽이 부여에서 용납되지 못하여 전한 건소 2년(기원전 27) 2월에 남으로 졸본에 이르러 도읍을 세우고 국호를 고구려라 하고 소서노를 왕비로 삼았다. 그가 건국에 도움이 많았기 때문에 주몽의 총애가 특히 두터웠고, 비류 등을 마치 친아들과 같이 대우하였다. 주몽이 부여에 있을 때 예씨禮氏에게 낳은 아들 유리가 오자, 그를 태자로 세우고 왕위를 잇게 하였다.

이에 비류가 온조에게 말하기를, "처음 대왕이 부여에서 난을 피하여 여기로 도망하여 오자, 우리 어머니가 집안 재산을 기울여 도와 나라를 이룬 공이 많았다. 대왕이 나라를 싫어하자(승하) 유류孺留의 것이 되었으니, 우리는 한갓 여기서 혹과 같아 답답할 뿐이다. 차라리 어머니를 모시고 남쪽으로 가서 땅을 택하여 나라를 세움만 같지 못하다"고 말하고, 드디어 아우와 함께 무리를 거느리고 패수浿水와 대수帶水를 건너 미추홀에 가서 살았다 한다. 『북사』와 『수서』에는 모두 이르기를, 동명의 후손 중에 구태仇台란 이가 있어 믿음이 돈독하였다. 처음 대방의 옛 땅에 나라를 세웠는데, 한의 요동 태수 공손도公孫度가 딸로서 그 아내로 삼았다. 드디어 동쪽 오랑캐의 강국이 되었다고 한다. (이 중에) 어느 편이 옳은지 알지 못하겠다.

이 글을 읽다 보면 어지럽습니다. 부여, 북부여, 동부여, 졸본부여. 부여가 서너 개나 됩니다. 이렇게 어수선하게 된 데는 당시의 동북아 정세가 깔려있습니다.

동북아시아는 크게 세 구역으로 나뉩니다. 먼저 만리장성 안[裡] 쪽에 중국이 있습니다. 그 바깥은 오랑캐 땅이죠. 그런데 그 바깥으로 중국의 세력이 확장되면서 문제가 일어납니다. 고조선이 망하고 고구려가 서며 만리장성 바깥은 다시 두 구역으로 나뉩니다. 고구려는 안시성, 개모성, 백암성, 요동성을 징검돌처럼 연결한 선의 동쪽에 있습니다. 이 징검돌을 계속 이어가면 요동 반도가 되어 바다로 밀려나가 황해와 발해를 가릅니다. 만리장성과 요동 반도 연결선의 사이가 요동입니다. 동북아시아는 중국, 요동, 고구려 이렇게 세 영역으로 나뉜다는 말입니다.

원래 요동은 고조선의 땅이었습니다. 그런데 중국이 위만조선 때부터 슬금슬금 동쪽으로 세력을 확장하면서 점차 중국의 외연이 넓어졌고, 위만조선이 망했을 때는 요동까지 중국이 되었습니다. 원래 예맥족은 황하와 만리장성 근처에 살던 민족이었습니다. 중국 세력이 확장하면서 점차 동으로 밀리다가 위만조선이 망하면서 모두 요동 밖 만주 쪽으로 밀려든 것입니다. 만주에는 퉁구스어를 쓰는 사람들이 살았죠. 그런데 서쪽에서 중국에게 밀린 세력들이 끊임없이 들어와 뒤섞입니다. 그래서 삼국시대가 열리기 직전에는 같은 부족인데도 이렇게 사는 지역에 따라 동부여니 북부여니 졸본부여니 하는 이름이 붙은 것입니다. 이들 부여족은 몽골어, 그중에서도 부리야트 사투리를 쓰는 사람들입니다.

앞선 건국 신화는 시조가 온조였는데, 여기서는 비류가 시조라고 말합니다. 백제 초기의 권력 지형 변화에서 빚어진 일입니다. 십제가 백제로 바뀐 것은 터키어를 쓰던 사람들에게서 몽골어를 쓰는 사람들에게 권력이 넘어간 것을 상징하는 것입니다. 비류의 아버지 우태優台와 『북사』의 구태仇台는 같은 인물입니다. 왜 한 사람의 이름이 이렇게 다를까요? 이것은 어떤 소리를 서로 다른 뜻으로 이해하여 적었기 때문에 빚어진 일입니다.

'태'는 북방어에서 사람이나 나라를 가리키는 말입니다. '알타이[金山], 테무친, 오고타이' 같은 말에서 볼 수 있죠. 그러니 고위직 인물을 나타내는 말이죠. 그렇다면 '우優'와 '구仇'가 같은 말임을 알 수 있습니다. 그런데 특이한 게 있습니다. 仇는 '원수 구 '입니다. 사람의 이름에 원수라는 뜻을 넣지는 않습니다. 세상에 그런 괴팍한 이름을 넣는 아버지가 어디 있을까요?

그러니까 '원수 仇'는 뜻이 아니라 소리를 적은 것일 겁니다. 백제 지명을 살펴보면 '구지仇知'를 '금지金池'로 번역한 사례가 있습니다. 경주 계림鷄林은 '금촌金村'이라고도 했습니다. '金'은 만주어로 'asi'이고, 터키어로는 'altï', 몽골어로는 'alti'입니다. 터키어로 '원수仇'는 'āsī'이고, 몽골어로는 'usiye'여서 비슷하죠. '益(아샤)＝金＝母(어싀)＝仇(어시)'의 등식이 성립합니다. 따라서 같은 발음을 겨레에 따라서 달리 한자로 적은 것에 불과합니다.

優와 仇가 소리usiye를 적은 말이라면, '우'와 '잇'은 비슷하죠. '어스타이'쯤으로 발음되는 사람의 이름을 '우태'와 '구태'라고 적은 것입니다. 같은 사람의 이름인데, 적는 사람에 따라서 한자 표기가 달라졌을 뿐입니다. '구태' 앞에 '위'를 붙여 '위구태尉仇台'라고도 적는데, '위'는 구仇가 '우'와 같은 소리임을 모르고, 뜻을 분명히 밝히려고 덧붙인 것입니다. 위지경덕尉遲敬德, 을지문덕乙支文德 같은 이름에서 보이는 성이 바로 그것입니다. 귀족이나 귀인을 뜻하는 말이죠.

台를 '태'가 아니라 '기뻐할 이'로 읽어서 '구이'로 보고, 후대의 고이왕이라고 하는 주장도 있습니다. 이것은 김알지가 옛날에 경주에서 왕 노릇 했으니, 지금의 서울 풍납동에 사는 김알지씨가 곧 신라의 왕이었다고 주장하는 것만큼이나 어리석은 일입니다. 소리가 비슷하다고 해서 기록이 틀렸으니 고쳐야 한다면, 『삼국사기』와 『삼국유사』의 기록은 제대로 살아남을 수 없습니다. 이는 언어학을 우습게 안 역사학자들의 게으름이 부른 참사입니다.

태두泰斗란 북두칠성을 말하는데, 한국 사학계의 태두라는 이병도는 자기 해석에 맞지 않으면 이것저것 원문을 고치는 이상한 버릇이 있습니다. 자신을 역사의 신으로 착각한 게 아닌가 하는 괴상한 생각이 저절로 듭니다. 제 생각과 다르다고 제 생각에 맞춰 옛 기록을 고치면 뭐 하려고 역사를 연구한단 말입니까? 학문 연구자의 기본 소양과 태도부터 점검해야 할 일이니, 이 황당한 사실을 어떻게 받아들여야 할지 저도 잘 모르겠습니다.

고구려가 선 후에는 발해만의 요동은 한나라 땅으로 굳어지고, 공손 씨가 요동 태수로 자리 잡습니다. 이 공손 씨는 나중에 삼국지

시대의 위나라 조조에게 망합니다. 고구려도 요동 반도를 북으로 연장한 선의 서쪽 영역으로 확장하려는 생각을 하지 않고 만주 지역에 자리 잡습니다. 요동 태수와 고구려 간에 적당한 긴장과 타협이 이루어졌고, 그 과정에서 혼인으로 결혼 동맹을 맺는 것은 어찌 보면 당연한 일입니다. 맨 끝의 요동 태수 얘기는 그래서 나온 말일 것입니다.

해부루와 연타발에 대해서도 한마디 합니다. 해부루의 '부루'와 연타발의 '발'은 같은 말입니다. 터키어로 '발bazu'은 마을을 뜻합니다. 우리말에서는 들판(벌)이나 '밝음'을 뜻하죠. 어느 쪽으로 풀어도 마찬가지입니다. 흉노와 고조선이 망하면서 그 유민들이 동쪽으로 밀려와 여기저기 마을을 이루어 섞여 살다 보니, 이쪽 말로 붙이면 저 뜻이 되고, 저쪽 말로 붙이면 이 뜻이 되어 똑같은 대상을 서로 다른 발음으로 하게 된 것입니다. 따라서 해부루나 연타발은 사람의 이름이 아니라 부족장을 뜻하는 말입니다.

'연타'는 '옅'을 적은 것이고, '옅'은 '엿, 옅, 옛'으로 표기되는데, 15세기 표기로는 '옅'입니다. '아사달'의 '아사'와 비슷하고, '우태'의 '우'와 비슷합니다. 한 걸음 더 나아가면, '연타'나 '우태'는 같은 말이라고 볼 수도 있습니다. 역시 사람 이름이라기보다는 부족장이나 그의 성씨, 또는 그가 사는 왕성을 뜻하는 말일 겁니다. 만주어로 왕성은 '아사리'입니다. 그래서 아사달도 만주 말로는 '왕성이 있는 도시'를 뜻합니다. 물론 터키어로는 '아사'가 황금을 뜻하여, 황금으로 덮인 왕의 도시가 됩니다. 또 '아사, 옅'은 우리말에서 어버이의 뜻도 있어서 아사달은 백성의 어버이가 있는 도시가 됩니다. 어느 겨레의 말로 푸느냐에 따라서 뜻이 달라집니다. 경주에 '계림, 서라벌, 동경' 같은 여러 이칭이 있는 것과 똑같습니다.

앞서 주몽의 부인 소서노가 사람 이름 같지 않다는 말을 한 적이 있습니다. 소서노는 연타발의 딸인데, 연타발이 사람의 이름이 아니라 부족의 이름이라면, 소서노는 그 부족을 이루는 한 갈래를 말하는 것입니다. 고구려와 백제의 5부족이 모두 '노奴'와 '나那'로 이름이 붙었음을 보면 소서노의 '노'도 그렇게 보는 것이 자연스럽습니다. 연타발은 북만주에 있던 작은 왕국이고, 소서노는 그 왕국을 구성하는 한 혈족의 이름이었을 것입니다.

아울러, 주몽이 북부여에 있을 때 결혼한 아내는 예씨禮氏인데, 이것을 '예+씨'의 짜임으로 보는 게 지금까지 역사학자들의 견해였습니다. 그런데 제 눈에는 그냥 '예씨'로 보입니다. 우리말 '아씨'나 '아기씨'를 소리 나는 대로 적은 것이죠. 성이 '예절'을 뜻하는 집안이 세상에 어디 있을까요? '아씨'라는 요즘 말이 거슬린다면 옛말로 풀어도 됩니다. '예씨'는 15세기 언어로 재구하면 '엱'이 될 텐데, 그러면 이 또한 '아사'와 비슷하죠. 황금(金)을 뜻하는 몽골어입니다.

이쯤 되면 '알타이'의 '알'이 음운변화를 일으킨 말이라고 짐작할 줄도 알아야 합니다. 그도 아니라면 흉노에서 왕비의 뜻으로 쓴 '알씨'라고 봐도 됩니다. '알씨'나 '아씨'나 '아기씨'나 뜻은 매한가지입니다. 볼수록 북방어의 특성을 드러내는 말입니다. '예씨'가 '알씨'나 '아씨'가 아님을 입증하는 것이 더 어려운 일입니다.

첫 번째 건국 신화와 두 번째 건국 신화에는 재미있는 차이점이 있습니다. 위치와 순서 말입니다.

비류 미추홀 ⇒ 하남 위례
온조 위례성 ⇒ 미추홀

이에 따라 '미추홀'의 뜻이 달라집니다. 미추홀은 인천에 있기 때문에 '미'를 물과 연관지어서 해석할 수 있습니다. 물가의 도읍이라는 뜻이죠. 하지만 위례성이 '윗분들이 사는 도읍'의 뜻이라면, 위례성에 사는 사람들이 자신들을 버리고 떠난 비류 일파가 사는 곳을 낮춰 불렀을 수도 있습니다. 그러면 미추홀은 '밑의 도읍'이 됩니다. 아랫것들이 사는 도시를 뜻하죠.

그런데 미추홀은 다시 고구려의 졸본과 비교할 수 있습니다. 졸본천은 살수薩水라고 적는데, 이것은 '살미'를 향찰로 적은 것입니다. 졸본卒本도 살수와 같은 표기입니다. '살'은 높다는 뜻입니다. 고高와 같은 말이죠. '높은(솔) 고을.' 고구려를 떠난 비류가 자신을 낮춰 '낮은(미) 고을'이라고 불렀다면 '미추홀'은 그런 뜻일 것입니다. '미'는 '밑本'이니까요. 미추홀은 '밑홀'이죠. 솔골과 밑골. 수리구루와 밑에구루.

## 건국 신화의 속뜻

고구려에서 남쪽으로 내려온 소서노의 두 아들은 도읍의 위치를 정할 때 갈등을 일으키고 결국은 갈라섭니다. 여러 이유가 있겠지만, 겉으로 드러난 것을 보면 이름에서 알 수 있습니다. 온조파와 비류파로 나뉘었죠. 온조는 사람 이름이기보다는 나라 이름이라고 했습니다. 몽골어 'öndür'라고 했죠. 그래서 백제는 '고씨의 나라'를 뜻합니다. 욱일승천하는 고구려의 후광을 이용하려는 이름이죠.

반면에 비류는 '부리야트'를 뜻합니다. 비류 일파는 이름에서 보듯이 온조와 달리 '부리야트의 나라'라 이름을 정하려고 한 것입니다. 그러다가 결국은 둘의 갈등이 봉합되지 못하여 갈라졌다가 비류가 새로운 도읍을 건설하는 데 실패하고 온조에게 돌아오죠. 이로써 백제는 고구려와 같은 혈통임을 드러낸 것입니다. 굳이 꺼져가는 부리야트를 나라 이름에 내세울 필요가 없었던 것이죠. 하지만 백제 왕실의 성씨는 '부여씨'였습니다. 나라 이름을 고구려와 연결 지은 까닭을 어느 정도 엿볼 수 있는 일입니다.

## 04 신라

### 신라의 독특한 위상

어떤 도시를 '지중해의 보석'이라고 했던 것 같은데, 이에 짝 맞추어 경주는 '아시아의 보석'이라는 표현을 쓰고 싶습니다. 동북아시아를 휩쓸어친 지난 1만 년의 격동이 마치 단층처럼 켜켜이 쌓인 곳이 바로 경주에 뿌리 박은 신라이기 때문입니다.

중국을 비롯하여 동북아시아 전체에서 가장 빠른 문명은 홍산 문화의 주인공들입니다. 이들 유적은 1만 년 전의 것부터 발견되어 기원전 2천 년 전의 것까지 아주 다양합니다. 중국의 황하 문명이 기원전 3천 년 전 무렵에 첫걸음을 뗀 것과 비교하면 비교 자체가 의미 없을 정도로 오래된 문명입니다.

이들은 중국의 황하 문명을 세운 사람들과는 여러모로 다릅니다. 세 가지 특징이 있죠. 고인돌, 비파형 청동검, 돌널무덤이 그것입니다. 마치 칼로 금을 그어놓은 듯이 중국의 만리장성을 기준으로 해서 그 동쪽과 서쪽이 이 문화로 갈립니다. 따라서 홍산 문화는 황하 문명 이전의 문화이고, 여러 유적의 특징상 만리장성 바깥의 민족과 연관이 있습니다. 이 만리장성 바깥의 사람을 중국인은 동이라고 일컬었습니다. 나라 이름은 '조선'이었죠.

조선을 다스린 사람은 단군이었습니다. 단군은 다른 말로 천군이라고 했고, 뜻으로는 박달임금입니다. '조선'은 '박달'입니다. 그래서 박달을 한자로 번역하면 홍산紅山, 적봉赤峯이 되는데, 홍산 문화의 유적이 널린 그 도시에서는 지금도 쓰이는 이름입니다.

그런데 중국이 만리장성 밖으로 외세를 확장하면서 원래 그곳에 살던 사람들은 동쪽으로 밀립니다. 그래서 떠밀린 단군조선은 기자조선으로 대체되고, 기자조선을 갈아치운 위만조선이 100년을 못 채우고 한나라에 망하면서 이 지역에 살던 박달족들은 날벼락을 맞습니다. 중국과 싸우느라 급급했던 사람들은 힘이 센 부족을 중심으로 일어나고 쓰러지기를 되풀이하면서 삼국시대까지 피나는 전쟁을 벌이죠.

이 소용돌이 속에서 하늘의 뜻을 세상에 전하던 박달족들은 싸움을 피해 끝없이 동쪽으로 이동합니다. 홍산에서 발해만 근처의 대릉하 언저리에 있다가 다시 평양과 구월산으로 이동하고, 여기서 다시 백두대간의 높은 재를 넘어서 그 안쪽의 오목한 도시 경주에 자리 잡습니다. 그것이 초기 신라이고, 거기서 단군의 사명을 마친 마지막 무당이 세상을 뜸으로써, 무당(제사장)의 시대는 완전히 끝나고, 통치자의 시대가 열립니다. 박달족의 마지막 무당이 바로 거서간 박혁거세입니다.

이들이 이런 험난한 과정을 거쳐 경주에 이르렀음은 『삼국사기』에서도 보입니다. 박혁거세가 나타나기 전에는 여섯 부족이 살았는데, 이들을 『삼국사기』에서는 '조선의 유민'이라고 표현했습니다.

진한 6부가 그것이죠. 만리장성 밖의 고조선 땅에 살던 사람들이 난을 피해 세상에서 가장 외진 경주로 하나둘씩 몰려든 것입니다. 그리고 그 끝자락에 고조선의 진짜배기 왕 단군이 나타난 것이죠.

## 신라의 건국 신화

『삼국사기』 신라본기 박혁거세 조에는 박혁거세의 등장을 아주 간단하게 몇 줄로 줄였습니다. 하지만 『삼국유사』를 보면 정말 신비한 이야기로 가득 찬 신화가 나옵니다. 박혁거세의 등장 부분만 보고 가겠습니다.

전한지절 원년 임자 3월 초 하루에 육부의 조상들이 각기 자제들을 데리고 알천가에 모여서 의논하되 "우리가 위에 백성을 다스릴 임금이 없어 백성들이 모두가 방일하여 제멋대로 하니, 어찌 덕 있는 사람을 찾아 임금으로 삼아 나라를 세우고 도읍을 정하지 아니하랴?" 하고 이에 높은 곳에 올라 남쪽을 바라보니 양산楊山 아래 나정蘿井에 이상스러운 기운이 빛과 같이 땅을 비추니 거기에 흰말 한 마리가 꿇어앉아 절을 하고 있었다. 찾아가 보니 붉은 알이 있는데 말은 사람을 보고 길게 울다가 하늘로 올라가 버렸다.

　그 알을 깨어보니 모습이 단정한 아이가 나왔다. 그 아이를 동천東泉(詞惱野)에서 목욕시키니 몸에서 광채가 나고 새와 짐승이 따라 춤추며 천지가 진동하고 일월이 청명한지라, 인하여 그를 혁거세라 이름하였다.[아마 사투리일 것이다. 혹은 불구내왕이라고도 하니, 밝게 세상을 다스린다는 뜻이다. 어떤 이는 이르되 이는 西述聖母의 탄생한 것이니 중국 사람들의 선도 성모를 찬양하여 진현 조방이란 말이 있는 것도 이 까닭이라

하였다. 계룡이 상서를 나타내고 알영을 낳았다는 이야기도 서술 성모의 현신을 말한 것이 아닐까? 위호를 거슬한[居瑟邯, 혹은 居西干이라고도 하니 이는 그가 처음 입을 열 때 스스로 말하되, "알지 거서간이 한 번 일어난다" 하였으므로 그 말로 인해서 일컬었는데, 이로부터 왕자의 존칭이 되었다]

　사람들이 다투어 치하하기를, "이제 천자가 내려왔으니, 마땅히 덕 있는 여군을 찾아서 짝을 지어야 할 것이다" 하였다. 이날 사량부 알영정閼英井[혹 娥利英井이라 함]에 계룡이 나타나 왼쪽 갈비뼈에서 어린 계집아이를 하나 낳으니[혹은 용이 나타나 죽으매 그 배를 갈라 아이를 얻었다고 한다] 자태와 얼굴은 유달리 고왔으나 입술이 닭의 부리와 같았다. 월성 북천에 가서 목욕시키니 그 부리가 빠지므로 그 내를 발천撥川이라 하였다.


　불구내왕 박혁거세가 쓴 호칭 '거서간'은 퉁구스어입니다. 만주어로 '하늘'은 '*kese 〉 hese'이고, '임금, 우두머리'는 'han, khan'입니다. '거서간'은 하늘이 내린 왕을 뜻하는 퉁구스어입니다. 이름은 박혁거세인데, 그것을 '弗矩內(붉은넉)'라고 했습니다. 거서간이 스스로 '알지'라고 했다는 것도 특이한 일이죠. 알타이[金山]의 '알'이나, '알가, 알씨'의 '알'과 같습니다. 이들이 이런 말 때문에 유명한 사람들이 알에서 태어난다는 신화가 생긴 것입니다.

　이렇게 이해하고 나도 특이한 게 있죠. 거서간이라는 호칭을 뒤의 임금들이 이어서 썼을 법도 한데, 아들 남해왕은 거서간이라는 호칭을 쓰지 않고, 차차웅이라는 호칭을 썼습니다.* 왜 그랬을까요? 벌써 답은 했지요. 마지막 단군이었던 것입니다. 이제는 그런 시대가 지난 것이죠. 이들 무당은 전쟁으로 가득한 세상에서 살아남기 위하여 정치에 관여하지 않고 세속으로부터 분리되는 방식을 택하여 세상과 적당한 거리를 둡니다. 그것이 삼한의 소도입니다.

소도를 다스리는 사람은 천군이라고 하는데, 하늘 임금의 뜻입니다. 이 하늘 임금을 퉁구스어로 말하면 '서거간'이 되는 것입니다. 세상을 다스리는 일을 통치자에게 넘겨주고, 사람들의 병을 고치고 세상 돌아가는 우주 자연의 이치를 가르쳐주는 일로 제 노릇을 국한시키죠. 그럼으로써 세상과 적당히 타협하여 생존을 도모한 것입니다. 세상은 이들의 일을 존중하였고, 필요할 때마다 이들에게 지혜를 얻어갔습니다.

신라는 그런 나라입니다. 그리고 가장 천천히 신정국가에서 고대국가로 탈바꿈하죠. 그 과정이 신라의 역사에 고스란히 나타납니다. 양산楊山은 '박달'입니다. 楊은 버들이고 山은 달이죠. '버들'은 '밝'을 표기한 것입니다. 그러니 박달이죠. 거서간이 나타난 곳이 박달입니다.

그 아이를 동천東泉(詞惱野)에서 목욕시키니 몸에서 광채가 나고 새와

---

\* 『삼국유사』 본문에는 남해가 거서간이라는 말을 썼다는 기록이 없는데, 왕력(王曆)에는 거서간을 썼다고 나옵니다. 미리 얘기하지만, 이것은 실제 사실이기보다는 주변 사람들이 왕을 존중하는 의미에서 관습처럼 썼을 것으로 봅니다. 남해는 '차차웅'이라는 호칭을 썼으므로, 거서간은 다른 사람들이 그전에 해오던 버릇처럼 쓴 말이었을 것입니다.

짐승이 따라 춤추며 천지가 진동하고 일월이 청명한지라.

계룡이 나타나 왼쪽 갈비뼈에서 어린 계집아이를 하나 낳으니 자태와 얼굴은 유달리 고왔으나 입술이 닭의 부리와 같았다. 월성 북천에 가서 목욕시키니 그 부리가 빠지므로 그 내를 발천撥川이라 하였다.

이 두 가지 장면을 보면 연상되는 게 있습니다. 굿판이죠. 새와 짐승이 따라왔다는 것은 그런 복장을 한 사람들을 말하는 것입니다. 요즘도 지신밟기나 풍물놀이를 할 때 사람들이 복장이 심상찮죠? 그런 복장을 깃털이나 털옷으로 꾸미면 충분히 새나 짐승으로 보일 법도 하고, 실제로 '농자천하지대본'이라고 쓴 깃발의 장대 꼭대기에는 꿩 깃이 있고, 풍물꾼 끝에는 사냥꾼이 따라갑니다. 천지진동은 꽹과리 북소리고, 일월 청명은 날씨 좋은 날을 골랐다는 뜻입니다.

여자들이 굿하는 것을 보면 곱게 치장합니다. 게다가 종이를 접어서 머리에 쓰죠. 무당을 그린 옛날 그림을 보면 모두 머리에 흰 종이로 접은 모자를 썼습니다. 풍물꾼도 마찬가지입니다. 입이 닭의 부리를 닮았다는 것은 말을 많이 하거나 탈을 쓴 것을 표현한 것입니다. 탈을 벗으면 그게 부리가 빠지는 것이죠. 새의 복장을 벗은 것을 말합니다. 발천은 그 공연을 마무리한 곳일 겁니다.

이런 장면은 먼저 도착한 조선의 유민들이 뒤늦게 도착한 자신들의 왕 일족을 맞이하면서 벌인 한바탕 축제였을 것입니다. 홍산 적봉에서부터 시작하여 수만 리 길을 수백 년에 걸쳐 이동해온 거서간의 일족들이 마침내 안식처 경주에 이르는 기쁜 장면을 묘사한 것입니다.

알영閼英의 '알'은 귀인을 뜻하는 말입니다. 흉노의 왕비를 '알가'라고 했고, 김알지의 왕비도 '알씨'였습니다. 알씨나 알가나 같은 말입니다. 氏나 哥의 차이죠. 英은 '꽃부리 영'입니다. 왜 부리가 길었다는 말이 신화에 나오는지 알 수 있습니다. '바리, 바즈'는 마을이나 집단을 뜻하는 터키어입니다. '바리'는 드라비다어로 왕성을 뜻하는 말이고, '데기'는 공주를 뜻하는 말이어서, '바리데기'도 드라비다어에서 뜻이 확인됩니다. 이런 말을 한자로 쓰자니 꽃부리 영英을 쓴 것이고, 우리말로 '부리'라고 오해하여 새의 주둥이처럼 묘사한 것입니다. 알영은 귀족 집안을 뜻하는 말입니다. 그러니 고위직 가문의 여인을 뜻합니다.

## 신라 왕의 호칭

시조 이름이 박혁거세이고, 호칭이 거서간입니다. 거서간은 『삼국유사』에서는 거슬한居瑟邯이라고도 했습니다. 같은 말을 소리가 조금 다르게 적은 것이죠. 성은 박씨인데, 이름이 혁거세입니다. 거세居世는, 한눈에 봐도 거서간의 '거서'와 같습니다. 하늘을 뜻하는 퉁구스어죠. 따라서 혁赫 자는 밝다는 뜻이니, 같은 말이 되풀이된 것입니다. 박거세나 혁거세가 옳은 표기입니다.

거서간은 하늘 임금을 뜻합니다. 한자로는 천군天君이고 한자음으로 똑같은 소리가 나는 제사장이 단군壇君입니다. 이것을 퉁구스어의 뜻을 보태어 박달가간[檀君王儉]이라고 한 것입니다. 고조선의 지배자는 단군이었고, 이 마지막 단군이 경주에 와서 새로운 나라 신라를 세운 것입니다.

뒤이어 혁거세의 맏아들이 왕이 되는데, 이 이가 남해차차웅입니다. '차차웅次次雄'은 '자충慈充'이라고 하는데, 신라 사람 김대문은 이것이 무당을 뜻하고, 사람들이 무당을 존경하므로 '존장자'의 뜻으로 쓰인다고 토를 달았습니다. 만주어로 '하늘에 제사를 지내는 제사장'은 'čačun'입니다. '자충慈充'은 'cïcuŋ'을 적은 것입니다.

혁거세는 임금을 뜻하는 말로 썼고, 그 아들은 무당을 뜻하는 말로 썼습니다. 둘 다 퉁구스족이기에 아들이 아버지의 권위를 허물지 않으려고 제정일치 시대에 통치자 왕이 아니라 제사장의 존호를 택하여 쓴 것입니다. 이것이 '스승'이나 '중' 심지어 '제웅'을 뜻한다고 풀이한 것은 한참 뒤의 일입니다.

'니사금'과 '마립간' '니사금'은 3대왕 유리부터 21대 소지까지 불린 이름입니다. 22대가 지증왕인데, 이 왕은 신라의 중앙집권을 강화하면서 옛 호칭을 버리고 스스로 왕으로 바꾸었습니다. 거서간과 차차웅은, 한 임금만 정식 호칭으로 썼는데, 니사금은 아주 오래 정식 호칭으로 불렸다는 특징이 있습니다. 어떤 힘이 떠받쳤다는 뜻이지요.

아이누어로 '하늘'은 'niš'이고, '신, 왕'은 'kamui'입니다. 우리말로 '신'은 '금'이라고 했는데, 여기서 보이네요. 반도 남쪽의 바닷가에 흩어져 살던 토박이 종족 아이누 사람들은 임금이나 제사장을 '니쉬가무이'쯤으로 부른 것입니다. 이게 '니사금'으로 적힌 것이죠. 이렇게 되면 여러 가지 의문이 풀립니다. 북방에서 내려온 박, 석, 김 세 씨족은 토박이들과 비교가 안 될 만큼 적은 숫자였고, 그들의 지배를 받는 사람들은 훨씬 더 많았습니다. 그들의 지지를 받지 않으면 왕 노릇을 하기 어렵다는 것을 알 수 있죠.

그래서 백성들에게 익숙한 호칭이 그토록 오래 쓰인 것입니다. 백성들의 눈치를 보지 않아도 될 만큼 왕권이 강화된 때가 바로 지증왕 무렵이라는 뜻입니다. 그러면 '마립간'이라는 말은 왜 안 쓰였는지도 저절로 알게 됩니다. 마립간麻立干은 지배층의 언어였던 것입니다. 터키어로 '왕'은 'melik'입니다. 여기에 '간'이 붙은 것이죠.

### 석탈해와 김알지

신라는 박, 석, 김 세 성씨가 돌아가며 왕을 했다는 것이 특징입니다. 후기로 가면 김씨가 왕위를 이어가는데, 이런 것을 보면 신라 초기 사회는 다양한 사람들의 모여서 살았음을 알 수 있습니다. 『삼국사기』의 기록도 신라는 (고)조선의 유민들이 모여서 살던 곳에 거서간이 나타나 나라를 열었다고 적었습니다. 따라서 가장 외진 곳에, 요동과 만주 지역의 거친 전란을 겪다가 밀려온 사람들이 정착한 마지막 낙원이었습니다.

석탈해도 그런 과정을 거쳐 신라로 흘러들었고, 김알지도 마찬가지였습니다. 신라로서는 원래 그렇게 흘러든 사람들이 모여 살던 곳이니, 외부 세력을 받아들이는 데 너그러웠던 것이고, 그런 분위기가 초기의 신라 사회가 지닌 특징이었습니다. 석탈해가 호공의 집 담장에 숯을 묻어놓고 자기네 조상의 집이었다고 주장하여 그것을 얻어 정착하는 과정이나, 김알지 세력이 들어오는 과정도 아주 소박하게 이루어졌습니다.

그만큼 외부 세력을 받아들이는 데 열린 사회였다는 뜻입니다. 이것이 신라 발전의 원동력이 됩니다. 『삼국사기』를 살펴보겠습니다.

탈해니사금이 즉위하니 이는[또는 토해吐解라고도 함] 그때 나이 62세였다. 성은 석昔씨요, 비는 아효阿孝 부인이었다. 탈해는 본시 다파나

국多婆那國 출생으로, 그 나라는 왜국의 동북 1천 리에 있었다. 처음 그 나라 왕이 어국왕의 딸을 데려다 아내를 삼았더니, 아이를 밴 지 7년 만에 알을 낳거늘, 왕이 가로되, 사람으로서 알을 낳는 것은 상서롭지 못한 일이니 버리라고 하였다. 그 아내는 차마 그리하지 못하고 비단에 알을 싸서 보물과 함께 궤짝 속에 넣어 바다에 띄워 갈 대로 가게 내버려 두었다. 그것이 처음 금관국 바닷가에 가서 닿으니, 금관국 사람들은 이를 괴이히 여겨서 거두지 아니하고, 다시 진한의 아진포에 이르니, 이때는 시조 혁거세가 재위한 지 39년이 되던 해였다.

그때 바닷가의 늙은 어미가 이를 줄로 잡아당기어 바닷가에 매고 궤를 열어본즉, 거기에 한 아이가 들어있었다. 그 노모가 이를 데려다 길렀더니, 커지매 9척이나 되고, 인물이 동탕하고 아는 게 남에게 뛰어났다. 어떤 이가 말하기를, 이 아이는 성을 알지 못하니 처음에 궤짝이 와 닿을 때 까치 한 마리가 날아와 짖으며 따라다녔으니, 작鵲자의 한쪽을 떼고 석昔씨로 성을 삼고, 또 그 아이가 온독韞櫝[담은 궤을 풀고 나왔으니 이름을 탈해라 지으라고 하였다 한다. 탈해가 처음에는 고기잡이로 업을 삼아 그 노모를 봉양할새 한때도 게으른 빛이 없었다.

어미가 일러 가로되, 너는 범상한 사람이 아니요, 골상이 특이하니 학문을 배워 공명을 이루라고 하였다. 이에 탈해는 학문에 오로지 힘쓰고 겸하여 지리를 아는지라 양산 밑에 있는 호공의 집을 바라보고 그 터가 길지라고 하여 거짓 꾀를 내어 이를 빼앗아 삼았으니 뒤에 월성이 그곳이었다. 남해왕 5년에 이르러 왕이 그 어짊을 듣고 딸을 주어 아내를 삼게 하였고, 7년에는 등용하여 대보 벼슬을 삼아 정사를 맡기었는데, 유리가 돌아갈 때 가로되, "선왕의 부탁하신 말씀에, 내가 죽은 뒤에는 아들과 사위를 막론하고 나이 많고 어진 사람으로 왕위를 잇게 하라 하셔서 과인이 먼저 섰던 바이어니와, 이제는 그 위를 탈해에게 전할 것"이라고 하였다.

탈해는 원래 이란계 유목민으로 청동기를 갖고 북부 초원지대를 가로질러 천산산맥을 넘어와서 흉노의 일족으로 살아가던 사람이었습니다. 그래서 한눈에 보기에도 모습이 동양인과는 달라서 어미마저도 "너는 범상한 사람이 아니요, 골상이 특이하니"라고 한 것입니다. 『삼국유사』에는 이보다 더 자세하게 묘사되었습니다. 『삼국사기』는 정사이기에 이야기의 요소를 빼고 좀 더 내용을 추려서 실었기에 이렇게 정리된 것입니다.

알에서 나왔다는 것은 이들이 태양을 숭상하는 부족의 왕족 출신임을 나타내는 알타이족의 특징입니다. 신라 사회가 초창기부터 외부 세력을 받아들이는 데 거리낌이 없는 열린 사회였음을 보여주는 일입니다. 이렇기에 바로 뒤이어 흉노족 출신이 이곳으로 밀려듭니다. 그 선두주자가 김알지입니다. 같은 탈해니사금 조를 보겠습니다.

9년 3월에 왕이 밤에 금성 서쪽 시림始林 숲에서 닭 우는 소리를 듣고, 새벽에 호공을 보내어 살펴보게 하였더니, 나뭇가지에 금색의 작은 궤가 걸려있고, 그 밑에서 흰 닭이 울고 있었다. 호공이 돌아와 그대로 고하니, 왕이 사람을 보내어 그 궤를 가져다 열어보니, 그 속에 조그만 사내아이가 들었는데, 그 외모가 동탕하였다. 왕이 기뻐하여 좌우에게 일러 가로되, 이는 하늘이 나에게 아들을 준 것이 아니냐, 하고 거두어 길렀다. 차차 자람에 총명하고 지략이 많을새, 이름을 알지閼智라 하고, 금 상자에서 나왔으므로 해서 성을 김씨라고 하고 시림을 고쳐 계림이라 하여 새 국호를 삼았다.

탈해와 알지 두 차례에 걸쳐 이들이 신라 사회로 진입하는 일에 호공이 관여합니다. 호공瓠公의 '瓠'는 표주박을 뜻하는 말이니, 성이 박혁거세와 같습니다. 박혁거세와 같은 세력이었을 것입니다. 단군의 밑에는 수많은 부족의 사람들이 섞여서 살았을 것이니, 호공은 터키어를 쓰는 흉노 세력의 일파이었을 것입니다. 퉁구스어를 쓰는 거서간 밑에 터키어를 쓰는 신하가 있으니, 그를 매개로 하여 새로운 세력이 자연스럽게 신라로 흘러들었을 것입니다.

시림을 계림으로 고쳤다고 했는데, 둘 다 같은 말로 '서라벌, 새벌, 서벌'을 뜻합니다. 始는 '시'를 적은 말이고, 鷄는 닭이니 이것도 '새'입니다. 林은 옛 표기가 '수불'입니다. 그러니 시림이나 계림이나 모두 '새벌, 서벌, 서라벌'을 뜻하는 말이죠. 다만 터키어로 읽느냐 몽골어로 읽느냐 퉁구스어로 읽느냐 하는 차이일 뿐입니다. 그런데 군이 국호를 시림에서 계림으로 고쳤다는 것은, 왕족이 바뀌었다는 뜻입니다.

곧 박혁거세-남해-유리로 이어지던 퉁구스계에서 석탈해-김알지로 이어지는 흉노 터키계로 권력이 바뀌었음을 뜻하는 것입니다. 이 두 계통으로 왕들이 오락가락하다가 내물니사금 때부터 김씨로 왕계가 확정됩니다. 김알지 이후로 신라 경주에 흉노 유민들이 끝없이 밀려들었음을 말하는 것입니다. 문무왕 비에 자기 조상의 뿌리가 타후 김일제라고 새겨넣은 것을 보면, 이런 정황이 충분히 납득할 수 있습니다.

석탈해도 김알지도 한나라 무제의 공격으로 흉노와 고조선이 망하면서 흩어진 세력들이 이러저러한 과정을 거쳐 한반도로 흘러든 것인데, 그 과정이 뒤섞이고 뚜렷하지 않다 보니, 정사에서는 쉽게 납득할 수 있는 혼인이나 혈통주의로 계보를 정리하게 되고, 그래서 신라로 흘러든 외부 세력들이 이렇게 혼인 관계나 부자 관계로 정리되어 왕위를 잇는 것으로 표현된 것입니다. 그리고 그 과정에서 신화나 허황된 이야기들은 자꾸 삭제되고, 『삼국사기』에서 그렇게 삭제된 내용이 『삼국유사』에 다른 모습으로 나타나곤 하는 것입니다.

## 삼국의 건국 시기 논란

신채호가 처음 제기한 한국 상고사의 착오 문제 중에 삼국의 건국 시기 논란이 있습니다. 『삼국사기』를 보면 신라가 가장 먼저 건국하고 고구려 백제가 그 뒤를 따르는 방식으로 서술되었는데, 한반도의 가장 외진 곳에 있는 신라가 가장 먼저 개국했다는 것이 상식과는 어긋난다는 것입니다. 고구려가 가장 먼저 개국하고 백제, 신라 순으로 하는 것이 당시 정황이나 동북아 상황을 보면 옳다는 주장입니다.

저도 처음에는 이런 주장이 이치에 맞는다고 생각했습니다. 그런데 이번에 어원으로 한국 상고사를 훑어보면서 저는 『삼국사기』의 편년과 기록이 꽤 정확한 것이라는 믿음을 갖게 되었습니다. 그것은 신라 거서간의 성격 때문입니다. '거서간'은 퉁구스어로 '하늘 임금'의 뜻인데, 이것을 한문으로 적으면 단군, 또는 천군이 됩니다. 단군 조선의 지배층은 퉁구스어를 썼고, 신라 초기 지배층도 퉁구스어를 썼습니다. 그들의 왕을 가리키는 말이 같고, 그들이 쓰는 말이 같았다면 그들은 결국 그들이 그들이라는 뜻입니다.

곧 단군조선을 세운 무당이 청동기 시대에 기자 세력에게 밀려 통치권을 내주고, 중국의 외세확장으로 점차 동쪽으로 밀려서 위만 조선 시대에는 대릉하 유역의 '진국'에 어른 노릇을 하는 나라로 머물렀다가, 구월산에 잠시 둥지 틀었고(『삼국지』에 나오는 단군), 위만조선도 망하면서 구월산 둥지가 위태로워지자, 결국 그곳을 떠나 마지막 기착지인 경주에 다다른 것입니다.

이미 자신들의 이름으로 이어지는 '조선'이라는 왕조가 한나라에 망하자, 단군은 거서간이라는 자신의 이름으로 작은 왕국을 세워 '사로斯盧'라 이름한 것이고, 명목뿐이지만 동방의 나라 조선을 대표했던 거서간이 따로 왕국을 세우자, 그 밑에서 눈치를 보던 다른 세력들이 자신의 나라 이름을 표방하고 나선 것입니다. 그것이 위만조선이 망하고 동북아에서 나름대로 힘을 쓰던 온갖 세력들이 새로운 지배력 확산과 구축에 나선 것입니다. 그것이 위만조선과 삼국 정립 사이 100년의 상황입니다.

따라서 고구려의 주몽이 가장 발 빠르게 움직여, 실제로 대중국 항쟁에서 가장 큰 힘을 발휘하고 경험이 풍부했던 세력들을 단시간 내에 규합, 조선을 뒤이을 만한 큰 나라를 세우는 데 성공합니다. 하지만 힘만으로 안 되는 시대였기에 단군의 재가를 얻어야 왕국의 정당성을 확실히 할 수 있는 시대였습니다. 『삼국유사』 왕력에 주몽을 '단군의 아들[檀君之子]'이라고 쓴 것은 바로 그런 자취입니다.

그런데 만주와 요동에서 가장 큰 힘을 규합한 고구려로서는 경주의 거서간이 통치 영역의 테두리를 스스로 정한 왕국을 세우자 고구려도 나라를 선포하는 데 거리낄 것이 없어진 것입니다. 그리고 거서간이 나라를 세운 뒤이므로, 자신이 나라를 세워도 거서간의 처지를 살펴준 것이라고 평가받을 수 있으니, 한결 부담 없이 나라를 세운 것입니다. 따라서 고구려로서도 거서간이 나라를 세우는 일과 군이 경쟁하거나 그럴 필요가 없었던 것이죠.

이런 정황을 살필 때 『삼국사기』의 편년에서 나타난 신라, 고구려, 백제의 건국 순서에는 별다른 문제점이 없고, 『삼국사기』가 편찬자의 사료 정리 과정에서 주관이 개입된 문제가 있지만, 사실 자체에 대해서는 믿을 만하다는 생각이 들었습니다.

물론 고구려는 주몽에 와서 환골탈태하고 새로운 왕국으로 출범했지만, 고구려라는 이름으로 새 출발 하기 전 소노부가 이끌던 왕조가 있었기에, 실제 고구려의 편년은 신라보다 훨씬 더 높이 올라갈 것입니다. 앞서 어원을 통해 살펴본 대로 기자조선은 예맥족이 이끈 왕조이고, 어쩌면 기자조선이 소노부가 이끌던 고구려의 전신이었다고 보는 것이 옳을 것입니다. 그렇다면 고구려는 기원전 1,122년이 국가 기원일지도 모릅니다.


**요동의 신라**

그런데 상식으로 납득하기 어려운 이상한 기록이 중국의 사서에 적잖이 나타납니다. 다음과 같은 구절이 그런 것입니다. 그래서 역사학계에서 논란이 되기도 하죠.


그 나라의 왕 김진평은 수 문제 때 상개부 낙랑군공 신라왕을 제수 받았다.
　　　　　　　　　　　　　　　　　　　　　　　　　　　　－ 구당서 신라조

무성제武成帝 하청河淸 4년 진흥왕 26년 2월 갑인에 조서를 내려 신라 왕 김진홍金眞興을 사지절 동이교위 낙랑공 신라왕使持節東夷校尉樂浪公 新羅王으로 삼았다.

– 북제서

신라는 그 선조가 본래 진한의 종족이었다. 그 땅은 고려 동남쪽에 있는데, 한나라 때의 낙랑 지역이다. 진한을 진한秦韓이라고도 한다.

– 북사 신라조

신라는 본래 변한의 후예이다. 그 나라는 한 나라 때의 낙랑 땅에 있으니, 동쪽과 남쪽은 큰 바다에 연하였고, 서쪽은 백제와 북쪽은 고구려와 접하였다.

– 구당서 신라조

신라가 경주에 이르기까지 머무른 곳이 중국과 낙랑 지역이었음을 보여주는 중국 역사책의 기록들입니다. 거서간이 적봉에서 출발하여 발해만을 거쳐 구월산 평양까지 왔다가 마침내 경주에 정착하는 과정이 중국 측의 기록에 이렇게 맥락 없는 문장으로 남아있는 것입니다. 이런 뜬금없는 기록을 제대로 이해하는 것은, 신라가 대륙으로부터 이동해서 경주에 정착했다는 것입니다.

이런 기록을 근거로 한국의 재야 역사 연구가 중에서는 삼국을 모조리 중국 내륙으로 옮겨놓는 분도 있습니다. 그렇게 되면 경주에 남은 유물들이 갈 곳을 잃습니다. 그러니 이런 모순을 범하지 않는 것은, 거서간이 수 천 년에 걸쳐서 경주까지 이동해왔다는 것입니다. 그 이동 경로에서 거쳐온 장소 때문에 위와 같은 설명이 나온 것이죠. 그러면 모든 모순이 매끄럽게 설명됩니다.

경주에 와서 '신라'라고 지목된 세력들은 처음 홍산 적봉 지역
에 있다가 발해만 지역으로 이동했고, 지금의 평양에서 살다가 경주
로 이동한 흔적입니다. '낙랑공'이라는 이름은 그래서 붙은 것입니
다. 낙랑이 경주에 있었던 것이 아니라, 난하와 발해만 지역에 있다가
평양을 거쳐 경주에 이르렀기에, 낙랑이라는 이름도 따라온 것입니다.

실제로 신라 초기 기록 중에는 낙랑군이 신라에 쳐들어왔다가
들에 노적가리가 쌓여있는 것을 보고 이렇게 덕이 있는 나라를 치면
안 된다고 하여 되돌아간 기록이 있습니다. 이런 낙랑의 기록은 경주
가 아니라 경주에 이르기 전의 어떤 곳에서 겪은 일을 나중에 경주
에서 겪은 일로 적은 기록일 것입니다.

### 초기 신라와 후기 신라의 변화

초기 박씨 왕족의 언어는 단군조선, 동예, 여진과 같은 퉁구스어
였습니다. 거서간은 왕을 뜻하는 말이고, 만주어로 '회의'를 뜻하는
'hebe'를 화백和白이라고 적고, '도성gemulehe ba'를 건모라健牟羅라고
적었습니다.

후기로 접어들어 터키어를 쓰는 김씨가 왕족이 되자, 이름이 바뀝
니다. 왕의 호칭은 마립간(王 melik-kan)으로 바뀌고, 나라 이름도
사로斯盧 – 사라斯羅 – 신라新羅로 바뀌는데, 이것은 'sïla(친목회)',
'šŭra(회의)'를 뜻하는 터키어입니다. 서야벌徐耶伐은 'šehir(대도
시)+beled(고을)'을 적은 것입니다. 이처럼 후기 신라는 터키어로 바
뀝니다.

## 진한 6촌과 신라 6부

진한에 살던 6촌 사람들이 유리니사금 때 행정을 개편하여 사로 6부로 바뀝니다. 『삼국사기』에도 나오고 『삼국유사』에도 자세히 나오는데, 이를 정리하면 다음과 같습니다.

| 촌명 | 閼川楊山 | 突山高墟 | 觜山珍支<br>(賓之 賓子 氷之) | 茂山大樹 | 金山加利 | 明活山高耶 |
|---|---|---|---|---|---|---|
| 부명 | 及梁部 | 沙梁部 | 本彼部<br>于珍部 | 漸梁部<br>漸涿部<br>牟梁部 | 漢祇部<br>韓祇部 | 習比部 |
| 촌장 | 謁平 | 蘇伐都利 | 智伯虎 | 俱(仇)禮馬<br>仇 | 祇沱<br>只他 | 虎珍 |
| 강림 | 瓢嵓峰 | 兄山 | 花山 | 伊山<br>皆比山 | 明活山 | 金剛山 |
| 후손 | 李 | 崔 | 鄭 | 孫 | 裵 | 薛 |
| 고려 | 中興部 | 南山部 | 通仙部 | 長福部 | 長福部 | 臨川部 |
| | 어미 | | | 아비 | 딸 | 아들 |
| | 동촌 | 남촌 | 동남촌 | 서촌 | 동촌 | 동북촌 |

이 복잡한 언어 문제를 풀어내기 전에, 넋두리부터 해야겠습니다. 진한 육부의 이 이상한 이름들과 맞닥뜨린 역사학자는 무엇부터 해야 할까요? 당연히 이 이름들의 뜻부터 밝혀야 하지 않을까요? 이게 지극히 당연한 상식이 아닐까요? 그런데 역사학자 중에 이 이상한 이름의 뜻을 밝히려는 사람은 없습니다. 이게 무슨 뜻인지도 모르고 신라를 연구합니다.

한국 역사학의 태두라는 이병도가 번역한 『삼국사기』 주석을 보면 한심합니다. 아예 6부 개칭설을 믿을 수 없다고 각주를 달았습니다. 믿을 수 없는 것은 둘째치고, 이름의 뜻도 모른 채 연구하며 민간

어원설 수준의 어원 풀이만 각주에 달아놓으니, 그 뒤를 따라가는 제자들이 어찌 이 태산북두의 주장을 뒤집어엎을 수 있을까요? 모르면 모른다고 하는 게 뒷날을 위해서 가장 좋은 일입니다. 앞서가는 이가 이렇게 어질러놓으니 갈수록 역사학이 자꾸 꼬이는 겁니다. 그래서 서산대사께서도 한마디 하셨죠.

"눈 내린 아침에 함부로 발자국을 남기지 말라. 그 발자국을 보고 따라가는 이가 있다."

역사학자에게 언어, 특히 옛말 기록은 어렵죠. 그러면 어떻게 해야 할까요? 언어학자들에게 귀동냥해야 하지 않을까요? 언어학자를 찾아가 물어야 하지 않을까요? 자기가 할 수 없으면 그쪽 전문가에게 묻는 게 상식입니다. 그런데 묻지 않습니다. 언어를 무시하고 유적만 찾아다닙니다. 그러니 저 같은 사람이 이런 끝도 없는 일에 머리를 처박고 글자만 좇다가 한세월 탕진하고 늙은이가 되어, 뜻대로 안 되는 세상을 탓하는 '꼰대'로 전락하는 겁니다.

그러면 어떻게 해야 이 고대사의 실마리가 풀릴까요? 언어를 연구해야죠. 어떻게? 이렇게 합니다. 즉, 경주 지역에는 옛날에 여러 부족이 살았습니다. 길략과 아이누어를 쓰는 사람들이 옹기종기 사이좋게 모여 사는데, 2천여 년 전에 북쪽에서 사람들이 우르르 몰려듭니다. 터키어를 쓰는 사람, 몽골어를 쓰는 사람, 퉁구스어를 쓰는 사람이 몰려와서 왕 노릇을 합니다. 그러면 『삼국사기』에 남긴 말들은 이 중에서 어떤 말인가를 찾아야죠. 어떻게?

조선 시대는 외교상 통역사가 필요했습니다. 그래서 사역원을 두어 통역사를 길렀죠. 이를 통사通事라고 합니다. 국어를 전공한 저는 대학 때 『박통사언해』라는 책을 읽었습니다. 중세국어를 볼 수 있는 글이라서 본 것입니다. 사역원은 모두 네 분야로 나뉘었습니다. 몽어, 청어, 한어, 왜어. 당연히 이들은 교재를 만들었고, 여러 자료가 많이 남아있습니다.

이 중에서 신라와 관련된 말을 알려면 몽골어, 만주어, 터키어를 알아야 합니다. 터키어는 없지만, 몽골어 만주어 자료는 있습니다. 당연히 조선 시대 쓰던 책들이니 그것을 사진 찍어서 만든 '영인본'이죠. 그래서 저의 모교의 중앙도서관에 가서 '보존서고'에 저장된 책들을 빌렸습니다. 『몽어노걸대』, 『청어노걸대』를 읽고, 6권짜리 『한청문감』을 읽었습니다.

거기서 저한테 필요한 낱말을 하나하나 찾아내고 걸러내는 겁니다. 파일로 정리된 적이 없으니, 제가 직접 연필로 종이에 적는 수밖에 없습니다. 몇 년 걸릴까요? 기약할 수 없습니다. 기가 찰 노릇이죠. 그러니 역사학자들이 아예 거들떠보지도 않는 겁니다.

미련 맞게 이 작업을 하는데, 사전류를 검색하다가 기막힌 사전을 찾아냈습니다. 김형수라는 분이 1995년에 『만주어 몽고어 비교어휘사전』(형설출판사)이라는 걸 찍어냈더군요. 인터넷 서점에 검색하니 당연히 절판이었고, 중고서점에도 이미지만 뜨지 절판이었습니다. 출판사로 전화를 걸었더니 거기에도 소장한 게 없다더군요. 그래서 국립중앙도서관을 검색하니 거기에 뜹니다. 다행히 절판된 책이라서 원문을 이미지 파일로 지원하는데, 자매결연 맺은 지역 도서관에 가면 볼 수 있다고 해서 충북대 도서관을 찾아갔습니다.

거기서 일반회원 자격으로 이용되니 마니 하며 한바탕 쇼를 하고서 어렵게 복사했는데, 1천 쪽이나 되는 책이었습니다. 한 장에 50원씩 복사비를 내고 인쇄했는데, 저자에게 저작권료로 6원씩 자동

정산된다고 하더군요. 이 거대하고 무지막지한 책을 만드신 김형수라는 분의 후손은 저로부터 6천 원을 받으셨을 겁니다. 그 책의 가치에 비하면 너무 싸죠. 60만 원이라고 해도 저는 샀을 겁니다. 6백만 원이라면 잠시 고민했겠지만, 선택의 여지가 없으니 샀을 겁니다. 저자의 피나는 노력에 비하면 이 정도는 아무것도 아닙니다. 1천여 쪽을 500쪽씩 두 권으로 분할 제본해서 집으로 가져왔습니다. 제가 하던 일의 양이 10분의 1로 줄었습니다.

그런데 이 사전을 읽으면서 보니 한 가지 골치 아픈 일이 있습니다. 이 사전은 제목에서 보듯이 만주어, 몽골어, 우리말(옛말 기록) 순으로 한 단어를 정리한 것입니다. 만주어를 기준으로 찾을 때는 아주 쉬운데, 우리말 어순으로는 찾을 수가 없습니다. 우리말의 어느 낱말을 만주어로 뭐라고 하는가 하는 의문을 풀려면 우리말 어순으로 다시 배열하여야 하는데, 이게 이미지 파일이라서 그게 안 됩니다. 결국, 1천여 쪽을 다 뒤져서 하나하나 찾는 수밖에 없습니다.

문제는 터키어입니다. 조선 시대에 터키와 교역할 일이 없으니 사역원에도 그런 부서가 없지요. 그래서 고민하다가 인터넷을 검색했더니 '터키어 사전'이 있더군요. 현대 터키어에 관한 사전이니, 한계는 있지만 다소 도움이 될 것이라고 스스로 위로하였습니다. 피지배 민족이었던 길랴어와 아이누어는 어찌해야 할까요? 그건 일제강점기 일본 학자들이 연구해놓은 자료가 일본 쪽에 있습니다. 그들의 책이나 연구 논문을 찾아서 뒤져야 합니다.

『삼국사기』에 나오는 몇 글자를 풀어보자는 짓이 이렇습니다. 이러니 아예 손을 안 대는 역사학자들의 마음도 충분히 이해합니다. 이해는 하면서도 고개는 갸우뚱거릴 수밖에 없죠. 문제는 연구해놓은 것조차 거들떠보지 않는다는 것입니다. 이건 정말 이해할 수 없죠.

이런다고 해서 『삼국사기』에 나오는 신라 6부의 문제가 해결될까요? 그럴 리 없습니다. 사전에 없는 말들도 수두룩합니다. 그러니 좀 더 많은 역사학자께옵서 이런 연구에 참여해주시기를 권고 드리면서, 제가 알아낸 내용을 정리해보려고 합니다.

### 진한 6촌과 신라 6부의 짜임

언어는 정교한 대응 구조와 호응 방식을 갖추었기에 주먹구구식으로 풀이하면 안 됩니다. 정확한 대응을 찾아서 비교하되, 오랜 세월에 걸쳐 이루어진 음운 변화를 감안해야 합니다. 그래서 어렵습니다. 자칫하면 삐끗합니다. 발목을 삐는 정도가 아니라 엉뚱한 결론으로 치명상에 이르는 수가 많습니다.

먼저 전제가 있습니다. 진한 6촌을 신라 6부로 고친 시대는 신라 3대 왕 유리니사금입니다. 유리는 남해차차웅의 아들이었습니다. 퉁구스어를 쓰는 사람이었죠. 그렇다면 신라 6부의 여섯 이름은 퉁구스어이어야 할 것입니다. 그런데 퉁구스어와 잘 안 맞습니다. 오히려 터키와 잘 맞습니다. 이게 어찌 된 일일까요?

신라 초기는 퉁구스어를 쓰는 사람들이 왕을 했지만 곧이어 터키어를 쓰는 알지 세력이 실세가 됩니다. 물론 오랜 갈등을 겪다가 내물니사금부터 김씨가 왕을 계승하고, 지증왕 대에 이르러 완전히 중앙집권화에 적응합니다. 경주를 가리키는 말과 국호가 '서벌, 사라(회의)'에서 '사로, 신라(친목회)'로 바뀌는 것이 그 증거입니다. 김씨는 흉노의 후예이고 터키어를 쓴 사람들입니다.

이런 정황을 보면 실제로 유리니사금 때 6부 이름이 바뀐 게 아니라, 오랜 세월 진한 6부 이름이 쓰이다가 김씨가 왕권을 장악한 내물니사금 이후에야 비로소 신라 6부로 바꾼 것이 아닌가 합니다. 나중에 역사를 기록하는 사람들이 그 사실을 신라 초기로 끌어올려 기록한 것이 아닌가 짐작됩니다.

만약 유리니사금 때의 일이라면, 대보大輔 벼슬을 맡은 석탈해의 건의로 이렇게 되었을 것입니다. 석탈해는 흉노의 왕족 출신입니다.(뒤에서 자세히 설명) 정치 경험이 많은 사람이기에 그의 제안을 받아서 조직을 재정비했을 것입니다. 더군다나 석탈해는 경주에 도착하기 직전에 김해의 가야국 왕인 김수로에게 한번 도전했다가 실패를 맛본 경험이 있습니다. 산전수전 다 겪은 대보의 제안을 유리니사금도 받아들이지 않을 수 없었을 것입니다. 결국, 이런 체질 개선을 바탕으로 신라는 나중에 가야를 흡수하죠.

북방 초원지대에 살던 부족들은 거의 모든 통치조직이 5부라는 특성을 가집니다. 왕이 중앙이고, 동서남북에 각기 통치자를 배당하는 방식이죠. 고구려와 백제가 그랬습니다. 그런데 가야와 신라는 이와 달라서 하나가 더 있습니다. 이게 특이합니다. 그래서 터키어를 쓰던 김씨 왕조가 이 6부 이름을 바꿀 때 고민이 많았을 것이라는 짐작을 할 수 있습니다. 나머지 하나가 무엇일까요?

쉽게 짐작해볼 수 있는 것은, 여럿이 모여 살던 곳이 우연히 여섯 마을이었다는 것이고, 좀 더 깊이 생각하면 통치구역 다섯 외에, 이들과 성격이 조금 다른 존재가 하나 더 있다는 것입니다. 예컨대, 삼한의 '소도' 같은 것이죠. 정치체제 다섯에 신정을 담당한 영역이 하나 더 추가되는 것입니다. 당연히 이 신정을 담당한 무당(거서간)이 가장 높은 통치자가 되겠죠. 신라의 혁거세와 가락국의 수로왕이 그런 존재일 것입니다. 일단 이렇게 해놓고서 좀 더 진행해보겠습니다.

자연 취락의 구조에서 온 6 부족을 중앙집권화하면서 고대국가 체제가 정비됩니다. 그것은 신라와 가락국 마찬가지입니다. 다만 신라는 중앙집권화에 성공하지만, 가야는 끝내 성공하지 못하여 결국은 신라로 통합 흡수되는 것으로 정리되죠.

진한 6촌이 신라 6촌으로 바뀔 때 적용된 이름을 보면 터키어와 연관성이 짙고, 특히 방향을 나타내는 말의 연관이 그대로 드러납니다. 터키어의 방향과 6부 이름을 한 번 대조해보겠습니다.


동 : Doğu, Şark – 사량沙梁

서 : Batï – 본피本彼

남 : Güney, cenup – 점량漸梁

북 : Şimal, Kuzey – 급량及梁

중앙 : Orta, Merkez – 한기漢岐


방위와 짝을 다 맞추고 나면 하나만 남죠. '습비부'입니다. 이것은 왕의 직할령이 아닌가 합니다. '습비習比'가 터키어로 왕(şah, Padişah, hükümdar, kïral)을 뜻하는 말 중에서 'şah'와 비슷하고(比는 끝소리 h 〈 b), 또 『삼국유사』에서 일연이 고려 때 습비부를 아비[父]라고 설명했다는 점에서 그렇습니다. 6부에서 어른 노릇을 한 존재죠.

또 『삼국사기』에서 '가배(한가위)' 풍속을 설명할 때, 6부를 둘로 나누어 왕녀를 대표로 뽑고 길쌈 대회를 하여 진 쪽이 이긴 쪽에 술과 음식을 대접했다는 이야기가 있는데, 그 장소가 대부大部라고 했습니다. 이걸 또 이병도는 육부六部의 오타가 아닌가 하고 의문을 제기했는데, 어림없는 일입니다. 아마도 왕의 직할령에서 했기 때문에 '대부'라고 했을 것입니다. 습비부는 곧 왕부王部겠지요.

6부의 이름에 공통으로 들어가는 '梁'에 대해 설명드리겠습니다. 이 한자는 '梁 : 들보 량'입니다. 들보는 기둥에 가로 걸쳐서 지붕의 서까래를 받치는 굵은 나무인데, 보통 향찰에서 '들, 돌, 달'로 나는 소리를 표기할 때 이 한자를 씁니다. 울돌목[鳴梁], 노량鷺梁, 손돌목[孫乭] 같은 말에서 볼 수 있습니다. 거제巨濟나 제주濟州 같은 지명에서 보이는 濟도 '돌'을 표기한 향찰입니다. 백제百濟를 일본어로 '구다라'라고 읽는 것도 그 탓입니다. 일본 사람들은 받침을 발음하지 못합니다. 그래서 '돌'을 '다라'로 읽는 것이죠. '택시'를 '다꾸시'라고 읽고, 섬을 시마라고 읽고, 돍[石]을 다께라고 읽는 것과 같은 이치입니다. 그런데 '돌'이 무슨 뜻일까요?

터키어로 '성책城柵 쌓은 마을'이 'tura'입니다. 이것을 한자로 적으면 '돌[梁]'이 되는 겁니다. 결국 마을을 뜻하는 신라시대 터키어는 '*tul'로 재구할 수 있고, 이것은 나중에 우리말에 '두레'로 자리 잡습니다. '품앗이'를 하는 노동력 공유 범위를 가리키는 말입니다. 이것이 마을 단위인 '촌村'입니다. 요즘 말로 6부의 이름을 바꾸면 동쪽 두레, 서쪽 두레 같은 방식이 될 것입니다. 다시 정리하면 이렇습니다.

동쪽 두레 : Şark＝사량沙梁

서쪽 두레 : Batï＝본피本彼

남쪽 두레 : Güney, cenup＝점량漸梁

북쪽 두레 : Kuzey＝급량及梁

복판 두레 : orta＝한기漢岐

임금 두레 : şah＝습비習比


여기서 방위는 특별한 의미가 없습니다. 왜냐하면, 행정구역을 여섯으로 나누어 방위 이름을 붙였다는 것이지, 그 방위와 행정 지명이 꼭 일치할 필요는 없습니다. 당시 마을 이름에 붙은 소리와 비슷하게 발음되는 터키어를 갖다 붙였을 것입니다.

그런데 이런 이름이 원래 쓰던 이름과 어떤 맥락이 있어야 합니다. 즉, 이름을 터키어로 붙였을 때, 원래 거기에 쓰이던 이름과 뜻으로든 소리로든 어떤 연결이 있어야만 쓰는 사람들이 불편하지 않습니다. 그렇다면 앞서 쓰였던 이름이 어떤 식으로든 이 터키어와 연관이 있어야 할 것이라는 전제로 앞서 쓰이던 이름에 대해서도 한 번 살펴보겠습니다.


### ① 점량부

점량부漸梁部부터 보겠습니다. 점량은 점탁漸啄이라고도 했고, 모량牟梁이라고도 했다고 합니다. 먼저 탁啄은 한눈에 봐도 터키어 'tura(村)'를 적은 향찰입니다. '점량, 점탁'은 'cenup tura(南村)'를 표기한 것입니다. 점량부의 원래 이름은 무산茂山, 대수촌大樹村이었습니다. 한자로 표기된 '무산'은 어느 언어일까요? 우선 터키어, 몽골어, 만주어 중에서 찾아봐야죠.

만주어와 중국어를 대조한 조선 시대 사전인 『한청문감』을 읽다 보니 시간이 조금씩 흘러가는 것을 '점漸'이라는 한자로 표기했습니다. 그리고 우리말로 '울현'(「몽어노걸대」)이라고 적었습니다. 漸을 만주어로는 '울현'이라고 발음했다는 것입니다. 漸梁＝牟梁이므로, 漸과 牟는 같은 말입니다. 모牟는 '소 우는 소리 모'입니다. 이걸 뭐라고 읽었을까요? '음메~'일까요? '울어'일까요? 漸과 牟는 '울'을 적은 것이므로, 모량牟梁은 '울돌'이 됩니다. 터키어로 '점돌漸梁'이라고 읽은 것을, 퉁구스족은 '울돌牟梁'이라고 읽은 것이죠.

'무산'의 '茂'는 '우거질 무'입니다. '울창하다'입니다. 그러면 茂로 무슨 소리를 표기하려고 했는지 한눈에 들어올 겁니다. '울'이죠. 그래서 저는 우리말 '울창하다'가 한자에서 온 것이 아니라 만주어에서 온 것이라 생각하게 되었습니다. 만주어 소리를 한자로 적은 것이 '울창鬱蒼'이죠. 산은 '달'이니, 무산은 '울달'입니다.

먼저 들어와 살던 퉁구스족이 자기 마을 이름을 '울달'이라고 불렀는데, 터키족들이 나중에 들어와서 '점량'이라고 바꾸고, 먼저 들어온 퉁구스족들의 불편을 덜어주려고 '울' 소리가 나는 '漸'으로 적은 것입니다. 漸梁이라고 적고, 터키족들은 'cenup tura(제누두라, 南村)'라고 읽고, 퉁구스족들은 '울현다라[茂山]'라고 읽은 것입니다. 그래서 소가 운다는 뜻의 牟梁이라고도 적었던 것입니다. 아마도 山을 달達이라고 한 것을 보면 그쪽 토박이들의 영향도 있었을 것으로 봅니다. 나아가 '牟'가 '모두(몯)'와 같은 음이니, '모두 개皆'를 써서 이걸 또 개비皆比라고 적었습니다. 손씨의 강림지가 바로 '개비산[伊山]'입니다.

대수촌大樹村은 '무산'과 같은 말인 듯합니다. 村은 梁으로 옮겼으니, '대수'의 뜻만 알면 되는데, 벌써 알아봤습니다. 나무가 크다는 것은 '울창'이죠. 만주어 '울현'에 우리말의 접미사 '창'이 붙어서 울창이 된 것입니다. 접미사 '창'은 우리말에 많습니다. '밑창, 깔창, 똥창, 궁창.' 보기를 더 댈까요? 창자, 목청, 대창, 갈대 청, 대나무 청, 창밑.

고려 태조 때 이것을 장복부長福部로 고치는데, 장복도 같은 뜻입니다. 만주어로 높거나 큰 것을 '우라ㅉ刺'라고 하는데, 앞서 말한 울현[漸]의 '울'을 '우라'로 알아듣고, 어른을 뜻하는 '長'으로 바꿔 쓴 것이고, 福은 앞서 본 '比'와 마찬가지로 끝소리 ㅂ을 적은 것입니다. '어른'은 '얼+은'의 짜임이고, '얼'도 '우라'의 어근 '울'과 같이 크다는 뜻으로 읽힙니다. 고려를 몽골어로 'solgo'라고 하고, 만주어로 'solho'라고 하는데, 여기에 '우라'의 자취가 있죠. '우라'는 '수라'에서 ㅅ이 떨어져 나간 모양입니다. 그러니 'sol=울'이죠.

찬찬히 읽어보시기 바랍니다. 되새김질해야 뜻이 또렷이 드러납니다. 지금 우리는 아무도 가지 않은 길을 헤쳐가는 중이라서 그렇습니다. 역사학자들이 방치한 가시밭길을 가는 중입니다. 어찌 뾰족한 가시들이 달려들지 않을까요?


② 본피부

본피부本彼部입니다. '본피'는 터키어로 서쪽을 뜻하는 'Batï'를 소리 나는 대로 적은 것입니다. '본피'를 다른 말로 '빈자賓子, 빈지賓之, 빙지氷之'라고 했다는 것을 보아도 분명합니다. '빈, 빙'은 '본'과 같은 소리(Ba)를 적은 것이고, '子, 之'는 'tï'를 적은 것입니다. 'tï'는 '본피'의 '피彼'와 대응하는데, 한자 彼는 '저희, 저 이, 저들'을 뜻하는 말이고, 만주어로는 'ce'입니다. '子, 之, 彼, tï'='ce'입니다.

본피부는 원래 자산觜山, 진지부珍支部라고 불렀습니다. 점량부의 경우처럼, '본피'와 '진지'는 같은 소리가 나는 말이었습니다. 터키어를 쓰는 지배층이 원래 살던 퉁구스족이 불편하지 않게 같은 소리로 적고 뜻은 다르게 쓴 것입니다. 珍은 '보배 진'입니다. 보통 향찰에서는 '돌'을 적는 데 쓰입니다. '보배'가 보석인데, 돌이기 때문입니다. 때에 따라서는 '바둑'의 옛 모습인 '받, 바돌, 바달, 바랄'을 나타내기도 합니다. '바둑'은 어근 '받'에 접미사 '욱'이 붙어서 된 말입니다.

珍이 '받, 바둑'이라면 이제 'Batï'와 거의 같은 소리가 난다는 것을 알 수 있죠. 진지의 '지支'는 앞서 본 '子, 之, 彼, tï'와 같은 말입니다. '支=ce'죠. 진지부를 달리 우진부于珍部라고도 불렀습니다. '바달[珍]'의 '바'에서 ㅂ이 떨어지면 '아달'이 되는데, 이것을 한자로 적으면 우진于珍이 됩니다. '본피'는 터키족이 '바트(두라)'(西村)를 적은 것이고, '진지촌'은 퉁구스족이 '받제다라'를 적은 것입니다. 그러니 같은 소리가 나는 이름을 한자로 달리 적은 것은, 그들의 말이 전하고자 하는 뜻이 달랐기 때문입니다.

자산觜山은 취산嘴山이라고도 해서 분간이 안 됩니다. 하지만 뜻을 보면 같습니다. 자觜는 밤하늘의 별을 뜻하는데, 서쪽 하늘에 뜨는 백호 7수 중에서 여섯 번째 별의 이름입니다. 아마도 본피가 서쪽을 뜻하는 말이어서 서쪽에 뜨는 별의 이름을 취한 모양입니다. 그냥 '별'의 뜻입니다. 취嘴는 새의 '부리'를 뜻하는 말입니다. 그러니 '별, 부리'는 벌판이나 마을을 뜻하는 같은 말입니다. 아마도 원래는 '취'였다가 중국식 별자리 이름이 들어와 쓰이면서 '자'라고도 쓴 모양입니다. 기록하는 누군가 아는 체를 한 것이겠지요.

따라서 자산이나 취산은 '받제다라'와 같은 뜻인데, 아마도 서쪽 벌판에 있는 마을을 뜻하는 말이었을 것입니다. 촌장 이름이 지백호智伯虎인데, 서쪽의 별 이름[觜] 때문에 '백호'라고 했을 것입니다. 동청룡, 서백호, 남주작, 북현무. 최씨 강림지가 화산花山인데, 얼룩덜룩한 말 '어룽말花馬'를 만주어로 'alha'라고 하니, 아마도 그곳 촌장 이름

의 성 지智는 이것을 적은 것입니다. 智는 '알 지'거든요. 지백호智伯虎
는 '알바라, 얼부루'를 적은 말입니다.

### ③ 사량부

사량부沙梁部를 보겠습니다. 터키어로 동쪽은 'Şark'입니다. 사沙
는 터키어 'Şark'를 소리 나는 대로 적은 것입니다. '사량'은 '샬크
두라[東村]'를 표기한 것이죠. 사량부로 고치기 전의 원래 이름은 돌
산突山, 고허촌高墟村입니다. 앞선 점량과 본피에서도 그랬지만, 돌산突
山과 고허촌高墟村은 같은 말을 되풀이한 것입니다. 소리와 뜻으로 나
눠서 표현한 것입니다.

만주어로 '위[上]'는 'dele, dergi'이고, '높다[高]'는 'den'입니
다. 또 동쪽은 'dergi'여서 '위'와 똑같이 쓰입니다. 흉노족들이 동
쪽을 더 높은 자리로 여긴다는 것을 잘 기억하실 것입니다. 유목민들
의 특성입니다. 이렇게 되면 사량의 뜻도 이제 어느 정도 정리되죠. 돌
突은 'dele'를, 산山은 '달達'을 적은 것입니다. 高는 'den'이고, 墟는
장소(터)를 나타내는 '달達'과 같죠. 'dele'는 방향을, 'den'는 지위
를 나타낸 말로, 소리가 거의 같습니다. 그래서 각기 '돌산'과 '고허'
로 표기한 것인데, 원래 발음은 '델기다라, 델레다라'일 것입니다.

이것도 터키어를 쓰는 지배층이 그전의 지배층이던 퉁구스어를 쓰
던 사람들도 알아들을 수 있게 될수록 비슷한 소리로 적으려고 애쓴
결과입니다. 퉁구스어로 '델기다라'로 발음되는 지명을 터키어 '샬크
두라'로 바꾼 것입니다. 강림지가 '형산兄山'인 것은, 동쪽이 높은 대
접을 받는 유목민 특유의 성향 때문에 그렇게 이름이 붙은 것입니
다. 만주어로 형은 'ahvn'입니다. 촌장 이름 '소벌도리'의 '소벌'은

'Şark-ahvn'을 표기한 것이 아닌가 짐작됩니다. '시벌[東野]의 큰형[大哥]'쯤이겠죠. '도리'는 'dele'로 '지위가 높은 분'의 뜻일 겁니다.

### ④ 급량부

이제 급량부及梁部를 봅니다. 급량及梁의 '及'은 북쪽을 뜻하는 터키어 'Kuzey'의 소리를 향찰식으로 적은 것입니다. 그러니 '급량'은 터키족들이 '쿠찌두라北村'를 적은 것입니다.

이곳의 원래 이름은 알천閼川, 양산촌楊山村이었습니다. '알천'의 '알'은 '알영, 알지' 같은 말에서 보듯이 귀인, 존자를 나타내는 말입니다. 川은 개울이 아니라 땅을 뜻하는 말 '나那, 내內, 노奴'죠. 그러니 '알내'는 '귀하신 분이 사는 땅'을 뜻하는 퉁구스어입니다. 양산楊山의 楊은 '버들 양'입니다. 만주어로 갯버들은 'fodoho'이고, 무당이 빌 때 세우는 버들가지는 'fodo'입니다. 산은 만주어로 '달'입니다. 그러니 楊山은 '호(포)도다라'를 향찰 식으로 적은 것입니다. 참고로 'fodoho'는 음운 변화를 일으켜 '*podoho'로도 변합니다. 그러므로 楊山은 '버들'로 읽힐 수도 있습니다. 그러면 '배달'이나 '박달'의 뜻도 됩니다. 'uda 〉 fodo 〉 bədï'의 변화를 앞서 본 적이 있습니다.

'쿠찌두라'와 '호(포)도다라,' 발음을 자꾸 해보면 비슷하다는 느낌이 나지 않나요? ㅎ과 ㅋ은 서로 잘 넘나들어서 그렇습니다. 왕을 뜻하는 말이 '한＝칸'이었음을 기억하시기 바랍니다. 강림지로 내려온 시조 이름이 알평謁平입니다. '알'은 앞서 봤죠. 평平은 들판을 뜻하는 말입니다. 만주어로 광야는 'tala'입니다. 알평은 '알다라'죠. 이 분이 내려온 강림지 이름이 표암봉瓢嵓峰인데, 瓢는 '쪽박' 곧 작은 박을 뜻합니다. '알'을 瓢로 나타냈는데, 공교롭게도 '쪽박'을 뜻하는 말이 만주어로 'fiyoose'입니다. '표주박'의 '표'와 비슷한 소리가 나죠. '及=楊=瓢=謁'이 같은 대상을 표현하는 여러 언어의 모습입니다.

### ⑤ 한기부

한기부漢岐部는 '한'은 '韓'이라고도 하고 '漢'이라고도 한 것으로 보아, 뜻이 아니라 소리를 적은 것이 분명합니다. '한기'는 터키어의 'orta(복판, 중앙)'에 대응합니다. 그렇다면 'or(올)=漢, ta(타)=岐'가 되어야 하는데, 소리의 대응이 어쩐지 선뜻 들어오지 않습니다.

그런데 뜻밖의 곳에서 답을 찾을 수 있습니다. 고려 때 송나라의 사신으로 온 손목이 돌아가서 고려의 풍물을 기록한 책이 『계림유사鷄林類事』입니다. 거기에 고려의 언어를 적어둔 게 있는데, '明曰轄載'라고 적었습니다. '밝다[明]는 할재轄載라고 한다'는 말입니다. 터키어 '올타orta'를 이와 비슷한 소리로 적은 것이 '한기'입니다. 왜냐하면, 한기부로 배정된 최씨 조상의 강림지 이름이 명활산明活山입니다. 만주어로 '갠, 맑은'은 'gere'이고, 광채는 'giltahvn'이고, 명백明白은 'getugen'입니다. 明은 '겔, 길, 겟'과 비슷한 어떤 소리임을 보여줍니다. 이 소리를 재구하면 'gər'이 될 것입니다. '(불이) 팔다, 말괄량이' 같은 말에 그 자취가 남았습니다.

신라 지배층의 터키어 '올(or)'을, 앞서 살던 퉁구스족들은 'gər(걸, 얼)'이라고 들은 것이죠. 우리말 '올'은 '이틀, 사흘'에서 보듯이 해의 뜻을 지니고 있습니다. 당연히 밝다는 뜻입니다. 『계림유사』에 적힌 할재轄載도 이것입니다. 그래서 터키족은 중앙을 뜻하는

'한기'라고 적고, 퉁구스족은 환하다는 뜻으로 '명활'이라고 적은 것입니다. 비슷한 소리를 각자 제 귀에 들리는 대로 적은 것입니다.

광채를 뜻하는 만주어 'giltahvn'은 '길타흔'이나 '질타흔'으로 읽을 수 있습니다. ㄱ과 ㅈ은 '엿기름＝엿지름'에서 보듯이 서로 넘나듭니다. 한기부에 사는 촌장의 이름을 잘 보시기 바랍니다. 지타祗沱라고도 하고 지타只他라고도 했습니다. 둘 다 같은 이름이니 소리를 적은 것이죠. 'gilta-'가 눈에 확 들어오죠?

한기부로 바꾸기 전의 원래 이름은 금산金山, 가리촌加里村이었습니다. 앞서 살펴본 모든 지명은 퉁구스어와 터키어가 대조를 잘 이루었습니다. 그런데 이상하게 이 한기부만은 퉁구스어보다 몽골어가 더 그럴듯합니다. 그래서 다른 동네와 달리 금산, 가리촌은 몽골족들이 터 잡고 살던 동네가 아니었나 하는 생각이 듭니다. 신라에 사는 사람들을 '조선의 유민'들이라고 했으니, 이 중에 만주에서 전란을 피해 도망온 몽골족들이 없으란 법은 없겠지요. 그들이 한 마을을 이루어 산 듯합니다.

金은 만주어로 'asin'이고, 몽골어로 'alta'입니다. 그래서 금산을 알타이라고 하는 것입니다. 'asin'보다는 'alta'가 '한기, 올타'와 더 잘 어울립니다. 물론 만주어로 보아도 '지타' 같은 말 때문에 연결이 어려운 것은 아닙니다만, 몽골어로 하는 게 더 자연스럽습니다. 게다가 가리加里는 몽골어 'gool(가운데)'과 비슷하고 윷놀이의 '걸'과도 비슷한데, 중앙을 뜻하는 터키어orta와도 맞아서 이것이 아닌가 짐작해봅니다. 터키어를 쓰는 사람들이 '올타두라orta-tura'라고 부른 동네를, 몽골어를 쓰는 사람들은 '알타다라alta-dara'라고 부른 것으로 보입니다. 둘 다 복판에 있는 동네라는 뜻입니다.

## 당나라와 신라 지배층은 한통속

신라는 당나라의 힘을 빌려 경쟁국인 고구려와 백제를 무너뜨립니다. 12년 동안 국사를 배우면서도 남의 나라를 끌어들여 제 형제국을 친다는 게 참 뜬금없다는 생각을 했습니다. 그런데 당나라의 내력을 살펴보면 이게 그럴 수밖에 없다는 또 다른 뜬금없는 생각이 듭니다.

당 태종 이세민은 그 전 시대의 혼란을 수습하고 중국을 실제로 평정한 인물입니다. 그의 치세를 일러 '정관貞觀의 치'라고 말하고, 그가 정리하여 쓴 『정관정요』는 역대 황제들의 필독서가 되었습니다. 그런데 이세민이 돌궐의 제17대 가한可汗＝王입니다. 터키어를 쓴 투르크족이었죠. 아버지 이연과 함께 수나라의 귀족으로 있다가 혼란에 빠진 수나라를 무너뜨리고 투르크 제국을 세운 것입니다. 투르크는 흉노와 같은 언어를 썼습니다. 결국 흉노의 후예들이 중국을 평정하여 이후의 통치 방식을 확정했다는 뜻입니다.

이런 내력을 보면 당나라가 왜 신라와 친하게 지냈는지 알 수 있습니다. 신라는 김알지 이후 김씨가 왕을 이어갔고, 김씨는 흉노의 후손으로 터키족이었습니다. 실제로 그들은 진한 6촌을 신라 6부로 고칠 때 터키어로 바꾸었음은 앞서 살펴보았습니다. 당 황제 이세민과 신라 문무왕이 만난다면 터키어로 대화를 했다는 뜻입니다. 피를 나눈 형제국의 요청이니 당나라가 움직인 것입니다.

흉노의 후예들이 중국과 한국을 평정하고 통일했습니다. 이게 뜬금없는 생각일까요? 뜬금 있는 생각일까요? 말하는 저도 황당합니다. 하지만 어원학이 알려주는 사실인 것을 어찌합니까? 어원을 따라서 우리는 이런 결론에 이르렀습니다. 이 글의 첫 시작에서 흉노를 언급했는데, 흉노라는 이름은 사라졌지만 그들의 후예가 중국과 한국을 지배했다는 엄연한 사실을 확인합니다. 이게 무엇을 뜻할까요?

## 석탈해와 신라

석기시대와 청동기시대는 뚜렷하게 다른 점이 있습니다. 속도가 바로 그것입니다. 석기시대는 수십 만 년에 걸쳐서 발전했는데, 청동기와 철기는 불과 1천 년도 안 된 짧은 시기에 전 세계로 퍼졌습니다. 이 속도를 설명할 수 있는 것은 말입니다.

청동기가 처음 등장하는 것은 기원전 3500~3000년 전 메소포타미아 지역입니다. 이것이 중국 북부까지 전해지는 데 불과 1500~1000년밖에 안 걸립니다. 수십 만 년에 걸쳐 발전한 석기에 견주면 이것은 정말 눈 깜짝할 사이죠. 묘하게도 이와 비슷한 시기에 유라시아 북부 초원지대에서는 말이 사육됩니다. 말은 가장 다루기 힘든 동물이어서 가축화된 동물 중에서도 가장 늦게 길들어집니다. 바로 이 때문에 청동기는 말을 따라서 순식간에 전 세계로 퍼진 것입니다.

기원전 2천 년 무렵에 이란 북부에 유목민이 살았습니다. 이름은 스키타이. 이들이 정확히 알 수 없는 어떤 이유로 동쪽으로 이동합니다. 이들은 나중에 비단길로 불리는 천산산맥 뒤편의 초원지대를 거쳐 바이칼 호수까지 아주 짧은 시간에 달려갑니다. 물론 가는 곳곳마다 청동기를 만드는 법을 퍼뜨리죠. 이들이야말로 대장장이의 진정한 후예입니다. 가는 곳마다 환영받으며 말이 달려가는 속도로 초원을 통과합니다.

저는 문학도이다 보니, 역사학에 문외한이어서 관련 자료를 찾을 때도 인터넷을 뒤져보는 수밖에 없습니다. 인터넷에서 석탈해를 검색하고 몇 글을 읽다 보니 정말 괜찮은 글이 하나 보이더군요. 이재환의

「신라 석昔씨 족의 기원과 이동 연구」라는 논문입니다. 몇 차례 스크랩되어 옮겨 다닌 탓에 원문보기를 눌러도 원문은 벌써 사라진 글이었습니다.

이 논문의 내용을 정리하면, 석탈해에 관한 역사 기록이 몇 군데 나옵니다. 『삼국유사』 가락국기, 『삼국사기』 탈해왕 본기, 그리고 『수서』 신라전입니다. 간단히 소개하면 다음과 같습니다.

신라 남해왕 때, 가락국의 바다에 배가 와서 닿았다. 수로왕이 신민을 데리고 북을 치며 맞아들여 머물게 하려고 하니, 배가 곧 달아나 계림의 동쪽 아진포에 이르렀다. 바닷가의 한 노파가 (중략) 궤를 열어보니 단정한 사내아이와 더불어 칠보와 노비가 가득 들어있었다. 그들을 7일 동안 대접하자, 사내아이는 그때서야 비로소 말하기를 "나는 본래 용성국龍城國 사람입니다(正明國, 또는 琓夏國이라고도 한다. 어떤 글에서는 琓夏를 花廈國이라고도 적는다. 용성은 倭의 동북쪽 1천여 리에 있다 - 일연의 주석). 일찍이 우리나라에는 스물여덟 용왕龍王이 있었는데, 그들은 모두 사람의 뱃속[胎]에서 나왔으며 왕위를 대여섯 살부터 이어받아 임금이 되어 백성들을 다스려 성명性命을 바르게 했소. 8품品 성골姓骨이 있으나 가리는 일 없이 모두 대위大位에 올랐소. 그때 우리 부왕父王 함달파含達婆가 적녀국積女國의 왕녀를 맞아 왕비로 삼았는데, 오래도록 아들이 없어서 아들 얻기를 빌었더니 일곱해 만에 커다란 알을 하나 낳았소. 이에 대왕은 신하들을 모아 의논하기를 '사람이 알을 낳은 일은 고금에 없었던 일이니 이는 반드시 좋은 징조가 아닐 것이다'라 하시고 궤를 만들어 나를 칠보七寶와 노비들과 함께 궤 속에 넣어 배에 실은 뒤 바다에 띄우고 '부디 인연 있는 곳에 닿아 나라를 세우고 일가一家를 이루도록 하라'고 비셨는데, 이때 갑자기 붉은 용이 나타나 배를 지켜주어 이곳에 이르렀소." 라고 했다.

- 『삼국유사』권1 「기이」1 제4 탈해왕 조

석탈해가 외부 세력이라는 것은 역사학자들에게도 이견이 없습니다. 이들이 배를 타고 어디선가 출발하여 한반도에 이르렀다는 뜻입니다. 이들의 출발지는 '용성'이라는 나라입니다. 그렇다면 용성이라는 역사상의 지명을 찾으면 이들의 이동과정을 추적할 수 있을 것입니다. 용성은 모두 세 군데로 걸러집니다.

요령성遼寧省 대릉하大凌河 중류
대동강 하구인 평안남도 남포시 용강군龍岡郡
전라북도 남원시의 옛 이름이 용성龍城

용성으로 지목된 이 세 곳을 두고서 이재환이 내린 결론을 정리해보겠습니다.

기원전 195년부터 180년 사이에 위만衛滿은, 주변의 세력들을 아울러서 난하灤河와 갈석산碣石山으로부터 대릉하까지 지배했는데, 이때 대릉하 중류에 자리 잡은 요녕성 용성국은 기원전 114년 전한이 고조선을 무너뜨리고 4군郡을 설치할 한나라의 공격을 피해 지금의 평안도 남포시 용강군으로 이동합니다. 기원전 59년 이전에 낙랑국樂浪國의 유민들이 평안도로 밀려 내려오자, 탈해는 다시 배를 타고 떠나 전라북도 남원에 터를 잡습니다. 하지만, 뒤이어 백제가 한강으로 내려오고, 남원도 안전하지 못한 곳이 되자 섬진강을 떠납니다.

이후 탈해는 김해를 정복하려 했으나 김수로왕에게 패하고 오히려 가야에게 밀려났으며(『가락국기』) 마지막으로 아진포(영일만)에서 토함산을 넘어가 경주에 자리 잡게 됩니다.

이것이 역사 기록을 바탕으로 복원한 석씨 족의 기원과 이동, 정착과정입니다. 고단한 석탈해의 여정을 아주 잘 정리하여 마치 한 편의 영화를 보는 것 같습니다. 이 논문은 그동안 제가 쓴 글에서 여러 북방 민족들이 한반도로 쏟아져 들어온 상황과 딱 맞아떨어지는 내용이어서 눈길을 끌었습니다. 하지만 역사 기록만으로 재구성하다 보니 아쉬운 점이 있고, 바로 그 점을 저의 어원 연구로 더 채워보면 좀 더 확실한 얘기가 될 것 같아 이렇게 얘기를 덧보태는 중입니다.

아진포阿珍浦는 영일만迎日灣를 말합니다. '아진+포'는 '아잔+개'입니다. '아잔'은 '아찬'과 같고, '아침'과도 같습니다. '앗+은'의 짜임입니다. '아사달'도 같은 어원이죠. 이것을 한자로 번역하면 '해를 맞다[迎日]'입니다. '해돋이 마을'의 뜻이죠. 그래서 '영일'이 된 것입니다.

석탈해는 '스키탈 크랄'을 그대로 적은 것으로, '방랑자 왕'의 뜻이라고 말했습니다. 이들은 청동기와 철기를 한반도와 만주에 전한 세력으로, 북부 이란에서 출발하여 몽골 초원지대를 거쳐 바이칼호까지 왔다가 다시 남동쪽으로 흘러가 고조선의 일부가 되었고, 대동강과 전라도 남원 그리고 가락국을 거쳐, 마침내 한반도 맨 끝인 경주까지 와서 왕 노릇을 하다가 흘해니사금 이후에 감쪽같이 사라집니다.

이런 흐름을 보면 이들은 처음에 이란어를 썼겠지만, 초원의 지배자인 흉노에 편입되어 터키어를 함께 썼을 것입니다. 그리고 석탈해가 자신의 출신지로 말한 용성은, 앞서 말한 세 곳 이외에 흉노전에도 나오는데, 이것이 그 방증입니다.

> 매년 정월에는 선우가 있는 정庭에서 모든 장(24長)이 소집회를 열고
> 제사를 지냈다. 5월에 용성龍城에서 대집회를 열고 조상과 천지신명
> 과 귀신들에게 제사 지냈다. 가을에 말이 살찔 때는 대림蹛林에서 대
> 회를 열어 백성과 가축의 수를 조사하였다.　　　　－『사기』 흉노전

용성이라는 말로 보아 용들이 사는 언덕배기를 말하는 것이고,
이때 용이란 왕을 나타내는 말일 겁니다. 옛날부터 임금을 용龍으로
묘사했는데(龍顏, 龍袍, 龍床), 아마도 이 전통은 흉노로부터 시작된 게
아닌가 짐작합니다. 그러니까 용성을 비롯하여 용과 관련이 있는 용
어를 쓰는 사람들은 왕의 혈통을 뜻하게 됩니다. 석탈해도 마찬가지
로 흉노의 통치하에서는 왕 대접을 받았을 것으로 보입니다.

하지만 흉노는 한 무제의 공격으로 산지사방으로 흩어지고, 용
성의 한 구성원이던 석탈해도 동쪽으로 흘러와 동족인 위만조선의
날개 밑에 숨습니다. 그것이 바로 앞에서 말한 대릉하의 용성입니다.
그런데 한 무제의 공격은 흉노에 그치지 않고 조선으로 이어져 결국
은 조선도 망하고 한사군이 설치됩니다. 이들은 다시 떠날 수밖에 없
죠. 한사군이 설치된 지역에서 한나라의 지배를 거부하며 동쪽으로
이동한 세력이 예맥족이고, 이들은 그들을 따라 동으로 이동했다가
다시 남쪽으로 옮겨갑니다. 이 세력이 누굴까요? 바로 온조와 비류의
어머니 소서노죠.

소서노는 고구려를 세운 여인입니다. 그런데 용성국은 대동강에
있었습니다. 그렇다면 소서노가 압록강에서 주몽을 만날 때 석탈해

세력은 고구려의 남부인 대동강 언저리에 머물렀다는 얘기입니다. 소서노가 주몽과 결별하고 남쪽으로 내려갈 때 같이 따라간 것으로 보입니다.

백제는 한강 가에 와서 살 터를 두고 패가 갈립니다. 형인 비류는 미추홀(인천)로 가고, 온조는 바람들이(위례)에 남습니다. 그러다가 비류가 다시 돌아와 온조 밑으로 들어가죠. 비류를 지지한 세력은 터키어를 쓰는 세력이었기에, 장자 왕위 계승 원칙에 따라 처음에는 나라 이름을 '십제'라고 했는데, 이들의 판단 착오로 몽골어를 쓰는 온조 지지 세력에게 밀려 나라 이름까지 '백제'로 바뀝니다. 비류를 지지했던 세력의 일부는 온조 밑으로 들어갔지만, 일부는 백제에서 이탈했을 것임을 어렵지 않게 상상할 수 있습니다.

대동강의 용성을 떠난 석탈해가 이 비류백제의 이탈 세력에 섞였을 것은 훤히 보입니다. 석탈해는 이란계 유목민이었지만 정체성은 흉노의 한 갈래였으며, 나중에 신라에서 터키어를 쓰는 흉노족 김알지를 받아들이는 것으로 이들의 실체를 재확인할 수 있습니다. 『수서』 신라전에서 "그 나라의 임금은 본래 백제인이며 바다로 달아나 신라에 들어가 드디어 그 나라의 임금이 되었다"는 기록은 석탈해가 노서노의 세력과 함께 남하했음을 보여주는 증거입니다.

백제가 제 자리를 잡아가면서 터키어를 쓰는 부족들은 권력의 핵심에서 밀려났고, 이들은 남으로 내려갑니다. 그것이 남원에 용성국이 나타난 까닭입니다. 하지만 이미 남해안에는 가락국의 세력이 널리 자리를 잡았고, 석탈해는 더 갈 곳이 없음을 알게 됩니다. 백제와는 거리가 멀어졌고, 새로운 땅에는 김수로왕이 가야의 터를 다져 그 사이에 낀 것입니다.

남원이라는 작은 땅에 안주할 그런 사람이 아니었던 탈해는 새로운 탈출구를 찾죠. 그 첫 번째 시도가 김수로왕에게 도전장을 내미는 것입니다. 실제로 탈해는 김수로왕을 찾아가 한 판 싸움을 벌입니다만, 패하죠. 앞선 탈해왕 신화에서 김수로왕이 신민을 거느리고 나가서 탈해가 탄 배를 맞이하려고 했는데, 쏜살같이 달아났다는 것은 이런 과정을 아주 간략하게 압축한 표현일 겁니다.

갈 곳을 잃은 석탈해는 김수로왕에게 패배를 깨끗이 인정하고 영일만으로 떠나 토함산을 넘어갑니다. 거기에 퉁구스족(혁거세)이 세운 작은 나라가 있는데, 그곳으로 합류하죠. 그것이 신라입니다. 합류하는 과정은 앞서 설명했으므로 여기서는 생략합니다.

'탈해왕조'에 따르면, 탈해는 신라 2대 남해왕 때 와서 서기 57년에 즉위해 나라를 다스리는데, 남해왕은 서기 4년부터 20년까지 서라벌을 다스렸으므로 탈해가 신라로 건너온 시기는 서기 4년에서 20년 사이가 될 것입니다.

석씨는 신라 왕가에서 박씨와 교대로 탈해(4대, 57~80), 벌휴(9대, 184~96), 조분(11대, 230~47), 침해(12대, 247~61), 유례(14대, 284~98), 기림(15대, 298~310), 흘해(16대, 310~356)로 왕위를 이어갑니다. 석탈해는 스키타이족이지만 흉노 시절에 터키어를 쓰는 부족으로 자리 잡았다는 것이 바로 김알지와 순서를 바꿔가며 왕을 계승했다는 것으로 알 수 있습니다. 그러다가 17대 내물마립간에 이르러 왕의 호칭도 니사금(퉁구스어)에서 마립간(터키어)으로 바뀌고 이후 왕계는 김씨로 확정됩니다. 석씨가 품어준 김알지의 후손 세력이 권력을 독점하게 된 것이죠. 흘해왕을 마지막 왕으로 이후 석씨는 한반도에서 종적을 감춥니다.

    역사 기록에 의하면 흘해왕이 자식이 없어서 김씨가 왕위를 승계했다는 것인데, 이것은 권력투쟁에서 밀려난 사람을 미화시킨 표현에 지나지 않습니다. 왜냐하면, 자식이 없다는 석씨는 지금까지도 핏줄이 면면히 이어져 왔기 때문입니다. 현재 석씨는 우리나라에서 인구가 얼마 안 되는 희귀성이 되었습니다. 역대 왕을 한 김씨, 이씨, 왕씨와는 좋은 대조를 보입니다.

    어째서 이런 걸까요? 석탈해의 행적을 좇다 보면 결론도 간단해지지 않나요? '방랑자'라는 별명답게 석씨 부족 대부분은 어디론가 또 떠나간 겁니다. 어디로 갔을까요? 이제 갈 곳은 한 군데밖에 없죠. 바로 일본, 곧 '왜'입니다. 그래서 실제로 일본의 고대사를 연구한 사람 중에는 석씨의 자취를 일본에서 찾아서 입증하려는 분도 있더군요. 그런데 재미있는 것은 '왜'가 일본 섬나라가 아니라, 북방 대륙 고조선의 통치 강역에서도 발견된다는 것입니다. 먼지 기록을 살펴보겠습니다.


개국蓋國이 거연鉅燕의 남쪽 왜의 북쪽에 있으며 왜는 연에 속한다.(蓋
國 在鉅燕南 倭北 倭屬燕)
－『산해경』


주나라 성왕 때 월상越裳은 꿩을 헌상하고, 왜인은 창초暢草를 바쳤다.
－『논형』권 19 회국편


유왜인이시맹불有倭人以時盟不 　　－ 안휘성 박현(亳縣)의 원보갱촌 제1호분 벽돌


고구려 수성遂成(차대왕)이 왜산倭山에 나가 사냥했다.　－『삼국사기』고구려본기

이런 기록들은 대부분 지금의 왜가 중국에 알려지기 이전의 기록들입니다. 따라서 이들은 일본에 사는 왜가 아니라 중국 북동부 고조선의 지배를 받던 겨레임을 알 수 있습니다. 그런데 재미있는 게 있습니다. '倭'를 우리는 지금 '왜'라고 읽는데, 임진왜란 이후에도 이렇게 읽지 않고 조선 시대 내내 '예'라고 읽었습니다. 임진왜란 이후에 간행된 『삼강행실도』에 그렇게 나옵니다. 일본에서는 지금도 '예'에 가까운 발음으로 자신을 지칭합니다. 화和가 그것입니다. 이 和도 조선 시대에는 '예'로 읽었고, 그래서 일제강점기 때 일본 정신을 '대화혼大和魂'이라고 선전했습니다.

따라서 위의 기록에 나타난 倭는 '왜'가 아니라 '예'입니다. 그러면 선뜻 눈에 들어오는 이름이 있지요. '예맥'의 '예'입니다. 한나라식 표현에 따르면 '진번'이 되는 것이죠. 김부식의 『삼국사기』 잡지 지리地理에 실린 당나라 장수 이적李勣(이세적)의 편지에서 고구려의 땅 이름 가운데 '평왜현平倭縣'이 나오고, 이것은 왜를 평정했다는 뜻인데, 이세적이 친 나라는 고구려이므로 이 '倭'는 고구려 발음으로는 예濊이고, 중국 측 기록으로는 '진번'이 되는 것입니다. 북방에 있던 왜는 고구려의 한 부족을 가리키는 말이었음을 알 수 있습니다.

탈해왕 조의 '왜'가 하북성이나 요녕성에 있었다면, 지금의 요녕성 대릉하 중류에 있던 용성龍城에서 서남쪽으로 1천여 리 떨어진 곳이므로, "용성국은 (왜에서 바라보았을 때) 왜倭의 동북쪽 1천여 리에 있다"는 구절과 정확하게 맞아떨어집니다. 이곳의 '왜'는 일본이 아니라 고구려의 지배를 받거나 고구려와 갈등을 일으키는 부족을 가리키는 말이었습니다.

'倭'의 발음이 '예'라는 사실에 착안하여 동예설을 주장한 것은 이영희인데, 함경남도 덕원의 옛 지명이 용성이라는 점을 들어 석탈해가 동예인이라고 했고, 이재환은 덕원의 위치를 들어 석탈해와 관련이 없다고 합니다만, 그것은 고대 한국사에서 한사군의 위치를 교과서에서 설명한 대로 받아들여서 생긴 문제입니다. 제가 보기에는 오히려 이영희의 가설이 더 맞습니다.

앞서 살펴본 것처럼 한나라의 4군은 요동의 평양을 공격하여 설치한 것이므로 한반도 안에 있을 수 없습니다. 그러니 그때의 동예는 하북이나 요녕 지역에 있었을 것으로 파악됩니다. 만약에 이렇다면 대릉하의 용성과 함경도의 덕원 용성은 같은 것이었기가 쉽습니다. 하북이나 요녕의 예족이 동쪽으로 한없이 밀리면서 삼국이 정립한 이후에는 두만강 유역과 바닷가까지 와서 정착했다는 증거가 되죠. 그 와중에 용성에 살던 석탈해도 이동한 것으로 보입니다.

석탈해의 후예들은 김알지의 후손에게 밀려 왕위에서 밀려나고, 또다시 방랑을 떠납니다. 바다 건너 일본으로 가서 새로운 세력으로 자리 잡죠. 일본은 한반도에서 밀려난 세력들이 이합집산하여 새로운 세상을 여는 마지막 '초원지대'로 변합니다. 더는 갈 곳이 없는 이 세력들은 자신의 마지막 힘이 남을 때까지 싸움을 마다하지 않죠. 전국시대에 칼을 든 사무라이들이 끝까지 힘으로 세상을 평정하려던 태도는 이들이 마지막 땅에서 살아남아야 하는 얄궂은 운명이 남겨준 유산이라고 저는 생각합니다.

# 05 가야

가락국은 이름에서 보듯이 어엿한 국가였습니다. 하지만 삼국시대의 희생양이 되었죠. 이 시대를 삼국시대로 규정한 사람은 『삼국사기』의 저자였습니다. 그래서 저절로 삭제된 가락국의 기록을 일연이 『삼국유사』에 정리합니다. 가락국기 끝에 요약한 이 나라의 역년은 520년입니다. 김유신은 가야인의 후손이죠. 이렇게 오래도록 한반도 남부를 다스린 나라를 아예 역사에서 지워버렸으니, 굳이 그 시대를 '삼국'으로 이름 짓고 싶어 한 사람들의 소망은 이루어진 셈입니다. 실제를 버리고 이름을 얻은 이 노력에 어떤 평가를 주어야 할지 저도 잘 모르겠습니다. 왕의 계보만이라도 보고 갑니다.

수로왕首露王 – 거등왕居登王 – 마품왕麻品王 – 거질미왕居叱彌王 – 이시품왕伊尸品王 – 좌지왕坐知王 – 취희왕吹希王 – 질지왕銍知王 – 검지왕鉗知王 – 구형왕仇衡王

## 가야의 어원

북방에서 조선이 한나라의 공격으로 망하고 정국이 어수선해질 즈음에 남쪽에서도 커다란 변화가 나타납니다. 김해 바닷가에 어디선가 이상한 말을 쓰는 사람들이 갑자기 나타난 것입니다. 가야가 바로 그것입니다. 이들은 드라비다어를 쓰는 사람들로 인도의 아유타국에서 출발하여 인도네시아와 중국 남부를 거쳐서 한반도의 바닷가에 이른 것입니다. 경상도 지역에 진출하여 이들은 6가야로 정착합니다. 이들이 가져온 선물은 벼농사와 철기였습니다. 석기시대의 지지부진하던 사회가 이들이 가져온 철기로 바뀌면서 생활에 일대 변혁이 일어납니다.

먼저 '가야'라는 말이 어디서 온 것인지 그것부터 알아야 할 것 같습니다. 『삼국유사』에는 김수로가 아유타국에서 왔다고 적었습니다. 인도의 아유타국 왕성에는 물고기 문양이 있습니다. 그 물고기는 불교의 목어木魚로 바뀌어 한참 뒤에 중국을 거쳐 우리나라 절로 들어옵니다. 이 물고기를 드라비다어로는 'Kayal, Kaye, Kayya, Kǎra' 같이 아주 비슷하지만 다양하게 부릅니다. 그래서 이것을 각기 '加耶, 伽倻, 駕洛'이라는 식으로 적은 것입니다. 아마도 바다 이미지와 맞물리다 보니 물고기를 중요시한 것 같고, 그것이 나라 이름으로 굳었으며, 불교 양식으로 자리 잡아서 한반도에 이른 것으로 보입니다. '가락국기'는 『삼국유사』를 지은 일연이 가장 애착을 갖고 썼음 직한 글입니다.

우리가 학교에서 불교 전래에 대해서 배우기로는, 고구려 소수림왕 2년(서기 372)에 전진의 순도가 처음으로 불경과 불상을 들여왔다고 합니다. 그런데 그보다도 한참 전인 189년에 죽은 허황옥은 인도에서 올 때 배에 돌탑을 싣고 왔습니다. 그 돌탑은 지금도 김해에 있습니다. 물론 닳고 닳아서 돌덩이 몇 개 포개놓은 듯한 모습이지만. 그렇다면 불교가 처음 한반도에 전래된 것은 허황옥이 김해 바다에 다다른 그해가 되어야 하지 않을까요? 그런데 국사 시간에는 고구려, 백제, 신라 순으로 불교가 전래되었다고 전합니다.

이상합니다. 만약에 중이 직접 오지 않았다거나, 불경이 아니라서 허황옥의 탑이 불교 유적이 아니라고 한다면 논란의 여지는 있습니다만, 불교의 자취가 이렇게 또렷한데, 우리가 국사 시간에 배운 불교 전래는 어찌 된 일인지 궁금합니다. 일단은 이렇게 질문을 하나 해두고 가야로 돌아갑니다.

### 금관가야

첫 번째로, 금관가야에 대해서는 『삼국사기』 지리지에 이런 말이 나옵니다.

金官小京金官國一云加落國一云加耶

'金官'은 드라비다어 '절바라'를 옮긴 표기입니다. 터키어로 황금은 'zer'이고, 드라비다어의 방언인 타밀어에서는 도시가 'cēri'입니다. 터키어로 '관리, 통치자'는 'vằri'입니다. 이 터키어 낱말은 드라비다어와 비슷해서 우리말에서도 바다를 옛날에는 '바룰'이라고 했습니다. 'čel, zer'도 마찬가지죠. 지금도 우리는 '철'이라고 합니다. '김해金海'는 '절바라, 철바라'를 번역한 것입니다.

가야 중에서 '절바라, 철바라, 쇠바라' 가야는 통치자가 사는 마을을 뜻합니다. 그러니 금관가야는 처음에 6가야를 통솔하는 우두머리 노릇을 했을 것입니다. 가야 중에 대가야가 있는 것으로 보아 나중에는 권력을 대가야에 넘겨주었겠죠. 이것은 여섯 가야가 인도에서 와 김해를 중심으로 한 경상도 지역에 퍼졌지만, 그들의 힘에 따라서 단일세력으로 외부에 대응하는 가야의 대표는 계속 달라졌다는 것을 뜻합니다.

일본 쪽에서는 김해를 난파難波＝可之婆良라고 부릅니다. 可之婆良는 'kasipara'인데, 金을 뜻하는 소리가 드라비다어로 두 가지(čin, kasi)여서 그런 현상이 나타난 것입니다.

## 아라가야

두 번째로, 함안에 있던 아라가야입니다. 『삼국사기』 지리지에 나옵니다.

咸安郡 … 阿尸良國一云阿那加耶

'함咸'은 '다 함'입니다. 드라비다어로 '모두'는 'ela'입니다. 이 '아라가야'를 한자로 함안이라고 번역한 것입니다. 'el'은 '咸'으로 'a'는 '安'으로 표기한 것이죠. 'ela'는 만주어에서도 똑같은 뜻으로 'ele'라고 합니다. 아라가야는 '모두가 함께하는 나라'라는 뜻입니다. 6가야를 통합할 수 있는 능력을 과시한 말이죠.

함안 바로 옆 창녕에 갔더니 '아라소'가 유명하다며 맛있는 식당을 안내해주더군요. 그래서 아라소가 뭐냐고 했더니, 이 지역에서 나는 특산 우리 소인데, 맛이 으뜸이어서 그렇게 부른다고 했습니다. 현지인들도 모르는 어원을 나만 알고 있어서 속으로 웃고 말았습니다. 그게 2000년 무렵이니, 벌써 20년 전의 일입니다.

'아라소'는 아라가야 지역의 소라는 뜻으로 특별한 의미가 있는 것은 아닙니다. 조선 시대에는 주변의 나라로부터 조공을 받았습니다. 만주의 여진족, 바다 건너 왜, 유구국에서 단골로 진상을 했습니다. 그 진상품 중에는 동물도 있었는데, 코끼리 같은 것도 받아서 기르다가 결국은 코끼리가 관리인을 밟아 죽이는 바람에 코끼리를 사형에 처했다고 조선왕조실록에 나옵니다. 이런 동물 중의 하나가 물소입니다.

20여 년 전에 KBS-TV '역사스페셜'에서 활과 관련하여 자문해 주고 직접 고증을 해준 적이 있습니다. 그때 작가 한 분이 물소에 관한 질문을 한 적이 있습니다. 조선에서는 물소를 수입해서 기르려고 했는데, 그 장소가 어디냐는 것입니다. 그래서 그 당시에는 몰라서 모른다고 했습니다. 그런데 창녕에서 아라소 한우고기를 씹다가 문득 깨달은 것입니다.

우리나라 전통 활은 '각궁角弓'이라고 합니다. 활채에 뿔이 들어가서 그렇습니다. 우리나라 황소 뿔은 짧아서 세 개를 대야만 합니다. 고구려 고분벽화의 무용총에 활쏘기 사냥 그림이 있는데, 거기에 보면 활채에 매듭이 위아래도 2개씩 그려졌습니다. 뿔이 겹친 부분을 보강하느라고 끈으로 단단히 동인 것입니다. 이렇게 세 개씩 덧댄 활을 삼각궁三角弓이라고 합니다.(『이야기 활 풍속사』) 당연히 긴 뿔로 한 번에 댄 것과 비교하면 성능이 떨어지고 불편하죠. 그래서 조선에서는 긴 뿔을 수입합니다. 그게 무소뿔입니다.

우리나라에서는 무소뿔이 나지 않습니다. 중국의 양자강 이남이나 일본, 규수 같은 곳에서 나죠. 그래서 조선 시대 내내 그 뿔을 수입하느라고 조정은 정신없이 바빴습니다. 조선의 가장 중요한 무기는 활이었는데, 그 활채를 보강할 좋은 뿔을 구하느라고 외교전에 총력을 기울였습니다. 시인으로 잘 알려진 소동파는 조선이 뿔을 구해가면 송나라에 위협이 된다는 황당한 상소문을 올려 실제로 송나라에서 엄격히 수출이 금지된 적이 있고, 그 때문에 조선에서는 사신을 보내어 구걸에 가까운 청으로 수출금지 조치를 푼 적이 있습니다. 송나라조차도 무기와 관련해서는 이렇게 생각을 할 지경이니, 조선에서는 당연히 무소뿔 문제를 국내에서 해결하려고 갖은 방법을 모색하고 시도합니다.

가장 확실한 방법은 무소와 한우를 교배하여 뿔이 긴 소를 기르는 것입니다. 그래서 실제로 조선 조정에서는 왜에서 진상한 물소를 국내에서 키우려고 했습니다. 물소는 남방 지역의 동물이기에 추위에 약합니다. 그래서 조정에서는 우리나라 안에서 기후가 가장 고온다습한 지역을 찾았고, 바로 경남의 창녕으로 낙점되었습니다. 창녕에는 지금도 이름난 우포늪이 있죠. 그래서 거기에다가 물소를 보내어 키우라고 창녕현감에게 지시를 합니다만, 실패로 끝납니다. 물소가 한국의 겨울 추위를 견디지 못하는 것입니다.

이 이야기가 조선왕조실록 어딘가에 있는데, 제가 이런 글을 쓸 것이라고는 상상도 한 적이 없어서 한 귀로 흘러듣듯이 한 눈으로 흘려 읽고 말았습니다. 정확히 어딘지는 모르겠으나, 하여간에 왕조실록에서 읽은 기억이 있으니, 이 대목이 꼭 필요한 분은 열심히 찾아서 확인해보시기 바랍니다. 요즘은 인터넷 검색 기능이 아주 좋으니 금방 찾으실 것입니다.

무소뿔이 부족하던 옛날에는 국내의 황소 뿔 중에서 가장 긴 것을 임시방편으로 활에 썼습니다. 그것을 향각궁鄕角弓이라고 합니다. 긴 무소뿔로 댄 활은 흑각궁黑角弓이라고 합니다. 무소뿔의 빛깔이 검기 때문입니다. 황소 뿔의 경우, 조선왕조실록에는 황해도의 해주 지역과 경상도의 창녕 지역에서 좋은 뿔이 난다고 했습니다. 황해도 해주의 소는 어떤 까닭으로 다른 곳의 황소보다 뿔이 더 긴지 모르겠으나, 창녕의 황소 뿔이 다른 지역보다 더 긴 까닭을 저는 짐작할 수 있습니다.

조선 시대에 물소를 키운 곳이니, 틀림없이 물소와 황소를 교배하려고 시도했을 것이고, 일부는 성공했을 것입니다. 그렇지 않다면 '아라소'가 지금까지 남아서 명성을 유지하지 않았을 것입니다. 저는 이 아라소가 조선 시대 물소를 기른 흔적이라고 생각합니다.

### 고령 대가야

세 번째로, 고령에 있던 대가야입니다. 『삼국사기』 지리지에는 이렇게 나옵니다.

高靈郡本大伽倻國

고령과 대가야가 일치하려면 '高＝大'인 말을 찾아야 하는데, 우리말에 있습니다. '말잠자리, 마루' 같은 데서 보이는 '무루[宗]'가 그것입니다. 이게 바로 인도에서 온 말입니다. 드라비다어로 'mēlu'가 '정수리, 상류'의 뜻이고, 'mari'가 '크다[大]'는 뜻입니다. 커지다mali, 말잠자리mal 같은 것도 있습니다. 그러니 대가야를 옛 표기로 적으면 '무루그루, 말가라'가 되겠지요.

가야는 물고기를 뜻하는 말에서 시작하여 물고기 모양이 그려진 또는 그런 모양의 왕성으로 뜻이 넓혀 쓰였습니다. 역사학자들이 들으시면 또 발끈하겠지만, 가야지역과 일본 지역에서 보이는 열쇠구멍 모양의 무덤, 이른바 전방후원분前方後圓墳을 저는 이 물고기 모양이라고 생각합니다. 인도 드라비다에서 온 통치자들 무덤 양식이죠.

그런데 신라 후기에 이르면 이들이 신라와 백제 왕조의 주축 세력으로 자리 잡는데, 각 지역에 왕성이라는 뜻의 지명이 생기니 그 이미지를 없애야 할 필요성이 생깁니다. 그래서 한자로 지명을 옮길 때 加를 '더으다'로 읽어서 '덜, 돌'로 적게 됩니다. 그래서 나타난 것이 령寧, 靈입니다. 靈이 왜 '돌'이냐고요?

'덜미'는 신을 뜻하는 가야계 언어입니다. '입덧, 덧들다'의 '덧, 들'이나 '탈[病]'도 이것과 같은 뿌리를 지닌 말입니다. 꼭두각시놀음에서 덜미가 있죠. 꼭두각시 인형을 조종하는 사람을 뜻합니다. 사람을 조종하는 게 뭔가요? 신이죠. 사람이 목덜미를 잡히면 꼼짝 못 합니다. 그렇게 조종하는 것이 덜미죠. 따라서 고령은 '마라돌'이겠지요? 아마도 우두머리가 사는 너른 들판 또는 높은 고을이 될 것입니다. '말가라'와 '마라돌'은 같은 말입니다.

### 고령가야

네 번째로, 함령의 고령가야입니다. 『삼국사기』 지리지에 이렇게 나옵니다.

古寧郡本古寧加耶國今咸靈

'古=咸'이 되는 말을 드라비다어에서 찾아봅니다. '늙은, 낡은'은 'mutu'이고, '전부, 모두'는 'muttum'입니다. 우리말 '모두'도 여기서 온 말로 보입니다. 古寧은 '모두가라'겠지요. 6가야 중에서 어른 노릇을 하는 나라라는 뜻입니다. 어른 가야가 되겠습니다.

## 소가야

다섯 번째로, 고성의 소가야입니다. 『삼국사기』 지리지를 봅니다.

固城郡本古自郡本小加耶國

『동국여지승람』 고성현 조에는 이 밖에 '古自, 古州, 鐵城'도 나옵니다. 드라비다어로 '작은, 좁은'은 'ciṟu'입니다. 그런데 이 말은 우리말에도 있습니다. '실개울, 오솔길'에서 볼 수 있죠. 아이누어에서는 '선철銑鐵'을 'sira kami'라고 하는데, 여기서 'sir'을 볼 수 있고 이것이 위의 지리지에서 '小=鐵'로 대조된 것입니다.

터키어로 '옛'은 'koja'인데, 이것이 그 계통의 신라어인 '고블 〉고을'과 만나서 '옛고을'이라는 뜻의 '古自'가 된 것입니다. '自'는 끝소리(ㅈ) 첨가 현상. 터키어로 '굳은'은 'sert'여서 '固'는 여기서 온 말로 보입니다. 이렇게 하여 '固=小=鐵'의 등식을 확인할 수 있습니다. 소가야는 '실가라'를 적은 것인데, 뜻은 '쇠를 잘 다루는 나라'라는 뜻일 것입니다.

## 성산가야

여섯 번째로, 성산가야는 『삼국사기』 지리지에 이렇게 나옵니다.

星山郡本一利郡一云里山郡今加利縣

'星=一利=里'를 보겠습니다. 드라비다어로 '별, 금성'은 'velli'인데, 경상도 사투리 '빌'과 똑같습니다. 이 말은 드라비다어에서 왔을 것입니다. 터키어로는 하나가 'bir'이니, '리체'는 끝소리 첨가 현상일 것입니다. 터키어로 마을은 'beled'입니다. 위에서 본 세 한자가 정확히 일치합니다. 성산가야는 '비리가라'를 적은 말인데, 이것은 '큰 마을이 있는 나라'라 뜻일 것입니다.

『삼국유사』에는 이 성산가야를 '벽진碧珍' 가야라고 했습니다. 성산과 벽진은 같은 말입니다. 표기만 달리 한 것이죠. 곧 碧은 '푸를 벽' 자이고, 珍은 '돌(보배) 진'입니다. 보배가 제아무리 빛나야 돌이죠. 요즘 말로 그대로 읽으면 碧珍은 '푸르돌'이 됩니다. 'velḷi' 이죠.

이상을 보면 여섯 가야가 모두 어감은 다르지만, 자신이 가장 뛰어난 나라임을 강조하는 쪽으로 이름이 붙었습니다. 당사자들의 자부심이 잘 드러나는 이름이라고 봅니다. 아마도 자신의 이름에 이런 의미를 붙이지 않는 사람이나 겨레는 없을 것입니다. 현실에서는 이들 중에서 어느 하나가 두드러지게 강해져서 나머지 가야를 통솔하는 방식으로 가락국은 세력균형을 유지했을 것입니다. 그러다가 결국에는 신라로 합병되고 말죠.

### 드라비다어의 자취

우리말에 남은 가야(드라비다)어의 자취를 찾아보는 것으로 마치겠습니다.

'오지랖'이라는 말이 있습니다. 이것은 '오질+압'의 짜임을 보여주는데, '오질'의 뜻을 알 길이 없습니다. 너무 낯설죠. 이렇게 낯선 말은 뿌리가 다른 말에서 온 말입니다. '여자의 젖가슴'이 'occi'입니다. 똑같죠?

'방귀'는 드라비다어로 'vaŋku'인데, 뜻은 '뻐끔한 구멍'입니다.

'자갈'은 '작+갈'의 짜임인데, '작다'의 어간 '작'에 '갈'이 붙은 말입니다. 드라비다어로 'kal'이 돌입니다. 작은 돌이라는 뜻이죠.

'다담상'은 'taṭṭum(접시, 쟁반)'에서 온 말이고, '이바지'는 'nibbana(결혼축제)'에서 온 말입니다.

'빈대떡'도 어원을 전혀 알 수 없죠. '밀가루'가 'binṭi'입니다. 빈대떡은 밀가루로 부친 떡이라는 뜻이죠.

'미숫가로'의 '미시'는 'midi(가루를 내다, 빻다)'에서 온 말입니다.

귀여움받으려는 짓을 '어리광' 부린다고 하는데, 'uṟigu(사랑하다, 귀여워하다)'에서 온 말이고, '주눅 들다'의 '주눅'도 'junugu(주눅 들다, 오그라들다)'에서 온 말입니다.

'앙금'은 'amuŋgu(가라앉다)'에서 온 말입니다.

'우락부락'의 '우락'은 'uṟkka(높은 소리로)'에서 온 것이고, 여기에 '울끈불끈'이나 '얽히고설키고'처럼 어울림 소리로 짝을 맞춘 것입니다.

'으름짱'은 'uṟumu(으르릉거리다)'에서 온 말입니다.

'건달'은 'kaṇṭār(관계없는 사람)'에서 온 말입니다. 인도의 신 '건달파'에서 왔다고 하는데, 그건 너무 고상한 데서 어원을 찾은 것입니다. 차라리 관계없는 사람이 건들기리면서 끼어드는 꼬락서니가 더 어울립니다. 관계없는 듯이 건들거리며 뒷돈을 챙기는 놈들이죠.

'둥지'는 'tuňci(잠자다, 쉬다)'에서 온 말입니다.

'바가지' 긁는다는 말은 'bagaisu(소리치다)'에서 온 말입니다.

'배짱(보짱)'은 'bojje(배)'에서 온 말입니다.

'벗'은 'paṭu(우정)'에서 온 말입니다.

'메뚜기'는 'meṭugu(뛰어다니다)'에서 온 말입니다.

옛날에 물 긷는 일꾼을 '무자이'라고 했는데, 'mūjnā(얼굴 씻다)'에서 온 말입니다. '자이'는 한자 표기로 '자 척尺'을 써서, 수척水尺이라고 쓰고 '무자이, 무자리'라고 읽었습니다. 또 뱃사공도 무자리라고 했고, 버들고리 백정과 함께 양수척楊水尺이라고 했죠. 조선 시대에는 모두 백정에 포함 시켰습니다.

'몽당치마, 몽당연필'의 '몽당'은 'muntan(짧은), moṇḍī(몽당치마)'에서 왔습니다.

'맏아들'의 '맏'은 'mutal(큰), muta(시작하다)'에서 왔습니다.

'멍텅구리, 멍청이'의 '멍텅'은 'maṇṭu(바보스러운), mottu(멍청이)'에서 왔습니다.

'발악'은 'varakku(소송, 다툼, 울분)'에서 왔습니다.

'바리바리, 짐바리[荷]'의 '바리'는 'vāru(짐을 싣다)'에서 왔습니다.

'바삭바삭'은 'vasa(마르다)'에서 왔습니다.

'뼘(엄지와 다른 손가락을 뻗어서 재는 것)'은 'vyam(넓이)'에서 왔습니다. 여기에

'-다'가 붙어서 '뼘다'라고 쓰입니다. 홍명희 소설 『임꺽정』에서 이 낱말이 쓰였습니다.

생식기능이 없는 것을 '고자'라고 하는데, 'koṭṭu(고자, 애기 못 낳는 여자)'에서 왔습니다.

우리가 죽는 것을 '골로 간다'고 하는데, 'kol'이 '죽이다'입니다.

'고추가古鄒加'는 'gottugāra(두목, 추장)'과 똑같습니다.

'고주망태'의 '고주'는 'goju(뒤엉키다)'에서 온 말입니다.

'지랄(간질)'은 'cirram(광포함)'에서 온 말입니다.

'줏대(주체성)'은 'cutti(이해심 있는 사람)'에서 온 말입니다.

호각 부는 사람을 '조라치'라고 하는데, '치'는 사람을 뜻하는 말이고, '조라'는 'cūḷa(호각, 기적 소리)'에서 온 말입니다.

'진양'은 '진양조'라고 끝에 한자말 조調가 붙어서 마치 한자 말처럼 보입니다. 느릿느릿하면서도 가장 힘주어 불러야 하는 가락입니다. 'tiṇṇiyan(힘찬 사람)'에서 온 말입니다. 진양 다음으로는 '중모리, 중중모리, 잦은모리, 휘모리' 순입니다.

'긴가민가'는 'tika-maka(혼란)'에서 온 말입니다.

이 밖에도 엄청 많지만 이쯤에서 마무리합니다.


## 가야의 또 다른 얼굴, '왜'

『일본서기』에 이런 내용이 나옵니다. 서기 527년 왜국 장수 아후미노게나가 6만 명의 대군을 가락국에 주둔시켰다가 신라 병사 3천 명을 이끌고 나타난 이사부를 보고 도망쳐 성에 숨어 나오지 않았다는 겁니다. 무슨 코미디의 한 장면 같습니다. 6만 대군이 저보다 20배나 더 적은 군대를 보고 성에 처박혀 숨었다니! 한 마디로 뻥이죠. 이런 기사로 가득 찬 책이 『일본서기』입니다.

일본의 역사학자들조차도 일본이 통일 국가를 이룬 것은 5세기 말로 봅니다. 그보다 200년이 더 지난 7세기에도 큰 배가 없어서 당나라로 사신을 보내는데 신라나 당나라의 배를 이용했습니다. 그게 고대 일본의 실상입니다. 그런데 6만 군사를 배에 실어서 파도가 높기로 악명높은 현해탄을 건너와 신라와 싸웠다니, 지나가는 개도

웃을 일입니다. 이런 기록은 사실이 아닙니다. 그래서 일본학자들조차도 『일본서기』는 몇백 년 위로 끌어올려 기록되었다고 말합니다.

　이런 정황을 살펴보면 적어도 7세기 이전 한반도에 나타나 신라와 싸운 '왜'는 지금의 일본을 말하는 게 아닌 게 확실합니다. 그렇다면 신라 초기부터 나타나는 '왜'는 도대체 무엇일까요? '왜'는 고조선 때부터 중국 근처에 나타납니다. 그러다가 『삼국사기』에서 한반도는 왜로 까맣게 뒤덮입니다. 신라와 백제는 이 왜와 싸우는 기록으로 가득합니다. 특히 신라와 싸웠다는 기록이 많죠.

　배로 왔다는 기록은 몇 개 안 되고 대부분 육지로 말 타고 와서 공격하고 달아납니다. 도저히 일본에서 배 타고 온 왜구라고 보기 어렵습니다. 그렇다면 이들 '왜'는 한반도 안의 어떤 세력을 가리킨 말일 수밖에 없습니다. 이런 기록을 종합하면 한반도의 '왜'는 신라도 아니고 백제도 아니니, 남은 세력은 가야뿐입니다. '왜'를 가야로 보고 『삼국사기』의 기록을 검토하면 의문이 말끔히 풀립니다.

　가야는 백제와 신라에 밀려 왕국을 제대로 지키지 못하고 한반도에서 사라집니다. 이들은 일본으로 건너가 왕국을 만들고 스스로 천황이 되었습니다. 그래서 일본에서도 스스로 왜라고 자처한 것입니다. 그러니까 일본의 왜는 한반도에서 건너간 가야 세력을 말하는 것입니다. 『일본서기』는 일본으로 건너간 가야인들이 그들의 시각에서 기록 정리한 책입니다. 그래서 왜곡이 심한 것입니다.

　임나일본부도 이런 상황을 말해줍니다. 당시 가야에는 일본으로 건너가려는 유민들을 배로 실어나르려고 일본 군대가 3년이나 머물렀습니다. 그러니 일본으로 가려는 가야인들이 끝없이 밀려들었을 것이고, 이것을 일본 주둔군의 시각으로 보면 모든 가야국이 자신들을 환영하고 복종하는 것으로 보였을 것입니다. 당연히 왜곡된 시각이죠. 임나任那라는 말이 '님[主]의 나라[那]'라는 말이니, 종속국이 본국을 향해서 붙인 이름입니다. 한반도의 가야가 님[主]이고, 일본의 가야인 왜가 종속국이죠. 본국과 종속국을 자꾸만 거꾸로 해석하는 것이 일본 역사학입니다.

가야 세력은 일본과 밀접한 연관이 있습니다. 특히 전방후원분은 가야와 일본에서만 발견되는 독특한 무덤 양식인데, 이로 보아도 가야와 일본의 연결점은 분명합니다. 전방후원 무덤은 굳이 모양을 묘사하자니까 '전방후원'인 것이지, 이미지를 보면 열쇠 구멍 모양이어서 언뜻 보아도 물고기를 단순화한 이미지임을 알 수 있습니다. 가야라는 말 자체가 물고기를 뜻하는 드라비다어입니다. 그러니 가야인을 빼면 이 이상한 무덤 모양을 설명할 길이 없습니다.

가락국은 구형왕이 마지막 임금입니다. 아우인 구해왕仇亥王에게 임금 자리를 물려주고 구형왕은 감쪽같이 사라집니다. 가락국의 마지막 왕은 구형왕이기에 구해왕은 신라에게 투항하기 위한 요식 절차로 왕위에 오른 것입니다. 그런데 이 구형왕이 갑자기 일본에서 나타납니다. 『일본서기』에 '己能末多 旱支'라는 이름이 나타나는데, 그가 바로 구형황입니다.

사람 이름에 원수[仇]를 뜻하는 말이 들어가는 것은 누가 봐도 이상합니다. 이게 원수, 적을 뜻하는 말로 쓰인 것이 아니라는 증거입니다. 만약에 원수라는 뜻이라면 뭔가 사연이 있는 거겠지요. 그러면 뭘까요? 드라비다어로 '적, 원수'는 'cinavar'이고, 저울[衡]은 'mata'입니다. 이 둘을 합치면 'cinavar-mata'가 되는데 음운 변화를 거쳐

'kino(己能)mata(未多)'가 됩니다.*

루支는 보호자를 뜻하는 드라비다어 'kǎki'를 적은 것입니다. 드라비다어로 'kino(己能)mata(未多)-kǎki(루支)'로 표기된 '구형왕'이란, '원수와 저울처럼 팽팽히 맞선 임금'의 뜻입니다. 여기서 원수란 신라를 말하는 겁니다.

구형왕을 이렇게 풀이하고 나면 구해왕도 왜 이런 이름이 붙었는지 쉽게 알 수 있겠네요. 해亥는 12지지의 맨 끝입니다. 왕조가 끝난 임금이기에 12지지의 맨 끝 띠를 붙인 것입니다. '적과 맞서다 끝을 맞이한 임금'을 뜻하죠. 그 시절에 60간지를 썼는지 어떻게 확신할 수 있냐고 의심할 사람들도 있죠. 특히 제도권 역사학자들이 그럴 겁니다. 『사기』 흉노 열전에 흉노족들이 무戊 일과 기己 일을 중요하게 여겼다는 구절이 기억나지 않나요? 이게 천간 아닌가요?

일본 천황 중에는 알파벳으로 표기할 때 'amekuni-osi-paraki-pironiwa'라는 사람이 있습니다. 이 이는 등극한 다음 해에 '임나의 부흥'을 촉구하고, 23년과 임종할 때 같은 얘기를 똑같이 주장합니다. 세 차례나 강한 주장을 한 것입니다. 그리고 일본으로 귀화한 진국인 7,053호戶에 대한 호적을 정리하고, 도읍을 옮기고서 궁궐 이름을 '金刺宮'이라고 합니다. 궁궐 이름에 가시[刺]가 들어갔다는 것도 좀 이상하죠. 이 사람이 누굴까요? 이제부터 어원을 파서 누군지 알아보겠습니다.

'amekuni'는 'āme(거북)-kurike(나라)'의 합성어입니다.

---

* 조금 복잡하지만, *cinavar〉cinawar〉cino〉kino의 변화를 거친 것으로 재구된다.

'āme(거북)'은 가야의 구지봉을 가리킨 말이어서 'amekuni'는 '가락국'을 말합니다. 아시다시피 가야는 김해의 구지봉에서 출범한 나라입니다. 구지봉龜旨峯은 거북을 닮은 봉우리라는 뜻인데, '구지(kusi)'는 드라비다어로 '거북'을 뜻합니다. 'kusi'를 한자로 표기할 때 거북 구龜자를 쓴 것은, 구지봉의 모양이 거북을 닮아서 그런 것이 아니라, 드라비다어의 말뜻을 반영한 것입니다. 산의 모양 때문에 붙은 이름이라면 굳이 거북이 아니라도 남생이나 자라도 있습니다.

'osi'는 드라비다어 'oři(끝난), oṭi(깨진)'입니다. 'paraki'는 가락국의 김수로왕 이름뇌질청예(惱窒青裔, kasi-para)인데, 'ki'는 성을 뜻하므로 그 왕이 사는 성을 말합니다. 김수로 왕의 성은 김씨인데, 金을 드라비다어로 'kācu', 또는 'činna'라고 합니다. '뇌질'과 'kācu'가 대응하죠. 'ki'는 '성'을 뜻하는 드라비다어 'kēri'입니다. 'piro-niwa'는 'pěr(큰)-iraivan(주인, 어른)'과 대응합니다.

따라서 'amekuni-osi-paraki-pironiwa'라는 긴 일본 이름의 뜻은 '가야국이 끝난 수로왕성의 큰 임금'을 뜻합니다. 이 말이 가리키는 자격에 딱 알맞은 이름이 가야의 마지막 임금 구형왕입니다. 이 일본 이름의 주인공은 김메이[欽明] 천황입니다. 仇衡王＝欽明. 옮긴 수도 이름이 '金刺宮'인데, 'kasipara'를 적은 것으로 'kasi'는 '금金'을 뜻하고, 'para'는 벼슬[官]을 뜻하는 말이어서 결국 금관金官, 곧 김해를 적은 것입니다. 刺는 향찰식 표기법의 끝소리 '시(si)'.

欽은 우리 발음으로 '흠'이시지만, 일본어 발음으로는 '김, 긴'입니다. 가야 왕이 김씨이므로 일본어로 그대로 소리가 나는 김欽을 택하여 적은 것입니다. 그리고 궁성은 일본어 소리를 따라서 金을 그대로 쓴 것이죠. '김해'를 적은 또 다른 일본어로는 신무神武 천황이 등극한

橿原(kasipara)과 인덕仁德 천황의 도읍지인 난파難波＝可之婆良가 있습니다. 可之婆良＝kasipara. 둘 다 우리말로 김해金海입니다.

더 눈길을 끄는 것은 일본의 창세신화입니다. 먼저 『동국여지승람』의 고령현高靈縣 조에 보면 최치원이 전하는 가락국 신화가 나오는데 이게 전혀 듣지 못하던 희한한 이야기입니다. 내용은 다음과 같습니다.

> 최치원이 지은 『중[釋] 이정利貞 전』에 따르면, 가야산의 산신인 정견모주正見母主가 천신 이비가지夷毗訶之의 감응을 받아 대가야왕 뇌질주일과 금관가야왕 뇌질청예惱窒靑裔를 낳았다. 뇌질주일은 대가야국의 시조라는 이진아기伊珍阿豉, 또는 內珍朱智의 별칭이며, 뇌질청예는 수로왕의 별칭이라고 하였다.[*]

말하기 전에 우선 심호흡부터 해야겠습니다. 이름들이 굉장히 낯섭니다. 제가 설명을 한다고 해도 여러분이 과연 이 복잡한 음운 변화 과정을 따라올 수 있을지 그것부터가 걱정이고 의문입니다. 지금 우리는 가야의 비밀을 파헤치려다가 인도의 드라비다어와 고대 일본어를 맞닥뜨렸습니다. 이래서 한숨이 절로 나는 것입니다. 어떻게 할까요? 그래도 얘기가 나왔으니 이대로 멈출 수는 없고, 살짝 맛만 보고 넘어가겠습니다.

여기서 惱窒은 '뇌가 질식하다'라는 뜻이므로 드라비다어 'kaci(곤란)'과 대응하고, 靑裔는 'paca 〉 para(파랑)'과 대응합니

---

[*] 豉는 岐의 오타이다. 같은 이름이 智로 끝난 것을 보면 알 수 있다.

다. 'kaci'는 'kusi(金)'과 거의 똑같은 발음입니다. 따라서 惱窒은 김씨임을 나타낸 말입니다. 뇌질청예는 앞서 살펴본 가지파라<sup>kacipara</sup>와 같은 말로, 김해를 나타내는 말입니다.

반면에 '주일'의 주朱는 붉다는 뜻이고, 드라비다어로는 'pūval'입니다. 이 말이 그대로 우리말의 어근 '붉'입니다. 일日은 지智인데, 공교롭게도 智는 '알 지'입니다. 日과 智는 '울'을 나타낸 말인데, '이틀, 사흘'에서 그 자취를 볼 수 있죠. 드라비다어로 '해'는 'vera, vele'입니다. 뇌질주일은 'kacipūval, kacivera'를 적은 것인데, 이 분은 대가야의 시조이니 크다는 뜻 'paru'와 비슷해야 하는데, 'kacivera'가 비슷합니다. 뇌질주일은 '큰 김씨,' '대가야의 김씨'를 뜻합니다.

사람 이름에 珍이 나옵니다. 珍은 향찰 표기에서 엄청 많이 나오는 낱말입니다. '보배 진'입니다. 보배는 구슬[玉]을 말합니다. 그런데 보배는 아무리 좋다고 해도 '돌'입니다. 황금도 빛깔만 좋을 뿐이지, 본질은 돌덩어리죠. 황금을 뜻하는 드라비다어는 두 가지인데, 'kācu' 또는 'činna'라고 합니다. 'čin'을 '진'이라고 표현한 것입니다. 한자는 眞을 쓰기도 하고 珍을 쓰기도 합니다.

백제 말기의 귀족 이름이 眞씨인데, 바로 가야계열의 집안입니다. 곧 김씨이죠. 珍은 향찰 표기법에서 뜻을 취하여 '돌'이라고 읽기도 하고, 소리를 취하여 '진, 신'이라고 읽기도 합니다. 어느 쪽으로 읽어야 할지는 문맥을 잘 봐서 판단해야 합니다. 초기 백제의 지배층은 몽골계였지만, 공주와 부여로 천도한 뒤의 후기 백제는 그 지역에 살던 가야 세력이 정권을 장악하여 가야 국가로 탈바꿈합니다. 이름만 백제이지 사실상 권력을 독점한 지배층은 가야 세력이었습니다.

그 증거가 강력한 진씨 귀족의 등장입니다.

이진伊珍과 내진內珍은 같은 표기임을 알 수 있습니다. 특히 내진은 신라 지배층이 쓴 터키어로 표시한 것입니다. 즉 터키어로 'ič'은 '안[內]'입니다. 그러니 이진과 내진은 같은 말입니다. 그리고 신라 지배층이 쓴 터키어에서 'i'는 의미 없이 마찰음 앞에 붙는 버릇이 있어서 굳이 읽지 않아도 되는 말입니다. 따라서 앞서 본 것처럼 이진이나 내진은 'čin'을 적은 것이니, 역시 김씨를 나타내는 말입니다.

다음으로, 가지訶之를 보겠습니다. 『남제서南齊書』 가야국 조에, "건원 원년에 국왕 하지荷知가 찾아와서 조공을 바쳤다"는 기록이 있습니다. '하지'와 '가지'는 같은 말임을 알 수 있습니다. 임금 '한'을 '칸'이라고 부르는 것을 보면 ㅎ과 ㄱ의 넘나듦은 쉽게 이해할 수 있습니다. 이것은 'kači(金)'를 적은 것임도 쉽게 알 수 있죠. 즉 김씨라는 뜻입니다. 국왕 김씨가 찾아와서 조공을 바쳤다는 뜻입니다. 이상을 살펴보면 '뇌질=하지=가지==이진=내진'의 등식을 확인할 수 있습니다. 모두 '김'씨의 향찰식 표기입니다.

정견모주正見母主와 이비가지夷毗訶之는 부부일 텐데, 산신 정견모주의 뜻을 정확히 알 수 없습니다. 불교 용어로 바뀌어서 그렇습니다. 상주 지역의 현지 설화에서는 둘이 만난 곳이 '상아덤'이라고 해서 중국 신화의 미인 '상아'로 나타납니다. 이 또한 중국의 신화로 오염되어, 이름만으로는 신화의 실체를 알 수 없습니다.

다만 이비가지는 천신天神이라고 한 것으로 보아, '이비'는 신을 뜻하는 우리말 '아비, 애비'일 것입니다. '압'은 '긴업, 업주가리, 업둥이'같은 말로, 신을 뜻하는 우리말입니다. 아이들이 떼쓰다가 악을 쓰고 울면 어른들이 "에비, 에비 온다!"고 했습니다. 아이들은 울음을 뚝 그쳤죠. 에비가 무서워서 아이들이 울음을 그친 것입니다. 이것을 향찰로 표기한 것이 이비夷毗입니다. 이비가지는 성이 '김씨인 신'을 뜻하죠. 김씨의 조상신이라는 말입니다. 가락국의 신화에서 시조가 하늘에서 내려왔으니, 이렇게 표현한 것입니다.

이 신화는 일본의 신화에서도 판박이처럼 되풀이됩니다. 일본은 천지창조 신화가 있는데, 그 주인공 신의 이름이 이자나기伊邪那岐(꾀는 사내)와 이자나미伊邪那美(꾀는 계집)입니다. 이들이 왼쪽과 오른쪽으로 돌 때마다 태초의 혼돈 속에서 일본 열도의 섬들이 하나씩 태어납니다.* 그런데 이자나기와 이진아기, 아주 비슷하지 않나요? 그렇다면 뇌질주일도 이자나기일 것입니다. 내진과 뇌질은 같은 말이니, 주일과 주지가 같은 말이죠. 朱는 일본어로 '아까'이고, 智는 사람을 뜻하는 말 'či'이니, 內珍朱智는 '이진아지(기)' 쯤으로 발음됩니다. 같은 음을 표기한 것이니, 사실 입증할 필요도 없는 일이죠.

신라 법흥왕 때 가야 이뇌왕異惱王의 요구로 국혼이 이루어졌는데, 이찬비지배夷粲比枝輩의 딸이자 이찬비조부伊湌比助夫의 여동생이 시집옵니다. 이 둘의 이름에 공통으로 들어가는 것이 '이찬비'인데, 언뜻 보기에도 '이자나미'와 닮았습니다. 시간대가 다르기는 하지만, 이름은 공통성이 있어서 가야의 이름이 일본으로 건너가서 자리 잡은 게 아닌가 여겨집니다. 요는, 이런 이름 체계로 보면 고령가야의 지배층이 일본으로 건너가서 일본 고대의 왕실을 접수한 게 아닌가 하는 점입니다. 그리고 일본과 가야의 교류를 보면 이런 짐작은 꽤

---

＊　섬이 태어났다는 것은, 없던 섬이 생겼다는 뜻이 아니라, 있는지 몰랐던 섬이 인식되었다는 뜻.

신빙성이 있습니다.

　이진이 김씨를 뜻하고, 이잔아기 이잔아미에서 '이잔(金)'을 빼면, '아기'와 '아미'만 남는데, 이거 우리말로 보이지 않나요? 앞의 복잡한 언어 관계와 설명을 빼고 그냥 우리말로 보면 같은 성을 가진 두 사람이 나타납니다. 아기는 존자, 귀족을 뜻하는 알지이고, 아미는 어미와 같은 말로 여자를 뜻하죠. 김씨 성을 가진 '아지'와 '아미'. 신라와 가야에서 살던 사람들이 일본으로 갔다면 개연성이 충분합니다. 결국, 이 창세신화가 말하는 내용은 일본 열도를 가야 사람들이 열어서 새로운 세상을 만들었다는 뜻입니다.

　이런 기록들을 찬찬히 훑어보면 가야와 일본의 왜는 같은 사람들임을 알 수 있습니다. 한반도에서 밀려난 세력들이 마지막으로 도착한 곳이 일본이고, 거기서 새로운 왕조를 연 것이어서,『일본서기』는 일본의 역사로 볼 게 아니라, 한반도에서 아주 간략한 기록만 남기고 사라진 가락국의 역사로 보는 게 더 나을 일입니다.『삼국유사』에 남은 가락국기의 뒷부분을『일본서기』에서 찾아서 재구성하는 것이 바람직하다고 봅니다. 그만큼 일본과 가락국은 닮은꼴입니다.

　일본 역사학자들이『일본서기』의 연대가 몇백 년 끌어 올려졌다고 했는데, 그럴 수밖에 없음을 알 수 있죠.『일본서기』의 초기 기록은 사실상 일본의 역사가 아니라 가락국의 역사였던 것입니다. 그렇기 때문에 일본의 현지 역사와는 시기나 편년이 잘 안 맞았던 것입니다.

　더 이상 복잡한 이야기는 생략하겠습니다. 왜의 존재가 더 궁금하신 분은 강길운의『한일 고대 관계사의 쟁점』(한국문화사, 2011)이라는 책을 참고하시기 바랍니다. 위의 이야기도 이 책에서 많은 부분을 인용하여 설명한 것입니다.

일본인들은 한국에 여행 오면 될수록 부여 지역을 가려고 합니다. 왜냐하면, 부여 지역의 자연환경이나 풍토가 일본의 고대 도읍이던 '나라'와 아주 똑같다고 합니다. 그래서 부여에서 생활하던 백제인들이 국가가 멸망하자 일본으로 망명했고, 그때 자신이 살던 고향과 똑같은 풍경을 마주하고는 거기에 머물러 살며 일본의 고대국가를 연 것입니다.

백제와 신라 사이에 끼어 겨우 명맥을 유지하던 가락국은 일본으로 건너가 새로운 왕조를 열고, 한반도에 남은 가야인들은 백제와 신라로 흘러들어 강력한 집권 세력으로 자리 잡습니다. 웅진으로 천도한 후기 백제에서 가장 강력한 권력을 휘두른 세력은 진씨眞氏인데, 이들이 바로 가야 세력입니다. 후기 백제는 차라리 가야계 국가라고 할 만큼 왕실의 권력을 진씨가 장악하였습니다. 마찬가지로, 신라에서도 김유신이 삼국통일의 위업을 이루는데, 김유신이 바로 가야 출신입니다.

삼국시대의 정립으로 가야는 공중 분해되었지만, 가야의 실체는 한반도의 백제와 신라, 일본의 천황가에 그대로 남아, 사실상 삼국시대의 가장 중요한 노릇을 했습니다. 표면상으로는 사라졌지만, 내용으로는 가장 튼튼한 뿌리를 지닌 나라가 가락국이었습니다. 백제와 신라, 일본을 사실상 키우고 경영한 사람들이 가락국의 가야인입니다.

기원전 한 무제가 일으킨 흉노 정벌의 여파는, 서쪽으로 게르만민족의 대이동을 촉발해 세계사를 바꾸는 일로 이어졌습니다. 그러나 겉으로 잘 안 드러나서 그렇지 이런 사정은 동쪽도 마찬가지여서, 흉노가 사라지고 흉노와 동색인 고조선마저 한 무제에게 망하면서 동북아시아는 큰 격변에 휩싸입니다. 그 소용돌이 속에서 흉노와 고조선의 슬하에 머물던 여러 민족이 동쪽으로 밀려들면서 만주와 한반도에는 혼란을 수습하는 과정에서 삼국시대가 열리고, 그 영향은 일본 열도까지 밀려듭니다.

우리에게 익숙한 동북아시아 상고 시대의 변화는 이런 큰 흐름 속에서 보아야 제대로 이해할 수 있습니다.

# 역사와 언어학

# 역사와 언어학

## 01 역사와 언어

2020년 2월 중국 우한에서 시작된 코로나 19 감염병 사태는 우리 사회의 모든 영역을 뒤바꾸어놓았습니다. 방송도 그 영향을 받아 강의식 프로그램이 적지 않게 생겼습니다. 일종의 교양강좌 같은 것을 유명 인사가 나와서 설명하고 풀어주는 방식인데, 방송의 역동성과는 가장 안 어울리는 형식입니다. 이런 아날로그 시대적 방송이 되살아난 것은 코로나 19로 활동에 제약을 많이 받는 방송인들이 만들어낸 궁여지책일 것입니다.

저처럼 돌아다니기 싫어하는 사람으로서는 환영할 만한 일이어서, 가끔 채널을 고정해놓고서 멍하니 바라보기도 합니다. 주말에 나오는 그런 프로그램 중에 한국 고대사로 유명한 교수가 나와서 삼국시대의 초기 상황을 설명하는데, 앞서 말한 숲을 성으로 쓸 때는 '김'이라고 하는 이유도 말하더군요. 그런데 앞서 말한 오행의 상생 상극론으로 설명을 하는 것이었습니다. 그래서 저 혼자 탄식했습니다.

'우리나라 최고의 전문 지식인조차 저러니, 이를 어쩐단 말인가?'

지금까지 제가 설명한 어원과 우리나라 고대사의 관계를 훑어보면, 마치 신선한 소설 한 편을 보는 것 같은 느낌을 받았을 것입니다. 역사는 땅에 남은 유물과 기록을 보고 당시의 상황을 재구성하여 오늘날의 삶에 교훈을 얻는 것입니다. 실제로 그렇게 당시 상황을 추적하죠. 그런데 그 기록을 문헌이나 고고학 자료에 국한 시킨다는 것이 문제입니다. 그런 고고학 자료 중에서 왜 언어는 빠졌느냐 하는 것에 대해서는 역사학자 중 아무도 답을 하지 않습니다. 언어는 기록이 아니란 말인가요? 그게 그렇지 않다는 것은 벌써 제가 앞서 쓴 몇 가지 글을 통해서 밝혀지지 않았던가요?

그러면 묻습니다. 단군왕검이 신시에서 제사장으로서 신을 향해 주문을 욀 것입니다. 그는 어떤 말로 했을까요? 영화나 드라마에서 보듯이 현대 국어로 했을까요? 이 아주 단순한 궁금증을 어떻게 해소해야 할까요? 만약에 이 문제가 해결된다면 단군조선을 이해하는 데 어떤 유물이나 역사기록보다 더 중요하고 확실하지 않을까요?

단군이 굿을 하는데, 만약에 퉁구스어를 쓴다면 어떻게 될까요? 몽골어를 썼다면요? 터키어를 썼다면요? 단군이 어떤 말을 썼느냐 하는 것이 단군조선을 이해하는 가장 확실한 지름길이 될 것은 삼척동자도 알 것입니다. 그러면 그것부터 파본 뒤에 다른 역사 자료를 참고해야 할 것 같습니다. 이 뻔한 질문에 역사학자들은 답을 하지 않습니다. 그들의 무능력을 탓하는 것이 아닙니다. 언어학에서 벌써 이런 작업을 해놓았는데도, 거들떠보지 않습니다. 도대체 이들은 무슨 배짱일까요?

텔레비전 강의에서 그 얘기는 하더군요. "금 나와라 와라 뚝딱. 은 나와라 와라 뚜욱딱!"이는 고신라 시대의 대장장이를 표현한 것이고, 도깨비도 대장장이 이미지라고요. 그러면 그 대장장이는 무슨 말을 썼느냐 하는 것을 알려고 해야 합니다. 신라의 대장장이 석탈해는 무슨 언어를 썼을까요? 제가 답을 드리지요. 스키타이어를 썼습니다.

석탈해는 남의 집 담장 밑에 숯을 파묻고, 자기네 집이라고 우겨서 남의 집을 빼앗습니다. 대장장이의 권력을 남용한 것입니다. 그리고 왕이 됩니다. 스키타이어를 쓰는 사람이 왕이 되었습니다. 우리나라의 청동기가 북방 유목민 스키타이족으로부터 왔다는 역사 시간에 배운 내용과 정확히 일치합니다. 그러면 석탈해와 왕권 경쟁을 한 나머지 사람들도 같은 말을 썼을까요?

神策究天文 신기한 책략은 하늘의 이치를 다했고
妙算窮地理 오묘한 계책은 땅의 이치를 꿰뚫었노라.
戰勝功旣高 전쟁에 이겨 이미 공이 높으니
知足願云止 만족함을 알고 그만두기를 바라노라.

수나라의 대군을 물리친 을지문덕의 시입니다. 그런데 기록마다 이름이 다릅니다. 『수서』와 『북사』에서는 '을지문덕乙支文德'이라고 썼는데, 『자치통감資治通鑑』에는 '위지문덕尉支文德'이라고도 썼습니다. 이 '위지尉支'를 선비족鮮卑族의 성씨인 '위지尉遲'와 같은 성씨로 봅니다.

이들 '위지' 씨들은 북조 말기부터 수, 당에 걸쳐 중국 왕조에 관료로 입신출세하여 이름을 드날렸습니다. 그를 대표하는 위지경덕尉遲敬德이라는 인물은 당나라 초에 활약한 사람입니다.

그렇다면 우리가 겨레의 영웅으로 떠받드는 을지문덕이 선비족 출신이라는 것입니다. 1970년대 민족주의나 1980년대 국수주의에 익숙한 사람들이라면 도저히 납득할 수 없는 일일 겁니다. 그러나 엄연한 사실입니다. 우리가 날마다 걷는 을지로의 '을지'는 선비족의 한 가문의 이름을 따서 지은 것이고, 우리는 날마다 선비족의 거리를 걷는 것입니다.

그렇지만 제 글을 꾸준히 읽어온 분이라면, 이런 사실이 전혀 마음에 거리끼지 않을 것입니다. 왜냐하면, 고조선과 고구려, 발해는 발해만과 만주 일대의 평야 지대에 흩어져 살던 여러 부족의 연합체 국가였음을 아주 잘 알기 때문입니다. 지금까지 우리말에 남은 다양한 말의 자취를 살펴보고 거기에 익숙해진 결과입니다. 선비족인 '을지' 씨가 고구려의 대장군이 되어 수나라 군대와 맞서 싸우는 것은 전혀 이상한 일이 아닙니다.

'乙支'의 '乙'은 오늘날 '을'이라고 읽지만, 고대 CVCV의 음절 구조에 따라서 'ïrï, ərə'를 표기한 것입니다. 고구려 재상인 을두지乙豆智의 '乙豆'(ïdï, ədə)와 거의 같은 2음절 어형을 표기한 것입니다. 신라 김알지金閼智의 '閼(ara)'도 이와 거의 같은 어형의 표기입니다. 고구려와 신라의 임금 이름에 나타나는 '유리儒理, 琉璃'도 'nuri-ti'로 표기됩니다.

『삼국사기』에 백제의 지배층을 '어라하於羅瑕'라고 했다는데, 이것도 마찬가지입니다.(피지배층은 건길지鞬吉支라고 함) 이런 표기들은 원래 임금이나 존자尊者에 대한 칭호였는데, 이것이 그대로 왕을 가리키는 호칭이나 왕의 이름, 또는 유명한 사람의 이름으로 남기도 한 것입니다. '金閼智, 乙豆智'같은 사람이 그들입니다.(이병선, 1983) 고구려 유리왕 때의 국상 을파소乙巴素(乙素의 아들)도 그런 사람이겠죠.

고구려의 연개소문을 일본에서는 '이리가수미伊梨柯須彌'라고 불렀습니다. '이리'는 '어리'와 같은데, 이게 샘이라는 뜻이고, 그래서 연淵이라고 성을 기록했는데, 이게 또 당 황제 이연의 이름에 들어가는 바람에 피휘避諱하느라고 천泉을 쓰기도 했습니다.

그러니 『삼국사기』나 『삼국유사』에 나타나는, 오늘날 우리의 감각으로는 도저히 이해할 수 없는 낯선 이름들은 다른 겨레의 언어였기 때문에 그런 것입니다. 다민족 연합국가에서는 당연한 일이지만, 민족주의가 불타오르던 시기의 교육 때문에 낯설었을 따름입니다.

## 02 우리 역사의 범주

그렇다면 이쯤에서 한 가지 물어야 할 것이 있습니다. 중국의 역사서에는 열전이 있고, 그 열전에 반드시 '동이전'이 나옵니다. 그 동이전에는 중원을 기준으로 동쪽에 살던 여러 민족의 상황을 잘 정리해놓았습니다. 사마천의 『사기』에서 비롯된 이 버릇은, 그 뒤로 계속 이어졌습니다. 동이로 분류된 민족들은 우리에게도 익숙합니다. 조선朝鮮, 숙신肅愼, 오환烏桓, 식신息愼, 말갈靺鞨, 선비鮮卑, 실위室韋, 읍루挹婁, 부여夫餘, 고구려高句麗, 백제百濟, 신라新羅, 옥저沃沮, 예濊, 맥貊, 한韓,

가야伽倻, 왜倭.

그렇다면 우리의 역사에서는 어디까지 이들을 다루어야 할까요? '왜'를 우리 역사에 포함할 수는 없을 것입니다. 우리와 교류가 많았지만, 현재 일본이라는 국가가 덩그렇게 존재하기 때문입니다. 그렇다면 오늘날에는 사라진 숙신이나, 오환, 말갈, 선비, 실위, 읍루 같은 민족의 기록들은 어떠해야 할까요? 역사학에서는 이들을 모두 제외하는 방향으로 이후의 역사가 정리되었는데, 정말 그래야 할까요?

고조선은, 중원의 동북방에 있었던 부족 연합체 국가입니다. 수많은 언어를 쓰는 사람들이 '고조선'이라는 이름 아래 뭉쳤다가, 중국 왕조의 공격으로 무너지고 다시 일어서기를 되풀이하며, 중국의 대항마 노릇을 이어왔습니다. 고구려도 마찬가지입니다. 고구려 밑에는 수많은 부족이 있었고, 그 부족들은 고구려가 망한 뒤 스스로 나라를 세운 경우가 많았습니다.

대조영이 세운 '발해'가 그렇습니다. 발해를 일제강점기 역사학에서는 우리 역사에서 빼버렸습니다. 1980년대 들어서야 '남북국시대'라는 이름으로 옹색하게 복원되었습니다. 당연히 중국에서는 이에 대한 의견이 다르죠. 심지어 고구려까지 중국 역사라고 주장하는 사람들로서는 발끈할 일입니다.

문제는 이겁니다. 고구려가 망하고, 만주에 발해가 선 뒤, 남쪽에는 신라가 있었고, 북쪽의 발해도 망하여 그 뒤로는 초원에 제대로 된 국가가 서지 않는다는 것입니다. 유목민족들이 떨쳐 일어나지만, 그들은 초원에 머물지 않고 만리장성을 넘어서 중국으로 쳐들어가서 왕조를 세웠습니다. 당나라가 그렇고, 금나라, 원나라, 청나라가 그렇습니다. 이들을 우리는 역사에서 제외합니다. 이들은 중국의 정사에 기록되었습니다. 그들의 기원과 혈통은 동이의 강역이지만, 그들의 실제 안착지는 중원이었기 때문입니다.

그런데 고조선의 강역과 그 후의 만주 지역 상황은 분명히 우리 역사와 연관이 있습니다. 극히 최근인 조선 시대까지도 만주는 우리 역사와 연결되었습니다. 이성계는 고려가 아니라 원나라의 쌍성총관부에 소속된 부족장이었습니다. 두만강 일대의 독자 세력이었는데, 원나라가 시들해지자 고려에 붙은 것이죠. 그의 심복 이지란도 여진 사람 퉁두란이었습니다. 이성계를 따라서 귀화한 뒤, 성을 하사받아서 이씨가 된 것이죠. 이성계가 고려를 치우고 새로운 나라를 만든 과감성은, 그 스스로가 고려인이 아니었기 때문입니다. 고려에 애정이 있을 까닭이 없죠.

조카 단종을 죽이고 스스로 왕이 된 세조에 반발한 이징옥도 반란에 실패할 경우 두만강을 넘어가 여진족에게 간다는 계획을 세웠습니다. 천하장사였던 이징옥은 여진족과 형제처럼 지냈습니다. 한참 뒤인 병자호란 때 임경업은 뛰어난 장수여서 청나라 황제가 자신의 신하로 삼으려고 여러 차례 군침을 흘렸습니다. 이렇게 최근세까지도 우리와 연관이 깊은 만주의 상황을 우리는 철저하게 우리 역사에서 빼버렸습니다. 이것을 어떻게 봐야 할까요?

우리가 빼버린 그들은 세계 역사에서 흔적 없이 사라진 경우가 많습니다. 만주벌판에서 일어나 중국으로 들어간 뒤 사라진 민족들도, 만리장성을 넘어가기 전까지는 우리 역사로 다루어야 하지 않을까요? 지금처럼 이것저것 다 잘라내면 고조선도 우리 역사라고 하기 어렵습니다. 고구려인들 안 그럴까요? 발해는 벌써 그런 모욕을 치렀습니다. 이런 식으로 차 떼고 포 떼면 뭘 가지고 장기를 둔단 말입니까?

이런 발상은 좀 낯설 것입니다. 하지만 틀렸다고 할 수는 없습니다. 엄연한 사실을 어떤 눈길로 바라보느냐에 딸린 '선택'의 문제이기 때문입니다. 우리가 옛날 식민사학으로부터 말미암은 굴종 사학의 시각으로 보는 데 익숙해졌기 때문에 그럴 뿐이죠.

우리는 일제강점기와 유신 시대를 거치며 유독 민족주의를 부추기는 세월을 살아왔기 때문에 입만 열면 단일민족을 외쳤습니다. 그러나 고려 시대도 조선 시대도 우리 겨레에 소속되기를 거부한 사람들이 이 땅에 적지 않았습니다. 주로 외부로부터 붙잡혀온 포로나 원래부터 거기 살았지만 지배층에 동화되지 않은 사람들입니다. 고려에서는 이들을 향, 소, 부곡으로 분류하여 다스렸습니다.

고려와 조선의 성균관에 딸린 사람들을 반민泮民, 반촌이라고 했는데, 이들은 완전히 독립된 사회를 이루어 살았고 언어도 달랐습니다. 이처럼 향, 소, 부곡은 행정이 따로 관리되던 구역인데, 이들은 지배층에 동화되지 않고 조선 후기까지도 자기들끼리 살았습니다. 그런 계층을 대표하는 존재가 '백정'입니다. 고려 시대에는 여러 가지 손재주로 살아가는 백정이 있었지만(고리백정, 쇠백정, 무자리), 조선 후기로 접어들면 소 잡는 백정만 남다가, 이들도 일제강점기를 거치면서 감쪽같이 사라집니다.

바로 이런 집단이 우리 사회에 근래까지 남아있던 이민족들이었습니다. 그들이 쓰는 언어가 우리와 현저히 달랐다는 것이 그 증거입니다. 그리고 이들은 우리 사회가 앞서 살펴본 것처럼 여러 겨레가 뒤섞여 살던 다민족 국가였음을 보여주는 것입니다.

이런 것은 우리가 단일민족으로만 바라본 역사에서는 고조선도 일부 부족만을 추려서 우리 역사로 편입시키고, 그 이후의 삼국시대도 마찬가지였다는 점에서, 좀 심각하게 생각해보아야 할 문제입니다. 그리고 이런 시각의 편협성은 어원을 파고들면 더욱 심각하게 느껴집니다. 삼국시대의 인명과 관직명은 오늘날의 우리 사회와 너무나 동떨어졌습니다. 하지만 우리 역사가 아닐 수는 없죠.

이런 겁니다. 앞서 살펴본 것처럼, 한반도는 몽골어, 터키어, 퉁구스어, 길략어, 아이누어, 드라비다어, 스키타이어가 용광로처럼 뒤섞이던 장소였고, 이것은 그만큼 다양한 민족들이 들어와서 서로 갈등과 협력을 통해 새로운 질서를 만들어가던 곳이었으며, 그런 결과로 오늘날의 '한겨레'가 이룩된 것입니다. 그러니 이런 언어를 쓰며 우리 겨레가 출발했던 만주 일대의 초원지대에서 비롯한 모든 민족과 국가는 우리와 무관할 수 없습니다.

따라서 역사의 범주를 정하는 기준을 다시 생각해야 하고, 그런 논의를 통해서 새롭게 역사를 정리해야 할 필요를 느낍니다. 물론 이런 식의 역사논의가 없었던 것은 아닙니다. 1980년대의 민족주의 사관이 역사논의의 새로운 장을 열었죠. 하지만 1980년대에 재야에서 대폭발한 역사논의는 무리한 논리와 민족 감정을 앞세워 국수주의로 흘러갔고, 어린아이 수준의 상식만 있으면 앞뒤가 모순되는 것을 금방 발견할 수 있는 지경까지 굴러떨어졌습니다.

오랜만에 뜨겁게 달아오른 역사 논쟁이 어이없게 마무리되는 바람에 구경꾼이던 저로서도 참 아쉬운 일이었다고 기억합니다. 덕분에 중국의 동북공정이라는 역풍을 맞았고, 지금은 제도권에서도 중국 쪽에서도 더는 상대하지 않으려는 어이없는 상태로 자리 잡아가는 모양새입니다. 어렵게 마련된 역사 논쟁 마당이 이제 등 돌리고 서로 딴소리만 하는 상황이 된 게 참 아쉽고 안타깝습니다.

    민족주의 사학이 파고든 틈은, 중국 측의 기록에 나타난 앞뒤가 안 맞는 내용이었습니다. 예컨대, 서당에서 배우는『자치통감』(송 사마광 지음)이라는 책에 이런 구절이 나옵니다.

    영명 6년(488) 12월, 북위가 병력을 보내 백제를 공격하였으나, 백제에게 졌다. 백제는 진나라 때부터 요서와 진평의 서쪽 두 현을 차지했다.

    『남제서』열전 백제전에서는 이 내용이 좀 더 자세하게 나옵니다. 보낸 장수의 이름과 싸운 상황까지도 자세히 적었죠. 신채호가 처음으로 이 점을 날카롭게 파고들었습니다. 서기 488년이면 백제는 한반도의 한강 언저리에 있을 때였습니다. 그런데 이런 구절이 요즘으로 치면 학생들 필수 교과서인『통감』에 나오는 것입니다.
    이를 해결할 길이 없던 제도권에서는 백제의 요동경략설로 정리합니다. 1970년대 고등학교 국사 교과서에 나온, 황해 건너 요서 지역에 한반도의 백제와 같은 빛깔로 그려진 그림이 지금도 또렷이 기억납니다. 앞뒤가 안 맞는 이런 식의 기록은 아주 많습니다. 한반도 내의 고구려, 백제, 신라가 중국 측의 기록과 뒤엉켜서 나옵니다. 아귀가 서로 맞지 않습니다. 위 기록만 해도 북위가 백제를 치려면 고구려를 통과해야 하는데, 앞뒤가 안 맞죠. 그래서 궁여지책으로 요동경략설을 만들어낸 것입니다. 신라도 그렇고, 고구려도 마찬가지입니다.
    1980년대에 이도학은, 백제 왕들의 나이가 유난히 많다는 사실에 착안하여, 기발한 제안을 합니다. 즉 중국의 백제가 한반도로 이동하여 한반도 내의 백제로 합류했다는 것입니다. 원래 백제가 둘로 갈렸다가 중국 내륙의 근거지를 버리고 한반도로 다시 합쳤다는 것이죠. 이것이 지금은 제도권에서도 어느 정도 받아들여진 듯합니다.

이런 주장을 내놓고 입증하기 위하여 갖은 고생을 했을 것은 불보듯 훤합니다. 백제의 자취를 찾아서 고고학 유물을 온통 뒤져야 했을 테니까요. 그런데 1990년에 언어학자 강길운이 우리말의 어원을 분석하여 이에 대해 깔끔하게 정리해놓았습니다. 앞서 제가 조금 소개해드린 내용이 그것입니다. 중원의 북동부에서 벌집 쑤셔놓은 듯이 어지러운 군웅할거와 민족의 대이동을 언어의 자취를 통해 일목요연하게 설명한 것입니다. 이런 현상은, 한 무제의 공격을 받고 흩어진 흉노족이 동북아시아로 이동하면서 나타난 일입니다. 게르만족의 대이동에 비견될 만한 일이죠.

이런 기록을 조금만 참고하면 중국의 역사기록에 나타나는 말도 안 되는 글 쪼가리들이 마치 퍼즐 조각이 맞춰지듯이 또렷하게 정렬됩니다. 하지만 이 글을 쓰는 시간은 2022년입니다. 1990년과 2022년 사이에 한국의 역사학과 언어학은 무엇을 한 걸까요? 강길운에 대한 무시로 일관했습니다. 그렇게 해서 얻은 결과는 여전히 제한된 자료 안에서 다람쥐 쳇바퀴 도는 일의 되풀이입니다.


## 03 한국사의 강역


말이 나온 김에 한 가지만 더 짚고 넘어가겠습니다. 이른바 역사학의 강역 문제입니다. 영토와는 좀 다른 개념인데, 역사가 벌어지는 공간 배경을 말하는 것입니다. 그렇다면 한국사의 강역은 어디부터 어디까지로 봐야 할까요? 오늘날의 국경이 거의 확정된 것은 조선 세종 때의 일입니다.

그러면 우리는 국사의 강역을 두만강과 압록강 이남으로만 확정해야 할까요? 그러면 당장 삼국부터가 문제가 됩니다. 고구려를 우리 역사로 편입할 수 없습니다. 압록강 건너에 있으니 말이죠. 그런데 우리는 천연덕스럽게 고구려를 우리 역사라고 주장하고 교과서에 싣습니다.

만약에 고구려가 우리 역사라고 한다면 장수왕이 평양으로 천도한 시기를 기점으로 삼아야 합니다. 그 이전의 역사는 우리 역사가 아니라고 봐야죠. 너무 이상한 논리라고요? 그렇지 않습니다. 오늘날의 국사학계에서 적용한 방법을 그대로 말씀드린 것입니다.

고구려와 고조선을 우리 역사라고 본다면 한국사의 강역은 만리장성 이북으로 정리됩니다. 진시황은 갈석산부터 시작해서 서쪽 사막 끝까지 성을 쌓고, 그 안을 중국 땅이라고 선언했습니다. 한나라 이후에 장성 이북으로 조금씩 진출했지만, 그때마다 초원지대의 강성한 유목민족이 일어나서 중원으로 짓쳐들어 갔고, 만리장성 안에 자신의 나라를 세웠습니다.

그러면 중국으로 들어가기 전에 만리장성 이북에서 중국과 대립하여 싸우던 이들은 어찌해야 할까요? 이들이 중국으로 들어가 버렸으니, 중국의 역사인 걸까요? 이들은 중국의 역사와 중국 동북방에 있던 어떤 민족의 역사와 정확히 겹칩니다. 초기는 장성 밖의 역사지만, 후기는 장성 안의 역사입니다. 그렇다면 중국의 역사로 편입되기 전의 이들은 어느 나라 역사에서 다루어야 할까요?

한국사의 강역이 압록강과 두만강 이남이라면 고구려와 고조선의 역사는 우리 역사에서 제외되어야 하고, 만약에 고구려와 고조선이 우리 역사라면 고조선과 고구려가 차지했던 강역에서 일어나 중원으로 들어간 모든 민족도 우리 역사로 다루어야 한다는 뜻입니다. 그런데 우리는 어떻게 했고, 어떻게 하나요? 한결같이 그들을 우리 역사에서 제외했습니다.

오히려 중국은 그 반대의 길을 걷죠. 중국인들은 1970년대까지만 해도 고구려를 조선의 전사로 보았습니다. 하지만 동북공정이 시작된 1980년대부터는 고구려도 중국사의 일부라고 주장하고 그렇게 역사학을 만들어갑니다. 중국의 영토가 분명히 압록강과 두만강 이북이기 때문에 그 지역에서 벌어진 모든 역사는 중국의 역사라고 주장합니다. 이걸 어떻게 반박해야 할까요?

반박할 수 없습니다. 그동안 우리가 그렇게 해놓았기 때문입니다. 우리 역사학이 그렇게 서술했고, 지금도 그렇게 주장하기 때문입니다. 평양으로 천도한 부분의 고조선과 고구려만 우리 역사입니다. 압록강 건너편의 고조선과 고구려는 중국의 역사입니다. 이게 말이 될까요? 말이 안 될 것 같은데, 말이 되도록 한국 역사학이 만들어놓았습니다.

이런 말에 동의하면 뜻밖에 새로운 고민거리가 하나 눈앞에 떡하니 놓입니다. 어디서부터 어디까지 우리의 역사 강역으로 봐야 할까, 이런 고민이죠. 하지만 이에 대한 고민도 전혀 할 필요가 없습니다. 이미 중국의 역대 사관들이 아주 조리 정연하게 정리해놓았습니다. 중국의 역사서는 한 왕조가 망한 뒤에 그 왕조의 정통성을 이어받은 나라에서 앞 왕조의 역사를 정리하여 책으로 남깁니다.

사마천의 『사기』는 중국 역사의 시작을 알린 설화 시대부터 수렴

가능한 것만을 모아서 추려 정리한 책입니다. 이것이 한 무제의 명령으로 만들어졌고 당대인 무제까지 다루었는데, 무제가 자신에 대한 평가가 어떤지 보여달라고 하는 것을 사마천이 끝까지 거부하다가, 결국은 무제가 강제로 자기에 대한 평가를 보았는데, 그 평이 안 좋자 사마천을 궁형에 처했다는 것은 유명한 일입니다. 궁형宮刑은 고대 중국의 죄인을 벌주는 방법 가운데 하나로 자손을 낳지 못하도록 불알을 발라내는 형을 말합니다. 가장 치욕스러운 벌이죠. 그런 벌을 받고서도 사마천은, 자신의 기록을 바꾸지 않고 오늘날에 전해옵니다.

사마천의 『사기』를 보면 중국인들의 오만방자한 태도를 마주합니다. 만리장성 안의 세계인 '중원'을 기준으로 중원 바깥 동서남북에 사는 사람들을 모두 오랑캐라고 이름 짓고 여러 민족의 동향을 열전에 정리해두었습니다. 동이東夷, 서융西戎, 남만南蠻, 북적北狄이 그들이죠. 중국의 역대 왕조는 이런 식으로 자기 앞 왕조의 역사를 정리하면서 사방의 오랑캐들에 대한 정보도 잘 정리해놓았습니다.

우리나라 고대사 연구에 감초처럼 등장하는 『한서』, 『후한서』의 동이전과, 『삼국지』 위지 동이전이 모두 그런 관점에서 정리된 역사 기록입니다. 이런 기록을 살펴보면 우리 역사의 강역을 설정하는 데 아무런 고민을 할 필요가 없습니다. 동이전에 나오는 거레를 우리 역사의 범주에 넣고, 그들의 활동 공간을 우리 역사의 강역으로 설정하면 아주 간단합니다. 남의 나라에서 그렇게 친절하게 자기 나라 밖의 거레 상황을 잘 정리해주었는데, 우리가 무슨 고민이 필요하다는 말입니까? 그들의 판단대로 따라주기만 하면 됩니다.

이렇게 하여 동이의 활동 강역을 대충이라도 정리해보면, 오늘날의 만리장성 너머 동북쪽이 우리 거레 역사의 강역이 됩니다. 만리장성은 중국의 허베이성 창려현 북쪽에 있는 갈석산에서 시작됩니다. 그러니 갈석산에서 시작된 만리장성 동북쪽을 우리 겨레의 역사 강역으로 삼으면 됩니다. 이미 2천 년 전부터 중국의 역사가들이 이렇게 잘 정리해주었으니, 우리는 그 친절에 감사하며 따르면 됩니다.

그러면 북쪽 오랑캐로 정리된 북적의 강역과는 어떻게 나눌까요? 지금은 북적이 사라졌으니, 북적까지 우리의 강역을 셈하면 좋겠지만 굳이 그럴 필요까지는 없을 듯합니다. 고구려 광개토왕의 말발굽이 미친 곳까지만 해도 충분합니다. 광개토왕은 서북쪽으로 진출하여 몽골의 동쪽(시라무렌, 鹽湖)까지 정벌한 기록이 있습니다. 그러니 이 지역까지 우리 역사의 강역으로 삼으면 될 것입니다.

이 지역에서 흥기한 모든 민족을 우리 역사의 강역에 넣고, 이들이 중국의 만리장성 안으로 들어가기 전까지 우리 역사에서 다루면 될 것입니다. 예컨대 금나라 시조는 신라(고려)에서 왔고, 성이 김씨였다고 그들 스스로 밝혔습니다. 청나라도 만리장성을 넘기 전까지 우리 역사의 강역인 만주에서 활동했습니다. 중국에게 이들은 북적 흉노와는 다른 동이東夷였습니다.

## 04 요동과 우리 역사

2004년에 『요동사』(문학과지성사)라는 책이 나옵니다. 내내 안 읽다가 이번에 어원이 상고사까지 번져가면서 사보려고 했더니, 절판입니다. 그래서 충북대학교 도서관에 가서 빌렸는데, 보존서고에 있더군요. 사람들이 잘 안 보는 모양입니다. 그런데 이 책의 내용을 읽어 보니 지은이의 사고가 아주 독특합니다. 말하자면 요동의 지난 세월은 중국의 역사도 아니고 한국의 역사도 아니라는 것입니다. 따라서 요동의 역사로 따로 다루어야 한다는 것이고, 실제로 그런 관점에서 그 지역에서 일어난 지난 세월의 역사를 꼼꼼히 짚어 정리했습니다.

언뜻 보면 그럴듯한데, 이건 우리가 물건을 잴 때 객관성을 위하여 무중력 상태에서 재어야 한다는 주장과 다를 바 없습니다. 요동에서 일어난 여러 왕조는, 그 왕조가 망하면서 어디론가 사라졌습니다. 어디로 사라졌을까요? 중국 아니면 한국으로 흘러들었을 것입니다. 심지어 유럽으로 가서 정착한 민족도 있습니다. 헝가리나 터키가 그런 사람들입니다.

역사는 민족의 역사이고, 국가의 역사입니다. 국가가 없는 역사가 어디 있고, 후손이 없는 역사가 어디 있습니까? 어떻게든 역사는 어디론가 이어지는 법이고, 그 희미한 끈을 찾아서 기록하는 것이 역사입니다. 그러므로 무중력 공간의 역사란 없습니다. 역사 자체가 이데올로기일 수밖에 없습니다. 이것을 무시하고 역사를 논하자는 얘기인데, 역사학이라는 학문 자체가 이데올로기라는 걸 모른다는 게 이해가 안 갑니다.

예컨대 만주족이 중국으로 쳐들어가 왕조를 세웠고, 지금은 다 흩어졌지만, 중국의 어느 성에 100명이 살아있다면 만주족의 역사는 중국의 역사일 수밖에 없는 것입니다. 동시에 우리나라에 만주족이 그만큼 산다면 우리의 역사도 되는 것입니다. 역사는 여러 국가와 민족이 공유할 수 있습니다. 다만 어느 쪽의 지분이 더 크냐 하는 것은 따져볼 필요가 있겠죠. 이런 사실을 무시하고 무중력 공간에서 역사를 논하자는 것은 어불성설입니다.

오래전에 동양을 떨게 한 흉노는 사라졌습니다. 그러면 흉노의 역사는 없는 것일까요? 있다면 어느 나라의 역사일까요? 가장 강력한 후보는 중국과 한국일 것입니다. 아시다시피 흉노의 활동 공간이 중국의 강역에 포함되었고, 흉노족들의 많은 수가 중국으로 흘러 들어갔습니다. 앞서 본 휴도왕의 장남 김일제를 비롯하여 중국으로 흘러든 숫자는 결코 무시할 수 없습니다.

그렇다면 그것으로 끝일까요? 아닙니다. 흉노는 우리나라의 역사도 됩니다. 문무왕이 타후 김일제의 후손이라고 스스로 비석에 새겼습니다. 그리고 어원을 통해서 지난날을 돌아보면 분명히 터키어를 쓰던 흉노족들이 경주로 와서 신라를 환골탈태시켰고, 가야를 흡수하면서 권력을 키워 마침내 삼국통일을 이루었습니다. 역사학에서 흉노의 지분은 우리에게도 있습니다. 그렇다면 흉노는 우리 역사의 일부가 될 수밖에 없습니다.

흉노뿐만이 아닙니다. 『요동사』에서 거론한 수많은 왕조가 우리 역사의 일부입니다. 요동은 한국사의 강역이자 중국사의 강역이지만, 그 정체성은 우리가 더 깊고 짙습니다. 중국의 만리장성이 그것을 증명합니다. 왜 우리 역사를 자꾸 떼어 내버려 스스로 영역을 축소하려는지 모르겠습니다. 그걸 우리 역사학의 사명으로 아는 학자들이 왜 자꾸 나타나는지 저는 그걸 모르겠습니다. 그렇다는 것을 부인하려고, 아니라고 말하면 안 됩니다. 아닐 때 아니라고 해야 합니다. 그것이 역사의 정신입니다.

# 05 역사의 지분

저는 시를 쓰는 사람입니다. 저 같은 시인이 역사에 대해 이러쿵 저러쿵한다는 것이 우리 겨레의 슬픔을 그대로 보여주는 일입니다. 저는 심심풀이로 이 짓을 하는 게 아닙니다. 고대사에 관한 역사학 자들의 주장이 때로 너무 어이없어 좀 다른 시각으로 보면 안 되느 냐고 질문을 하는 겁니다. 우리 근대 역사학이 벌써 100년 역사를 지녔습니다. 그런데도 저 같은 역사의 문외한에게 의문과 의심을 받 는 지경입니다.

가장 행복한 건, 시인이 시만 쓰는 것이고, 역사학이 백성 누구 나 고개를 끄덕일 수 있는 내용으로 역사책을 채우는 것이겠지요. 그 게 안 되니까 저 같은 힘없는 백성이 안 써도 될 일을 하는 것입니다. 그러나 역사 연구는 역사학자의 전유물이 아닙니다. 역사에는 지분 이 있습니다. 어학도 그 지분 중의 하나입니다. 이웃 학문의 도움을 받지 않고 역사학 혼자서 무얼 하려고 하는 순간, 그 영역은 밥그릇 싸움으로 남게 됩니다. 남들이 한마디 하기 힘들어지고, 제안조차도 제 밥그릇을 빼앗는 공격으로 받아들이게 되죠.

하지만 시대는 '융합'이 남발되는 시대로 접어들었습니다. 역사 학도 주변의 여러 학문에 도움을 받지 않으면 할 수 있는 일이 별로 없는 그런 시대가 되었습니다. 이런 상황에서 사실은 가장 먼저 손 을 벌려 도움을 청해야 할 이웃 학문이 바로 어학이고 어원학이었습 니다. 그리고 근대 역사학 초기에 그런 작업은 벌써 대단한 수준으로 시도되었습니다. 단재 신채호의 『조선상고사』가 그 본령을 보여줍니다. 하지만 역사학에서 신채호는 왕따 당했죠.

역사학이 사실을 밝히는 학문이라면 주변 학문의 도움을 마다할 이유가 없습니다. 이 글은 그런 차원에서 시도해보는 소박한 수필이자 소수의견입니다. 이런 의견도 역사의 진실을 밝히는 길에 불쏘시개로 쓰이는 날이 진실이 빛을 드러내는 때가 될 것입니다. 어서 빨리 그런 날이 오기를 기다리면서, 울림 없는 이야기를 마칩니다.

# 맺음말

　'역사언어학' 또는 '언어고고학'이라는 말이 가능한지 모르겠습니다. 하지만 우리가 쓰는 언어도 고고학 자료임은 분명합니다. 역사학자들은 인정하려고 안 하겠지만, 제가 읽어본 몇 가지 역사 해설서를 보면 언어에 의지하여 제 생각을 정당화하려는 주장은 아주 많습니다.

　한국 역사학계를 대표한다는 이병도부터 『삼국사기』나 『삼국유사』 같은 책을 번역하고 주석할 때, 궁색하게나마 언어학계의 자료를 가져다 쓰곤 했습니다. 사료와 유물이 충분치 못한 고대사에서 언어는 그나마 꽤 효용 가치가 있다고 판단한 것입니다. 물론 이병도가 끌어다 쓴 언어학 자료는 초보자 수준이지만, 그나마 언어가 역사 해석의 근거로 대접을 받은 것으로 보입니다. 이런 것으로 보면 '역사언어학'이라는 말이 필요할 듯도 합니다.

　그렇지만 언어학과 역사학이 서로 다른 길로 가고 서로 다른 곳을 보고 있어서 이 둘을 결합하기에는 아직 큰 문제가 있습니다.

우선 역사학자들이 언어학의 성과를 전혀 들여다보지 않는다는 점을 들 수 있습니다. 언어학자들은 이따금 고대사의 언어를 역사학 연구로부터 끌어다 쓰는데, 역사학자들은 언어를 고대사의 자료로 쓰지 않습니다. 언어 연구 자료가 역사 해석에 중요한 요소로 인식되는 단계는 아직 먼 것 같습니다.

역사언어학은 역사학자들이 해야 할 일입니다. 역사학자들이 언어학을 연구하여 고대사의 비밀을 풀 수단을 만드는 것입니다. 그러자면 고대 언어에 관한 지식을 갖추어야 하는데, 그게 쉽지 않습니다. 고대사에서 우리와 관련을 맺은 언어는 많지만, 크게 분류하면 생각처럼 많지 않습니다. 알타이어족으로 분류된 터키어, 몽골어, 퉁구스어가 기본이고, 여기에 알타이어족으로 분류되지만, 일찌감치 갈래 쳐서 나간 한국어와 일본어가 있습니다. 적어도 이들 언어에 관한 언어 자료가 있어야 합니다.

조선 시대에는 역관이 있었고 이들을 양성하는 기관인 사역원이 있었습니다. 몽어, 만어, 한어, 왜어가 기본이었습니다. 이들이 쓴 교재도 있고, 이들을 교육하기 위한 여러 책도 있습니다. 이들을 먼저 훑어보는 것이 급선무입니다. 이렇게 하면 위에서 말한 여러 언어의 옛 모습을 알아낼 수 있습니다.

아쉬운 것은 터키어입니다. 터키어의 옛 언어에 관한 정보는 의외로 적습니다. 터키는 옛날 돌궐 투르크입니다. 이들도 왕국을 세웠지만, 다른 민족에 비하면 그들의 언어가 많이 남지 않았습니다. 이런 점이 다른 언어 즉 몽골이나 만주어와는 다른 점입니다. 만주어의 경우는 200년이 넘도록 중국을 지배했기 때문에 기록이 많고 심지어 사전까지 있습니다. 『한청문감漢淸文鑑』이 그것이죠.

이런 자료를 토대로 언어를 재구성하면 충분히 언어를 고대사의 자료로 활용할 수 있습니다. 하지만 언어학계에서도 이를 전공한 사람들은 많지 않습니다. 그러니 역사학계에서는 말할 필요도 없지요.

저는 국어교사로 평생을 학교에 봉직하면서, 우리말의 어원에 관심을 둔 사람입니다. 이 글을 쓰는 저의 꿈은 단순합니다. 신채호가 시작한 역사언어학, 또는 언어고고학에 자그마한 디딤돌 하나를 더 놓는 것입니다. 역사언어학을 통하여 우리 고대사가 한 꺼풀 더 벗고 좀 더 또렷한 모습으로 우리 앞에 드러났으면 하는 바람입니다. 고맙습니다.

2023년 겨울을 견딘 나무가 연둣빛 전등을 일제히 켠 날에

사말槲末 정 진 명

참고문헌

『몽어노걸대』, 영인본, 서울대학교규장각한국학연구원, 2006
『청어노걸대』, 영인본, 학자원, 2019
『한청문감』, 영인본, 연세대학교국학연구원, 2019
『삼국유사』, 영인본, 대제각, 1995
『삼국사기』, 영인본, 대제각, 1995
『사기』, 영인본, 대만 ; 신흥서국, 중화민국 59년

강길운, 『한일 고대 관계사의 쟁점』, 한국문화사, 2011
강길운, 『고대사의 비교언어학적 연구』, 새문사, 1990
강길운, 『비교언어학적 어원사전』, 한국문화사, 2010
권오중, 『요동 왕국과 동아시아』, 영남대학교출판부, 2012
김성호, 『비류백제와 일본의 국가 기원』, 지문사, 1990
김형수, 『만주어 몽고어 비교 어휘 사전』, 형설출판사, 1995
남주성, 『흠정 만주원류고』, 글모아, 2010
동북아역사재단 북방사연구소, 『고조선의 언어계통 연구 – 양웅의 『방언』수록
고조선어 분석 – 』, 동북아역사재단, 2018
리지린, 『고조선 연구』, 열사람, 1989
박시인, 『알타이문화사연구 – 한국편』, 탐구당, 1970
박시인, 『알타이 신화』, 삼중당, 1980
박시인, 『알타이 인문 연구』, 서울대학교출판부, 1970
안호상, 『단군과 화랑의 역사와 철학』, 사림원, 1979
유 엠 부찐, 『고조선 : 역사 고고학적 개요』, 소나무, 1990
윤내현, 『고조선 연구』, 일지사, 1995
윤내현, 『한국 열국사 연구』, 지식산업사, 1998
이정훈, 『고구려의 국제정치 역사지리』, 주류성, 2019
전원철, 『고구려 – 발해인 칭기스칸』 1~2, 비봉출판사, 2016